[CSSCI来源集刊]

Financial Law Forum

金融法苑

2017 总第九十四辑 北京大学金融法研究中心 ◎ 主办

▶ 主编：洪艳蓉　▶ 本辑执行主编：金雪儿

中国金融出版社

责任编辑：黄海清
责任校对：李俊英
责任印制：丁淮宾

图书在版编目（CIP）数据

金融法苑（Jinrong Fayuan）. 2017 年：总第 94 辑/北京大学金融法研究中心主办.
—北京：中国金融出版社，2017. 6
ISBN 978 - 7 - 5049 - 9047 - 1

Ⅰ. ①金… Ⅱ. ①北… Ⅲ. ①金融法—研究—丛刊 Ⅳ. ①D912. 280. 4 - 55

中国版本图书馆 CIP 数据核字（2017）第 136987 号

出版
发行 **中国金融出版社**

社址　北京市丰台区益泽路 2 号
市场开发部　（010）63266347，63805472，63439533（传真）
网 上 书 店　http://www.chinafph.com
　　　　　　（010）63286832，63365686（传真）
读者服务部　（010）66070833，62568380
邮编　100071
经销　新华书店
印刷　北京市松源印刷有限公司
尺寸　185 毫米 × 260 毫米
印张　14. 25
字数　326 千
版次　2017 年 6 月第 1 版
印次　2017 年 6 月第 1 次印刷
定价　20. 00 元
ISBN 978 - 7 - 5049 - 9047 - 1
如出现印装错误本社负责调换　联系电话（010）63263947

致　谢

本辑出版得到李奎先生捐赠的
"李奎研究基金"的大力支持，特此致谢！

《金融法苑》

主　　　办：北京大学金融法研究中心

专家委员会：吴志攀　白建军　刘　燕　彭　冰
　　　　　　郭　雳　唐应茂　洪艳蓉

主　　　编：洪艳蓉

本辑执行主编：金雪儿

责 任 编 辑（按姓氏音序排列）：
　　　　　　范　晓　方潇逸　蒋曾鸿妮　李一茗
　　　　　　梁　晨　陆琳玲　吕雅馨　旷涵潇

声　明

Financial Law Forum

金融法苑

2017 总第九十四辑

目　录
Contents

Financial Law Forum

金融法苑

2017　总第九十四辑

专　论

探析 "一点公益"

■ 彭龄萱*

摘要: "一点公益"平台设计的返利模式因以后期收入资金支付前期承诺的返利而被诟病存在庞氏骗局的嫌疑,但由于其为消费平台而非投资平台,且返利资金来源于每日消费额的固定比例,即便因消费额大幅下降导致每日返利大幅下降,也不属于资金链断裂的情况,因此实非庞氏骗局。但每日返利数额和返利所需总时长的不确定性意味着平台需要作出相应的风险提示。"一点公益"平台成立初期在风险提示方面存在一定疏漏,后期进行了完善。此外,推荐人返利与被推荐人消费额挂钩的制度不具有层级性这一刑法上的构成要件,也不符合《禁止传销条例》规定的"拉人头式"传销的客观要件及主观要件,因此难以认定为刑法或行政法上的传销。值得注意的是,"一点公益"平台设置了消费者个人向"一点公益"基金会直接捐赠的渠道,但"一点公益"基金会尚无《慈善法》规定的公募资格,需要关注及纠正。

关键词: "一点公益"　返利　庞氏骗局　传销　慈善公募

2016 年 9 月 22 日,一篇名为《庞氏骗局,还是传销?探底"一点公益"》的财经新闻引起了广泛的转发与关注①,新闻报道中称其"宣称有如此高的预期收益率,很大程度上难脱庞氏骗局的嫌疑"、"属于隐性金字塔式传销模式"。这些来自社会与学界的质疑引起了我们对于"一点公益"平台的兴趣。本文试图对"一点公益"平台的运作模式进行说明,进而对其遭受质疑的核心问题进行分析和探讨,并给出简要的建议。

一、"一点公益" 运作模式

(一)"一点公益"的前世今生

2016 年 3 月 8 日,中国光华科技基金会发布通告,宣称"为积极探索创新的'互联网 + 公

---

* 北京大学法学院 2016 级经济法学专业法学硕士。
① 《探底"一点公益":承诺高额返利　庞氏骗局还是传销?》,资料来源:新浪财经,http://finance.sina.com.cn/chanjing/gsnews/2016 - 09 - 22/doc - ifxwevmf1918655.shtml, 2016 年 12 月 18 日访问。

益'运作模式，中国光华科技基金会联合深圳前海中盛一点科技有限公司合作开展'一点公益'项目"，"一点公益"自此启动。[1] 2016 年 9 月，"一点公益"脱离光华科技基金会，成立"北京'一点公益'基金会"，由其独立承担"一点公益"项目[2]。

对于平台的运作模式，其官方说法为"消费者在线下实体商家进行日常的点滴消费，商家将营业额的固定比例让利到一点科技，一点科技将让利款进行二次分配，并将其中固定比例向'一点公益'基金会进行捐赠，拉动循环消费，形成持续、有效的商业服务公益模式[3]。"就此描述而言，似乎这是一个以公益捐赠为主要目的、通过商业模式为公益捐赠创造线上渠道的平台项目。而实际运作是否如其所言？从"一点公益"核心业务的运作模式来看，我们似乎可以窥视一二。

（二）返利模式简介

"一点公益"经历了多个发展阶段，在"一点公益"1.0 版及 2.0 版中，注册群体分为两类：信使（即消费者）及线下商家。消费者到平台注册商家进行线下消费，由商家将消费者个人信息及消费金额录入平台，平台据此对双方的个人账户予以记录。消费时，消费者可以选择不同让利系数的商家——6%、12%、24%，不同系数意味着商家从每一笔交易金额中让利给平台的百分比不同。

消费者在同一让利系列每消费满 500 元，系统将奖励消费者一颗爱心。消费者在爱心下积累返利，当消费者获得的返利累计达到其消费额的 24.75%（6% 让利系列）、49.5%（12% 让利系列）和 99%（24% 让利系列）时，返利停止。平台以发放信使豆的方式发放返利，信使豆可以通过申请平台回购转化成现金，1 信使豆 = 1 元人民币。而前期的消费者能获得多少信使豆，取决于后期商家的总让利额和平台上的爱心总数。以 24% 系列为例，消费者每颗爱心每天可获返利 =（平台商家当天营业总额 × 16.4%）/（平台累计爱心数 + 平台新增爱心数）。商家的返利模式与之类似，当返利达到商家让利款的 90% 时，返利停止。此外，平台每日从收取的让利款中抽取部分捐赠给"一点公益"基金会。若消费者能够作为推荐人推荐其他消费者注册平台，推荐人还可在后期获得平台的推荐返利。

因此，总结一下核心消费返利模式：一个消费者在同一让利系列每消费满 500 元，将获得一颗爱心，从获得第一颗爱心起开始具有获得返利的资格。在之后的日子里，每颗爱心每天能获得的返利，取决于每天平台取得的商家总让利款和平台上的爱心总数。直至某天达到规定的返利总额，返利停止。以让利 24% 系列为例，其返利模式可以简单由图 1 概括。

---

[1]　光华基金会通字〔2016〕第 4 号"关于发起'一点公益'项目的决定"，资料来源：中国光华科技基金会官网，http://www.ghstf.org/component/content/article/3444.html，2016 年 12 月 18 日访问。

[2]　《中国光华科技基金会声明》，资料来源：中国光华科技基金会官网，http://www.ghstf.org/component/content/article/3556.html，2016 年 12 月 18 日访问。

[3]　《一点科技"百问百答"》，资料来源："一点公益"官网，http://www.1dotchina.com/details.aspx? NewsId =91，2016 年 12 月 18 日访问。

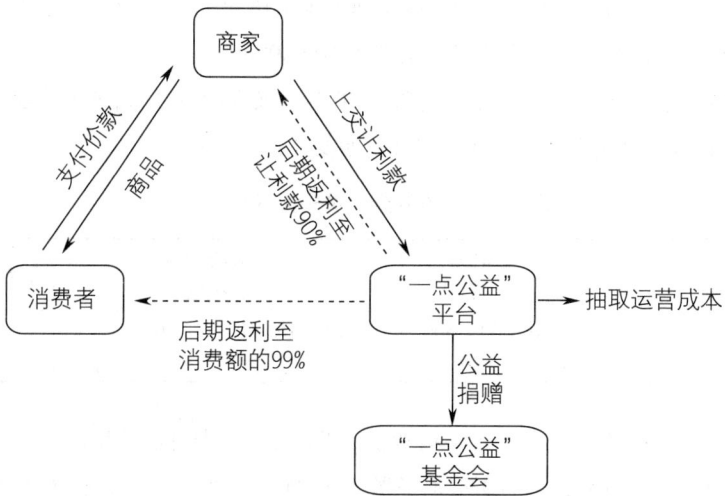

图1　"一点公益"返利模式

后期，"一点公益"3.0版本上线，在其中设计了"供应链"系统，纳入了更多环节，即"制造商—贸易商—零售商—消费者"。每一环节的后者都是前者的消费者，且普通消费者只能在零售商处进行消费。以供应链系统的前两环——制造商、贸易商为12%的让利比例，零售商为24%的让利比例为例，其运作模式见图2。

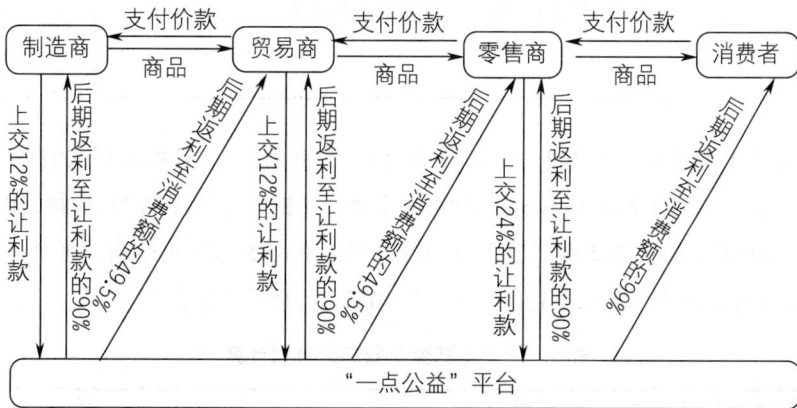

图2　"一点公益"3.0版本的运作模式

但由于核心的"让利—返利"模式在各个环节均相同，并未有实质性的改变，因此为方便讨论，本文仅截取"零售商—消费者"这一环节进行探讨。后文简称为"商家—消费者"。

（三）"一点公益"平台返利案例

下面以一个简化的例子直观说明在24%的让利比例下，"一点公益"平台的具体返利情况。

消费者每天每颗爱心可获返利=（商家当天营业总额×16.4%）/（累计爱心数+新增爱心数）

第一天：假设平台仅有 1 个消费者 A，消费了 10 000 元。

对于消费者 A 而言：平台消费者爱心总数为 20 颗，20 颗爱心均属于 A。则 A 第一天每颗爱心可以获得 82 元返利，共可获得 1 640 元返利（见表 1）。

表 1 "一点基金"第一天返利计算

时间	当日营业总额	累计爱心数	新增爱心数	每颗爱心可获返利公式	消费者	当日可获返利
第一天	10 000 元	0	10 000÷500 =20	（10 000×16.4%）÷（0+20）= 82 元	A	20×82 = 1 640

第二天：第 2 个消费者 B 加入平台，消费了 5 000 元，A 未再次消费。

对于消费者而言：此时平台消费者爱心总数为 30 颗，A 拥有的爱心数为 20 颗，B 拥有的爱心数为 10 颗。当天每颗爱心可以获得 27.33 元返利，则 A 第二天可获共 546.6 元返利，B 可获共 273.3 元返利（见表 2）。

表 2 "一点基金"第二天返利计算

时间	当日营业总额	累计爱心数	新增爱心数	每颗爱心可获返利公式	消费者	当日可获返利
第二天	5 000 元	20	5 000÷500 = 10	（5 000×16.4%）÷（20+10）≈ 27.33 元	A	20×27.33 = 546.6 元
					B	10×27.33 = 273.3 元

第三天：第 3 个消费者 C 加入平台，C 仅消费了 1 000 元，A、B 均未再次消费。

对消费者而言：此时平台消费者爱心总数为 32 颗，A 拥有的爱心数为 20 颗，B 拥有的爱心数为 10 颗，C 拥有的爱心数为 2 颗。当天每颗爱心可以获得 5.125 元返利，则 A 第三天可获共 102.5 元返利，B 可获共 51.25 元返利，C 可获共 10.25 元返利（见表 3）。

表 3 "一点基金"第三天返利计算

时间	当日营业总额	累计爱心数	新增爱心数	每颗爱心可获返利公式	消费者	当日可获返利
第三天	1 000 元	30	1 000÷500 = 2	（1 000×16.4%）÷（30+2）= 5.125 元	A	20×5.125 = 102.5 元
					B	10×5.125 = 51.25 元
					C	2×5.125 =10.25 元

由此可见，"一点公益"设计的返利模式是其能够吸引消费者和商家入驻平台的核心。从消费者的角度来看，在"一点公益"平台的注册商家处消费可以满足自身的购物需求，且能够在后期获得现金返利，同时又能向"一点公益"基金会进行公益捐赠，若推荐其他消费者注册平台还能获得对推荐人的返利，可谓一举四得。从商家的角度来看，消费者能够通过"一点公益"平台检索到注册商家，对其而言起到了广告的作用，有利于招徕顾客；尽管作出了一定的让利，但大部分让利款可以通过返利模式在后期陆续还给商家，间接的公益捐赠也有助于树立自身的正面形象。从"一点公益"平台的角度来看，通过这样的运作模式，可以为"一点公益"基金会筹集更多的公益捐赠。因此，这样的模式设计似乎是一个三方共赢的局面，这也是"一点公益"平台能够在短期内吸引了 5 万多商家、90 多万消费者入驻的原因[1]。

二、 庞氏骗局？ ——貌似而实非

在前文对于"一点公益"平台运作模式简要介绍的基础上，我们可以发现"一点公益"的返利模式最具特色的一点，即前期消费者和商家每天能够获得多少返利、多久能取得所有返利，取决于后期平台有多少消费额。这是"一点公益"有别于其他常见返利模式（如固定金额红包、折扣等一次性返利）的核心问题，也直接将返利与平台的资金链联系到一起。且前期消费者和商家获得的返利款，直接来源于后期消费者消费后平台从商家处获取的让利款，这也是前期新闻提出"一点公益"运作模式满足庞氏骗局定义的原因[2]。

欲分析其是否属于庞氏骗局，需要从庞氏骗局的定义入手。庞氏骗局的核心构成要件主要有以下四点：（1）以高利润、高回报的承诺吸引投资者投资；（2）用后期投资者的投资款支付前期投资者的收益；（3）项目或平台自身无利润或利润远不足以支付承诺的投资收益；（4）一旦后期投资不足，则资金链断裂，无法支付前期投资收益[3]。换句话说，在庞氏骗局下，后人被高利润吸引而出钱投资，但其投资款却被用来给前人返利，所以实际上庞氏骗局的运作模式中根本不存在投资，也就不可能有收益。因此当后期资金不足的情况下，资金链就必然断裂。

因此，我们的分析也对应以上构成要件，以此来判别"一点公益"平台的运作模式是否属于庞氏骗局。

---

① 数据来源于"一点公益"APP，消费者 923 821 人，商家 58 413 家。2016 年 12 月 18 日访问。

② 《探底"一点公益"：承诺高额返利 庞氏骗局还是传销?》，资料来源：新浪财经，http://finance. sina. com. cn/chanjing/gsnews/2016 – 09 – 22/doc – ifxwevmf1918655. shtml，2016 年 12 月 18 日访问。

③ Ana Carvajal, Hunter Monroe, Catherine Pattillo and Brian Wynter, Ponzi Schemes in the Caribbean, *IMF Working Paper*, p. 4, 2009. 4.

（一）以高回报的承诺吸引"投资者"的"投资"？

不可否认的是，"一点公益"的确是以高回报吸引人参与，毕竟其对于消费者的返利最高可达消费额的99%，并在宣传平台上以此作为主要宣传点之一。但一个重要的问题是："一点公益"的运作模式是投资吗？参与者是消费者还是投资者？

根据前文所述，如果严格按照"一点公益"的设定进行真实的消费，那么对于参与者而言，纵使后期平台消费不足，实际得到的返利及返利期限和预期存在极大偏差，但至少在前期与商家的正常交易中购得了相应的商品或服务，实质上是消费者而非投资者，因此从根源上就不满足庞氏骗局的投资者要求。但问题在于，在"一点公益"设立初期，平台存在大量虚构交易上报消费数据的刷单行为①，由于不存在真实的交易，因此从事这种刷单行为的人已经不再是消费者，而是为了获得后期高额返利的投资者。在这种情况下，"一点公益"发展初期的确难以否认自身是一个投资平台，因为虚构刷单构成了平台绝大部分消费额的来源，平台也并未进行任何控制。若不惮以最大的恶意来揣测，平台对于刷单行为的无所反应可能反映其持有默许态度，因其能够快速吸引大量客户进入此平台，从而在短期内形成聚群效应，促进平台的知名度与发展。如果一直这样持续下去，毫无疑问难以否认投资平台的身份。但后期，平台针对虚假刷单行为出台了相应措施，如2016年5月28日上线的"一点公益"2.0版植入了收银系统，要求采集交易双方身份、商品明细和支付方式数据，对于让利款超过1万元的交易，商家必须上传发票和银行支付凭证②。由于无法得知平台后续是否还有刷单的行为以及真实消费的情况，因此无法对此类控制措施的效果进行相应评价。但出台控制措施这一行为本身至少意味着"一点公益"已经认识到虚假刷单行为会对平台定性产生重大影响，所以才在后期的发展过程中进行了自我规制与完善。因此，难以因其成立之初存在刷单行为就认定"一点公益"是一个投资平台。

但需要注意的是，在完全不存在消费的虚假刷单之外，还需要关注加价行为。恰如新闻中所举的例子：某消费者花了5 380元，在"一点公益"平台上购买了一部市价才4 000多元的华为P9 Plus手机。在超出市价的部分中，属于公益捐赠的部分仅有53.8元，那么其余百余元的价款性质是属于消费目的还是投资目的？这一点似乎值得商榷。而新闻中给出的另一个例子更加直白：当商家被问及"本该商家交付给平台的让利款为何要由消费者在价款中支付和实际承担"时，商家表示"比如说一个7 000元的产品，平台让我交24个点，也就是将近1 700元。可这一

---

① 《探底"一点公益"：承诺高额返利 庞氏骗局还是传销？》，资料来源：新浪财经，http：//finance. sina. com. cn/chanjing/gsnews/2016 - 09 - 22/doc - ifxwevmfl918655. shtml，2016 年 12 月 18 日访问。"6 月 30 日之前，是一点公益高速发展时期，随着消费高峰的到来，平台上出现了一个非常严重的问题——刷单。"陈加民也曾这样说。

② 同上。

台机器我只赚 100 元，又怎么可能帮你交 1 700 元给平台呢？即便现在你多花了钱，之后的返款也是给你的。"消费者从常理也可推断，"一点公益"上商家的经营范围覆盖各个领域，但并非所有的商业领域的净利润率都高于 24%，对于高利润率的商品商家可以让利，而对于利润率低于 24% 甚至是 6% 的商品，加价就成为了唯一的选择。这也说明，消费者之所以选择在一点公益以高价消费而非在普通商家以市价消费，不排除其存在投资心理的可能，因为付出的多于市价的价款在减去公益捐赠后能为其带来返利收益。

但问题在于，是否能够因为消费者在正常消费之外有小部分的投资心理就认定"一点公益"是一个投资平台，消费者同时也是投资者？由于无法排除消费者出于公益捐赠的目的选择在此平台消费的可能性，这样认定投资平台的逻辑似乎也无法服人。此外，如果平台上的商品加价方式即商家将自己应交的让利款转移给消费者，意味着加价比例最高仅为 24%，似乎也并没有超过一般人可接受的水平。何况现实生活中，同样的商品在不同场合的价格差别可能远超 24%，甚至高达几倍之多，但这些价格都是特定条件下的合理市价。并且，无论是法律规定还是实践当中都没有统一的认定商品市价的标准。在对于市价都无法给出明确答案的情况下，又如何判断商家是否加价？并由此认定加价行为导致了实际上的投资？

综上所述，如果一点公益平台能够坚持对于虚假刷单的有效打击，且加价比例相对较小，是难以认定其属于投资平台、其参与人属于投资者的。从这一角度来看，"一点公益"并不满足庞氏骗局的第一个构成要件。

（二）以后期投入资金支付前期收益？

从资金流角度来看，根据平台的规则设定，支付前期消费者返利的资金来源于后期平台获取的让利款。即消费者是将消费款交给商家，商家再从其中抽出 24% 作为让利款上交给平台。那么这部分让利款到底是消费者支付的资金还是商家支付的资金？根据前文所述，需要分为两种情况讨论。第一，如果进行了真实的消费，且商品定价在市价左右或可接受的幅度内波动，那么其实让利款的直接来源是商家从利润中让渡给平台的部分，但若从"没有消费就没有让利款"这个相对广义和模糊的角度，也可以认为让利款是来源于后期消费者。第二，如果商家在正常的商品售价上将让利款转移给消费者承担，那么毫无疑问，尽管上交让利款给平台的是商家，但这种转移承担行为无疑导致前期消费者和商家所获返利实际上的确是由后期消费者的资金支付的。因此，仅从现金流的角度来看，可以认定一点公益平台的规则满足以后期资金支付前期收益这一构成要件。

但同时，与上一部分的分析相同，既然平台的参与人仅是消费者，无法认定其为投资者身份，那么"投资者"的"投资资金"这种认定就缺乏根据了。

（三）资金链是否有断裂风险？

根据"一点公益"官网的"百问百答"①，我们可以整理出这样一个表格（见表4），以更清楚地说明商家上交给平台的24%让利款的分配路径：

表4　24%让利款分配路径

商家让利	公益捐赠	运营保障	管理中心	返利推荐人	返利消费者	返利商家
共24%	1%	0.6%	1.8%	0.6%	16.4%	3.6%

其中，运营保障就是直接支付给平台以支持其运营支出的，而支付给管理中心的部分也是为了维持各地管理中心的正常运营。因此平台自身存在收入及利润以维持其运转。

但同时需要注意的是，一点公益每日返利的计算公式：

消费者每天每颗爱心可获返利 =（商家当天营业总额×16.4%）/（累计消费者爱心数 + 新增消费者爱心数）

商家每天每颗爱心可获返利 =（商家当天营业总额×3.6%）/（累计商家爱心数 + 新增商家爱心数）

可见这种每日返利数额公式的设计是建立在后期具有持续消费的基础上的，并且平台只明确规定了返利额的计算方式，但没有每日固定额度的返利承诺，也没有在多长期限内返还全部返利的承诺。而如果后期消费逐渐减少乃至断崖式下跌，前期积累的应付返利如何处理？这就引出了庞氏骗局的最后一个构成要件，即如果后期平台消费不足，那么平台的资金链是否会断裂，导致平台因此无法持续而倒闭？

根据前文所述的让利款分配设定和每日返利公式，可以看出，每日返利数额的多少完全取决于商家当天的营业总额。由于分配给消费者和商家的返利是从24%的让利款中单独划分出相应的比例，因此只要有消费，就有上交给平台的让利款，就可以根据比例设定直接从让利款中划出相应的比例返利给消费者和商家。就算后期消费大规模下降，出现的情况也不过是让利款减少，从中划出的相应比例的返利降低，导致每日的返利急剧下降甚至趋近为0（如1分钱）②，但难以认为这属于资金链断裂，因为平台并未违反规则与承诺。而对于消费者来说，即使后期的返利非常小，但其也在正常的消费中得到了商品，这与庞氏骗局的投资者除了远低于承诺的微薄

---

① 《一点科技"百问百答"》，资料来源："一点公益"官网，http：//www.1dotchina.com/details.aspx？NewsId＝91，2016年12月18日访问。

② 《探底"一点公益"：承诺高额返利 庞氏骗局还是传销？》，资料来源：新浪财经，http：//finance.sina.com.cn/chanjing/gsnews/2016－09－22/doc－ifxwevmf1918655.shtml，2016年12月18日访问。"7月份之后，商家入驻情况疲软，平台消费额日渐低迷，信使激励出现断崖式下跌。在让利6%的商家消费，7月5日，1颗爱心可换22.21颗信使豆，到7月30日，1颗爱心就只能换0.01颗信使豆。"

返利外颗粒无收的情况存在明显的区别。

综上所述，尽管"一点公益"平台的运作模式看上去貌似庞氏骗局，但它实是消费平台而非投资平台，且根据平台规则设定，返利资金即便急剧下降甚至趋近为零，也并未违反其规则与承诺，不属于资金链断裂的情况。因此实非庞氏骗局。

三、 风险提示的疏漏与补正

根据平台的规则设定，每日消费者能够获得多少返利其实是不确定的。因此，如果前期消费者每天获得的返利远小于、慢于预期，后期消费者在进入平台时会更加谨慎，更多人选择观望而非进入，使得前期消费者每日能够获得的激励越来越少，乃至趋近于零，导致达成返还全部返利的时间被无限拉长。

本文第一部分所举的例子中也可以看出，当平台后期消费不足时，每日返利额会急剧缩减。而事实又表明，"一点公益"平台的总消费额的确呈现下降趋势。例如前文提到的新闻报道中的例子：消费者花了 5 380 元，在"一点公益"平台上购买了一部手机。然而，消费已过去快两个月，消费者才拿到 79 块钱返利，距离预期的返利总额相差 5 000 余元①。如果按照 12 月 16 日的 24% 系列的返利数据简单计算即可得知，每日能够获得 1.60 元②，还有 5 000 元左右尚待返利，那么该消费者拿回全部返利需要 3 100 多天，即 8 年多。

尽管这样，平台也并未违反义务。因其没有每日固定额度的返利承诺，也没有在多长期限内返还全部返利的承诺。因此问题在于，平台是否充分进行了风险提示，使得消费者意识到返利存在这样的风险。

平台设立之初，在《一点科技信使服务协议》③（以下简称《协议》）中规定了返利模式的计算方式，即"每个信使的每颗爱心所能获得的信使豆等于每天商家的总让利额除以总爱心数，直到每颗爱心获得的激励信使豆达到设定的数量时，这颗爱心的激励将自动结束"，并说明"每天给予信使激励的信使豆数量及每颗爱心的激励周期长短取决于联盟商家的让利总额，我方对此不做任何承诺。"从而避免了固定的收益承诺。但需要注意的是，这两个条款没有任何的强调标记，需要认真阅读《协议》方可注意到，而《协议》却恰恰是在注册时出现的例行会被普通用户直接点击"同意"而忽视其内容的格式合同。而且，《协议》中返利计算方式这一条款在裹挟着多个平台自创概念的同时平铺直叙地说明计算方式，没有任何的具体解释，这对于一个没

---

① 案例来源于新闻。参见《探底"一点公益"：承诺高额返利 庞氏骗局还是传销?》，资料来源：新浪财经，http://finance.sina.com.cn/chanjing/gsnews/2016-09-22/doc-ifxwevmf1918655.shtml，2016 年 12 月 18 日访问。

② 数据来源于"一点公益"APP，2016 年 12 月 18 日访问。

③ 此协议为消费者欲注册成为"一点公益"APP 信使时需无条件同意的《注册协议》。协议原文可在"一点公益"APP 读取，2016 年 12 月 18 日访问。

有相应知识、对于"一点公益"运作模式仅有粗浅概念的普通消费者来说,实难轻易意识到这意味着自己的返利既没有每日金额的保障,也没有返利时限的保障。只有当其打开 APP,看到每日返利金额如此之少时才会意识到风险的存在①。

但后期,"一点公益"可能在运作过程中意识到了这个问题,因此在其官网上设置"百问百答"模块,列明了爱心日值的具体计算公式,也列明了让利款的分配路径。并以 Q&A 的形式提示"消费者的返利随着消费额和爱心数的变化而变化,是动态的,无法明确告知多久可以完成",并说明"返利周期的长短与全联盟消费额的稳步递增有关系,递增的幅度越大,周期越短,如果不递增或者在减少,周期就越长"。② 可见,"一点公益"对返利方面的风险提示的确进行了改进与完善。

四、 推荐人返利制度的质疑

新闻中,"一点公益"另一个被诟病的关键就是"推荐人激励"制度是否构成传销。若想成为信使必须填写推荐人 ID,否则无法加入平台,而推荐人则可以在被推荐人消费后获得被推荐人消费额的 0.6% 作为奖励。

针对传销,我国在刑法和行政法两个领域都进行了规制。《中华人民共和国刑法》第二百二十四条规定了组织、领导传销活动罪③。行政法上的规制主要是通过国务院发布的《禁止传销条例》。

由于刑法上组织、领导传销活动罪的一个构成要件为层级性,而在"一点公益"的推荐人激励制度下,推荐人发展的被推荐人也直接成为了平台的消费者,因此并无层级性,不构成刑法上的组织、领导传销活动罪。

从行政法的角度看,2005 年国务院发布的《禁止传销条例》第二条给出了传销的定义:是指组织者或者经营者发展人员,通过对被发展人员以其直接或者间接发展的人员数量或者销售业绩为依据计算和给付报酬,或者要求被发展人员以交纳一定费用为条件取得加入资格等方式牟取非法利益,扰乱经济秩序,影响社会稳定的行为。第七条规定了三种传销行为,第一种为"组织者或者经营者通过发展人员,要求被发展人员发展其他人员加入,对发展的人员以其直接

---

① 实践中也确实有消费者并不能理解"一点公益"的返利计算公式。资料来源:http://tieba.baidu.com/p/4743455950,2016 年 12 月 18 日访问。

② 《一点科技"百问百答"》,资料来源:"一点公益"官网,http://www.1dotchina.com/details.aspx?NewsId=91,2016 年 12 月 18 日访问。

③ 《中华人民共和国刑法》第二百二十四条:组织、领导以推销商品、提供服务等经营活动为名,要求参加者以缴纳费用或者购买商品、服务等方式获得加入资格,并按照一定顺序组成层级,直接或者间接以发展人员的数量作为计酬或者返利依据,引诱、胁迫参加者继续发展他人参加,骗取财物,扰乱经济社会秩序的传销活动的,处五年以下有期徒刑或者拘役,并处罚金;情节严重的,处五年以上有期徒刑,并处罚金。

或者间接滚动发展的人员数量为依据计算和给付报酬（包括物质奖励和其他经济利益，下同），牟取非法利益的。"学界常概括为"拉人头式"。第二种为"组织者或者经营者通过发展人员，要求被发展人员交纳费用或者以认购商品等方式变相交纳费用，取得加入或者发展其他人员加入的资格，牟取非法利益的。"学界常概括为"入门费式"。第三种为"组织者或者经营者通过发展人员，要求被发展人员发展其他人员加入，形成上下线关系，并以下线的销售业绩为依据计算和给付上线报酬，牟取非法利益的。"学界常概括为"团队计酬式"。可见《禁止传销条例》中实际上规定了不同传销形式的客观要件和"牟取非法利益"的主观要件。

从"一点公益"的情况来看，由于其并未收取入门费或变相收费，只要有推荐人代码即可加入，因此显然不符合"入门费式"传销。此外，"团队计酬式"传销针对的是销售一方，而"一点公益"的推荐人是平台的消费者，因此也不符合"团队计酬式"。

因此，需要讨论的就是"拉人头式"。从《禁止传销条例》的规定来看，"一点公益"的推荐制度设计不符合"拉人头式"传销的客观要件：尽管平台发展人员入驻，并鼓励被发展人员发展其他人员加入，但最终是以这些人员再发展的人员的消费额为依据向发展人计算和给付报酬，而非以"人员数量"为依据。从主观要件来看，既然无法认定平台属于骗局，那么也无法认定推荐人返利制度是为了"牟取非法利益"，因此也不满足"拉人头式"传销的主观要件。

因此，"一点公益"的推荐人返利制度虽然从制度设计上形似传销，但并不满足行政法规和刑法规定的传销的全部要件。考虑到我国立法及实践中对于传销的认定存在一定的弹性，因此，是否需要予以规制，尚需在实务中予以斟酌。

五、　公开募捐资格的缺失

根据 2016 年 9 月生效的《慈善法》的规定，慈善组织开展公开募捐，应当取得公开募捐资格。《慈善法》所称的慈善组织，是指依法成立，以开展慈善活动为宗旨的基金会、社会团体、社会服务机构等非营利组织。《慈善组织公开募捐管理办法》第三条也规定依法取得公开募捐资格的慈善组织可以面向公众开展募捐。而公开募捐的含义，主要落在"公开"二字，最常见的对于公开的解读即"面向不特定多数人"，这也符合"公众"的概念。

"一点公益"官网的"百问百答"列举了两种公益捐赠形式：个人或商家直接捐赠和消费捐赠。顾名思义，前者是平台的消费者或者商家在收到返利的信使豆后将其直接捐赠给"一点公益"基金会①；后者指平台将每日总消费额的 1% 捐赠给"一点公益"基金会，募捐资金直接来源为每日商家上交的让利款。

---

① "一点公益"APP 信使登录后，进入"我要直捐"模块，其中说明"您所捐赠的信使豆将兑换为 RMB（1 颗信使豆＝1 元）直接进入'一点公益'基金会"，并公示了"一点公益"基金会银行账号。2016 年 12 月 18 日访问。

由于"一点公益"平台面向全国各地的消费者，在消费者注册时也未设置任何筛选条件，只要拥有推荐人 ID 即可注册，而由于推荐人返利制度的激励，推荐人 ID 在很多渠道都可以获得（如在"一点公益"百度贴吧中就有发帖人直接公开了自己的信使 ID），因此可以认定平台是面向不特定多数人的。显然，"一点公益"两种捐赠形式的第一种——个人或商家直接捐赠给"一点公益"基金会的模式应被认定为《慈善法》第二十条规定的公开募捐。

《慈善法》规定了两种公开募捐资格的取得方式，其一为依法登记满二年的慈善组织，可以向原登记的民政部门申请公开募捐资格证书；其二为法律、行政法规规定自登记之日起可以公开募捐的慈善组织，由民政部门在登记时发给公开募捐资格证书。由于到 2016 年"一点公益"基金会成立尚未满二年，因此若想取得公开募捐资格，只有通过第二条路径。我们在北京市社会组织公共服务平台上对"一点公益"基金会进行了检索，未能找到其是否具有公开募捐资格的信息。经过对名为"深圳中盛一点科技有限公司"的"一点公益"官方 QQ 客服的询问，客服反馈"一点公益"基金会并非公募基金。因此，若如其客服所言，难以否认平台现行的这种公开募捐方式存在违规嫌疑，需要进行纠正。

六、 总结

在对其运作模式进行分析之后，也有必要对"一点公益"的商业逻辑进行思考。一种新兴的商业模式一定要能够创造出商业价值才可吸引消费者不断进入，从而实现可持续发展。而"一点公益"的问题恰恰在此，尽管它的模式设计看似对各方都有很多好处（如前文所言），但实践中它真的是可持续的模式吗？这似乎也值得观察。在前期的大量虚假刷单将平台的消费额刷高之后，后期需要有比虚假刷单更高额的消费才能将返利维持在一个有吸引力的水平，由此方能吸引后续消费者进入平台，从而达成理想中的可持续状态。如果平台返利额度日渐减少，即便其模式并不能被认定为庞氏骗局或传销，但消费者若因此缺乏进入平台的动力，也会导致平台的难以为继。核心原因在于，"一点公益"对消费者的吸引力绝大部分来源于返利的利益吸引，极小部分来源于公益捐赠的情怀，除此之外，并未创造更多的商业价值。在这种情况下，一旦返利情况式微，抑或公益捐赠遭到质疑，那么消费者自然就不会再倾向于在此平台消费，从而导致平台日益衰落。

从 2016 年"一点公益"平台上已经汇集了 5 万多商家、90 万多消费者[①]，且数字还在不断上升的情况来看，其已经具有相当的体量和影响力。并且，能看到"一点公益"在不断发展的过程中逐渐完善自身的努力。因此，对于"一点公益"在合规性方面尚需改进之处，不宜采取强制性的规制手段。相比之下，尝试与平台进行沟通，引导其经营模式不断改进与规范，或许是

---

① 数据来源于"一点公益"APP，2016 年 12 月 18 日访问。

一个更具操作性且社会成本更小的方式。而从商业模式角度来看，"一点公益"也应不断改善自身，在现有的返利与公益之外创造出新的商业价值增长点，从而发展出平台的核心竞争力，以更好地持续发展。

（责任编辑：金雪儿）

"一点公益"：公益营销还是公开募捐？

■ 金锦萍[*]

摘要： 公益营销和运用商业机制开展公开募捐这两种法律性质迥然不同的行为极易混淆，在"一点公益"这一事例中体现得尤为明显。单纯讨论"一点公益"是否涉嫌庞氏骗局（或者传销）不足以揭示这一案例所涉及的复杂法律关系。本文从慈善法律与规制的角度切入，揭示"一点公益"无论作为公益营销还是公开募捐，甚至只是搭建商业组织和慈善组织从事这两种行为的平台，都存在违反现行法律规定之嫌疑。对此案例的剖析不仅有助于厘清慈善与公益之边界，也暴露出现行立法之不足。

关键词： "一点公益"　公益营销　公开募捐　公开募捐平台

商业对于现代生活的浸染使我们错将营利视为常态，而将非营利视为非常态。慈善事业长期以来与商业保持着泾渭分明的界限，从而使得政府与商业领域之外的第三部门以非商业的志愿机制在当代社会中赢得一席之地。但是在传统慈善向现代公益转型之际，慈善事业与商业的交融汇集已经不可避免甚至大行其道。"一点公益"不过是其中一个案例而已，但是对于这一案例的深度剖析却能让慈善与商业之间的边界更为清晰可见，也对监管部门提出了严峻挑战。基于这一目的，本文首先指出现有研究均围绕着"一点公益"是否涉嫌庞氏骗局展开，而对于慈善组织介入之后的法律关系全无涉及；然后探讨"一点公益"究竟是公益营销还是公开募捐，并分析这两种行为的差别所在。接下来分别从公益营销和公开募捐的法律规制角度分析"一点公益"是否合法合规，不仅得出"一点公益"既不符合公益营销的法律规范，更不符合公开募捐的法律规定的结论，而且进一步指出公益营销在实践中广泛存在却缺乏法律依据的窘境，建议立法跟进。

一、"一点公益"引发是非：创新与诈骗往往只有一步之遥

"一点公益"最先是由中国光华科技基金会（以下简称光华基金会）和深圳前海中盛一点科

---

* 北京大学法学院副教授。

技有限公司（以下简称一点科技公司）联合发起的一个项目。该项目旨在"以互联网技术为依托，在一点科技公司网上商城及线下联盟等商业模式中设置捐赠模块，为消费者及商家提供捐赠渠道，积极探索创新公益项目可持续发展的模式"，① 并且为此项目在光华基金会中配套设立了"一点公益"专项基金②。此后"一点公益"APP 一经上线就吸引了大量商家和信使入驻。截至 2017 年 4 月 7 日，仅"一点公益"APP 平台上累计消费总额就达到 412 亿元，公益信使（即消费者）人数达到 1 056 612 人，公益商家达到 67 657 家。③

　　"一点公益"一经面世便引发关注和争论，先有公益时报撰文《"一点公益"：一场以公益为名的数学实验》，后有财经新闻的专题报道《探底"一点公益"：庞氏骗局，还是传销？》，核心内容均直指"一点公益"涉嫌庞氏骗局或者传销。同时网络问答平台上关于"一点公益"涉嫌庞氏骗局的声音此起彼伏④。质疑的理由主要集中于以下几点：其一，"一点公益"消费让利模式与庞氏骗局的资金累计模式极为类似；其二，"一点公益"让消费者去发展下线，而且若要在此平台上注册成功，必须有原先加入的消费者的推荐，同时，形成直接推荐关系的推荐人因此可以从被推荐者消费而产生的让利款中获得一定比例的激励，这涉嫌"隐性传销"；其三，平台若不能对于虚假交易（俗称"刷单"）进行打击，就会导致前期消费者迅速获得返利的虚假繁荣之后后续消费者返利的遥遥无期，最终导致平台难以为继⑤。上述各种分析无疑都是围绕着"一点公益"的商业模式展开的。事实上，若无公益因素的介入，类似的商业案例比比皆是。例如"心未来"和"我的未来网"都与"一点公益"的运作模式极为相似。这些模式的共同之处均在于：以高额返利（报销）为噱头，吸引大量会员加入，积蓄巨大资金池。同时平台本身不具备盈利能力，所有运营成本、会员消费高比例报销和返利均源于新加入会员的购物款项。由于涉嫌违法犯罪，"心未来互联平台"主要负责人前不久已经被警方批准逮捕⑥，但是又有新的电子购物返利（报销）平台"春风吹又生"出现，就如同臭名昭著的庞氏骗局一直如幽灵一般在世界范围内游荡。

---

①　参见《中国光华科技基金会关于发起设立"一点公益"项目的决定》。

②　参见《中国光华科技基金会关于发起设立"一点公益"基金的决定》。

③　笔者于 2017 年 4 月 7 日上线"一点公益"APP 查询获得此信息。

④　例如知乎平台上关于"一点公益"的问答内容不少，《"一点公益"是怎样的模式？》，资料来源：https：//www. zhihu. com/question/48245922，2017 年 4 月 10 日访问。《"一点公益"的运作模式是怎样的？》，资料来源：https：//www. zhihu. com/question/47653617？ _ t_ t_ t =0.7929395362734795，2017 年 4 月 11 日访问。

⑤　张明敏、高文兴：《"一点公益"：一场以公益为名的数学实验》，载《公益时报》，2016 年 7 月 19 日第 10 版；南方周末特约撰稿："探底'一点公益'：庞氏骗局还是传销？"，http：//www. infzm. com/content/119772，2017 年 4 月 15 日访问。

⑥　新浪新闻："揭秘'心未来'特大传销组织真面目 7 名骨干分子被批"，http：//news. sohu. com/2016102 2/n470982137. shtml，2017 年 4 月 7 日访问。

相反的观点也不是没有，例如北京大学金融法研究中心研究人员经过研究得出了截然不同的观点，认为"一点公益"既未涉嫌传销，也未构成庞氏骗局，因为与上述涉嫌庞氏骗局的运作模式不同的是："一点公益"是消费平台而非投资平台，即便消费者后期的返利非常小，也已经从正常消费中得到商品，因此不存在庞氏骗局中由于资金链断裂而导致投资者颗粒无收的情形，故不构成庞氏骗局①。这些研究无疑是有意义的，在互联网快速发展的当下，社会创新与金融创新层出不穷。创新与诈骗往往只是一步之遥，而如何区分创新与诈骗不仅是监管层的职责，也是研究者的使命。

但是目前的研究还都是围绕着"一点公益"的商业模式是否涉嫌庞氏骗局展开，对于"一点公益"中的另一显著特征——慈善组织的参与未能深入探讨。的确，在"一点公益"运作模式中，慈善组织作为单纯的公益捐赠受赠方，无论是2016年刚刚实施的《中华人民共和国慈善法》（以下简称《慈善法》）还是先前的《中华人民共和国公益事业捐赠法》（以下简称《公益事业捐赠法》）的规定，都聚焦于受赠方在接受捐赠之后，资金的管理和使用是否遵守法律法规和捐赠方的意愿，而对其接受捐赠之时是否应该负有某些义务却只字未提。如果真要从解释论角度分析光华基金会和"一点公益"基金会行为的妥当性，除了质疑后者的公募资格之外，似乎难以得出其他违反现行法律规定的结论。但是事实是否真的如此呢？

二、 公益营销 or 公开募捐？

（一）公益营销与公开募捐之区分

诚如上文所述，如果没有慈善组织的介入，类似于"一点公益"的商业模式并不鲜见，都不外乎以购物返利（或者报销）吸引消费者，希冀以后续参与者的资金支持支付前期消费者的返利。但是"一点公益"的特殊之处还在于：先有光华基金会，后有北京"一点公益"基金会（以下简称"一点公益"基金会）作为合作伙伴参与其中。光华基金会是共青团中央主管、在民政部登记的全国性公募基金会，在与"一点科技公司"合作发起"一点公益"基金之后不到半年，就将其放飞，在北京市民政局将"一点公益"基金注册为独立的"一点公益"基金会。根据"一点公益"的宣传，平台每日将所有入驻商家总成交额的1%捐赠给慈善组织。无论是光华基金会还是"一点公益"基金会，在"一点公益"商业模式中的角色都是接受公益捐赠的受赠方。在"一点公益"尚为光华基金会的公益专项基金期间，平均每月的捐赠额就接近1 500万元；而当其独立设立基金会之后，根据其披露的交易额，捐赠总额应该已经达到4亿元。难怪"一点公益"基金会负责人说："这样集中、持续、爆炸式的项目发展历程，在公益行业内实属

---

① 彭龄萱：《探析"一点公益"》，该文同时纳入本辑（总第94辑《金融法苑》）文章出版。

罕见，证明了这个模式的生命力。"①

事实上，慈善组织和商业组织合作进行这类活动也并不鲜见。在法律性质分析上，既可能构成公益营销，也可能构成公开募捐。公益营销是指商业组织借用慈善组织品牌推销自身产品或者服务的过程，在此过程中慈善组织将根据其与商业合作伙伴之间的协议获得商业合作伙伴的捐赠。商业组织以公益营销方式所开展的广告或销售计划，表明销售其提供的产品或服务所产生的利润将会全部或部分造福慈善组织或促进慈善目的。公开募捐则是指具有募捐资格的慈善组织基于慈善目的向公众募集财产的行为。我国目前的慈善组织有些具有公开募捐资格，有些则只能进行定向募捐。前者如光华基金会，后者如"一点公益"基金会。公开募捐也可能与商业活动交织在一起进行，例如有基金会与商业银行约定，商业银行接受基金会委托，在发行银行卡时以基金会的名义与客户达成协议，客户每一次刷卡，都将捐赠一定金额进入某特定慈善组织的账号。

公益营销对于商业组织和慈善组织都有裨益。对于商业组织而言，公益营销本质上还是一种商业行为，只是向消费者表明该商业组织将特定商品或者服务的销售利润的全部或者部分将捐赠给慈善组织，从而赢得消费者的信赖和好感，进而提升企业与商品的知名度和美誉度。而对于慈善组织而言，通过与商业组织合作，能够持续获得相对稳定的捐赠。也正是互利共赢的特质使得公益营销在实践中颇受欢迎，跨国企业或者世界知名企业都将其作为一种将企业的盈利目标和公益目标相融合的新型营销方式而广为采用。比较典型的有（Product）RED 案例，该公益认证品牌由著名乐队 U2 主唱波诺和关怀非洲的慈善团体 DATA 的主席博比·施莱弗 2006 年共同成立，运行机制就是与诸如苹果、阿玛尼、戴尔、耐克、星巴克等全球知名品牌合作，推出以红色外观为主色调的产品，销售的部分收入会捐给全球基金组织用来帮助非洲艾滋病防治项目。同理，当慈善组织展开公开募捐之际，若能引入商业机制，则能达到事半功倍的效果，因此也常常受到慈善组织的青睐。例如中国扶贫基金会与百胜餐饮集团联合发起的"捐一元"募捐活动。该公开募捐活动于 2008 年发起，每年通过 2 ~ 3 周的时间，利用百胜旗下遍及全国的肯德基、必胜客、必胜宅急送和东方既白餐厅开展公开募捐活动。截至 2016 年底，总共有超过 6 000 家餐厅向社会劝募，号召消费者捐一元钱，给贫困山区的孩子提供营养加餐。9 年来该项目累计募款1.5 亿元。捐一元利用企业营销渠道开展公开募捐活动，充分利用餐饮企业网店众多、贴近民众的特点，劝募效果显著②。

但是这两类行为极容易混淆，有必要进行区分：

---

① 《"北京一点公益基金会"成立 蕴含全新公益理念》，中国新闻网 2016 年 9 月 5 日报道。参见 http：//www.chinanews.com/it/2016/09 - 05/7994236.shtml，2017 年 4 月 12 日访问。

② 参见中国扶贫基金会 2016 年年度报告。

其一，目的不同：公益营销是指将企业目标与社会公益结合起来，营销形象、产品和服务以求双赢的商业方式营销，目的依然是商业营销。公开募捐的目的则是为了慈善目的而向不特定的社会公众募集善款，即便引入商业机制，也是为了募集到更多更持续的慈善资源。

其二，主体不同：开展公益营销活动的主体是商业组织，由于其并非公开募捐，因此无须具备公开募捐资格；而公开募捐的主体则必须是具有公开募捐资格的慈善组织或者法律规定具有公募资格的其他组织，例如根据《中华人民共和国红十字会法》获得公开募捐资格的红十字会。

其三，捐赠方不同：公益营销中的捐赠方是与慈善组织签订捐赠协议，并开展营销活动的特定商业组织，而公开募捐中的捐赠方是不特定的社会公众（包括商家和消费者），其中商业组织接受具有公募资格慈善组织的委托，以委托人的名义开展公募活动。

其四，适用的法律不同，规制公益营销的主要是《中华人民共和国广告法》（以下简称《广告法》）和《中华人民共和国合同法》（以下简称《合同法》），而规制公开募捐的则是《慈善法》和《公益事业捐赠法》。

（二）难辨"一点公益"之属性

那么"一点公益"究竟是公益营销还是公开募捐呢？仅仅从目前所披露的信息来看，的确难以识其属性：首先，作为双方主体的一点科技公司和光华基金会从一开始便同时登场亮相，难以区分主次，在活动中以双方的共同名义开展"一点公益"项目；其次，"一点公益"的商业目标与公益目的并存：既有企业通过营销吸引商家和消费者的目标，又有慈善组织拓展慈善资源的目的；最后，"一点公益"只声称平台每日将所有入驻商家总成交额的1%捐赠给慈善组织，可是对于这1%的来源并无详细说明，难以认定此1%究竟源自一点科技公司的利润，还是消费者的返利部分或者商家让利部分。如此种种，导致无法确定究竟该依据何种法律规定来审视"一点公益"的合法性。

根据目前所披露的信息，"一点公益"似乎更符合公益营销的特征：尽管"一点公益"创设初期便与光华基金会合作，但是并未以光华基金会的名义开展公开募捐活动，而是将公益捐赠作为平台营销的手段；而且捐赠资金是由一点科技公司流入基金会的。

当然，"一点公益"也并非没有可能属于公开募捐，如果有证据证明那1%的捐赠额源于入驻商家的税后利润捐赠或者源于消费者让利部分，而一点科技公司只是接受委托先行接受资金，随后再将资金转交给光华基金会的话。2016年9月28日"一点公益"APP上一科技公司发出的《温馨告示》似乎有此迹象。该告示第三项规定："所有商家让利款的发票本公司以技术服务费开出，按照营业额的6.6%开具发票，其中3.6%为红票[①]；1%由'一点公益'基金会开具捐赠

---

① "一点公益"告示上简单表述为"红票"，应是红字增值税专用发票，是指当开错发票或者原先已经开出发票但是遭遇对方退货的情况下，开具红字发票来冲抵原先的发票。

收据；……"此条表明，"一点公益"基金会的捐赠收据是开给平台上的入驻商家的，似乎表明捐赠方为入驻商家。如果捐赠方为所有加入平台的商家的话，"一点公益"就应该是向所有入驻平台的商家开展的公开募捐活动。但是，"一点公益"平台并未在任何地方明确表明公开募捐活动的主体和意图。

由此看来，难以判断"一点公益"的性质究竟应归为公益营销还是公开募捐，但是这不等于无法进一步分析"一点公益"的合法性，因为接下来我们将发现无论"一点公益"选择哪条路径，都似乎难以逃脱违反相关法律规定的困境。

三、"一点公益"合法性审视：从公益营销的角度

公益营销缺乏必要的规制，也会引发相关问题，农夫山泉股份有限公司诉公益时报社等名誉权纠纷案便是例证①。此案最终以农夫山泉撤诉告终，但却引发了对因从事公益营销不当而可能引发的风险的普遍关注。《慈善法》第三十七条对此有所涉及②，但是仅仅规定了开展公益营销的主体负有事前与慈善组织签订书面协议的义务。由于公益营销基于公益因素的宣传影响消费者的选择，所以法律规制的重点主要在于主体资格和信息披露。

（一）主体资格限制

在慈善组织的资格方面。公益营销中能够与商业组织合作的慈善组织尽管可以不具备公开募捐的资格，但是却需要具备公益捐赠税前扣除的资格。原因在于：只有向具有公益捐赠税前扣除资格的组织的捐赠才是公益捐赠，这不仅是使该商业组织因而获得税前抵扣的资格，更重要的是，获得这一资格的慈善组织需要经过一定程序的确认，而这一确认过程将使慈善组织的公益性质得到检验。根据《慈善法》的规定，慈善组织可依登记设立或者经认定后取得慈善组织资格，但是慈善组织是否具有接受公益捐赠的资格却应依据《财政部 国家税务总局 民政部关于公益性捐赠税前扣除资格确认审批有关调整事项的通知》③，经财政、税务和民政等部门确认后方可获得。根据这一通知和之前的《财政部 国家税务总局 民政部关于公益性捐赠税前扣除有关问题的通知》④ 的规定，能够获得公益捐赠税前扣除资格的公益性社会团体是指依据国

---

① 2009 年 8 月 11 日，《公益时报》在头版刊登《农夫山泉"一分钱"捐赠受质疑》一文，对农夫山泉公司的一分钱广告提出质疑。文章称，按广告所称，农夫山泉公司每年有 15 亿到 20 亿瓶销售规模，从 2001 年到 2008 年，农夫山泉公司每年至少拿出 1 500 万元捐赠到助学基金，但实际上农夫山泉公司并未做到。农夫山泉公司以侵犯名誉权起诉公益时报。

② 该条规定："自然人、法人和其他组织开展演出、比赛、销售、拍卖等经营性活动，承诺将全部或者部分所得用于慈善目的的，应当在举办活动前与慈善组织或者其他接受捐赠的人签订捐赠协议，活动结束后按照捐赠协议履行捐赠义务，并将捐赠情况向社会公开。"

③ 财税〔2015〕141 号文。

④ 财税〔2008〕160 号文。

务院发布的《基金会管理条例》和《社会团体登记管理条例》的规定，经民政部门依法登记，符合以下条件的基金会、慈善组织等公益性社会团体：

"（一）符合《中华人民共和国企业所得税法实施条例》第五十二条第（一）项到第（八）项规定的条件[1]；（二）申请前3年内未受到行政处罚；（三）基金会在民政部门依法登记3年以上（含3年）的，应当在申请前连续2年年度检查合格，或最近1年年度检查合格且社会组织评估等级在3A以上（含3A），依法登记3年以下1年以上（含1年）的，应当在申请前1年年度检查合格或社会组织评估等级在3A以上（含3A），登记1年以下的基金会具备本款第（一）项、第（二）项规定的条件；（四）公益性社会团体（不含基金会）在民政部门依法登记3年以上，净资产不低于登记的活动资金数额，申请前连续2年年度检查合格，或最近1年年度检查合格且社会组织评估等级在3A以上（含3A），申请前连续3年每年用于公益活动的支出不低于上年总收入的70%（含70%），同时需达到当年总支出的50%以上（含50%）。"

"一点公益"案例中，由于光华基金会已经获得2016年度公益捐赠税前扣除资格[2]，因此无疑符合上述条件；但是"一点公益"基金会迄今尚未能获得2016年度公益捐赠税前扣除资格。

此外，公益营销对商业组织的资格也应有所限制。公益营销中的捐赠与自然人、法人或者其他组织的单纯捐赠有所不同。尽管公益营销的最终结果之一也是将现金或者实物捐赠给慈善组织，但是与单纯捐赠不同的是，慈善组织与商业组织在公益营销过程中存在较长时期的合作关系，而且慈善组织最终能够从公益营销中获得收益的多寡取决于其事先和商业组织签订的协议。正如《民法》中，针对无行为能力人纯获利益的合同，法律不会过多干涉。同理，当慈善组织被动地接受民间捐赠时，无须对其进行准入限制，因为这种无偿的、自愿的捐赠就是纯获利益的合同，即使捐赠的财产存在瑕疵，慈善组织也无须对此承担责任。而当慈善组织主动、积极地与商业组织合作，采用公益营销的方式撬动社会资源的时候，商业组织也在借助慈善的美誉和慈善组织的声誉提升企业与产品（或者服务）的影响力。而当商业组织一旦出现负面事件时，或者公益营销时因为产品（或者服务）质量有瑕疵时，抑或公益营销时存在虚假信息误导消费者时，"城池失火，殃及池鱼"，慈善组织就会不可避免地受到牵累和影响。所以，对于从事公益营销的商业组织不得不设定相关的限制。

---

① 《中华人民共和国企业所得税法实施条例》第五十二条规定如下：本条例第五十一条所称公益性社会团体，是指同时符合下列条件的基金会、慈善组织等社会团体：（一）依法登记，具有法人资格；（二）以发展公益事业为宗旨，且不以营利为目的；（三）全部资产及其增值为该法人所有；（四）收益和营运结余主要用于符合该法人设立目的的事业；（五）终止后的剩余财产不归属任何个人或者营利组织；（六）不经营与其设立目的无关的业务；（七）有健全的财务会计制度；（八）捐赠者不以任何形式参与社会团体财产的分配；（九）国务院财政、税务主管部门会同国务院民政部门等登记管理部门规定的其他条件。

② 参见财政部、国家税务总局、民政部联合发布的《关于2016年度第一批公益性社会团体捐赠税前扣除资格名单的公告》，明确光华基金会等102家公益性社会团体列入第一批捐赠税前扣除资格名单。

遗憾的是，我国立法对公益营销的商业组织并无准入方面的明确规定。唯一可以被作为判断依据的是《慈善法》第四十条第二款的规定："任何组织和个人不得利用慈善捐赠违反法律规定宣传烟草制品，不得利用慈善捐赠以任何方式宣传法律禁止宣传的产品和事项。"这一规定与《广告法》禁止大众媒体发布烟草广告的规定①原理相同，都是为了履行我国已经加入的《烟草控制框架公约》所规定的义务——每一缔约方应根据其宪法或宪法原则广泛禁止所有的烟草广告、促销和赞助。所以 2015 年 9 月 1 日实施的新《中华人民共和国广告法》第二十二条不仅禁止大众媒体发布烟草广告，而且还规定"禁止利用其他商品或者服务的广告、公益广告，宣传烟草制品名称、商标、包装、装潢以及类似内容。"根据这些规定，烟草企业被排除在公益营销的商业组织之外②。

法律之外尚有慈善行业的惯例。除了烟草企业因为世界范围内的烟草控制公约的要求而被各缔约国立法予以规制之外，尚需考虑与慈善组织（或者人道组织）合作进行公益营销的商业组织是否存在会给慈善组织带来负面影响的其他情形。值得推荐的是红十字会与红新月会国际联合会所发布的《企业合作伙伴关系尽职调查评估程序》要求禁止和避免与同红十字与红新月运动的宗旨相违背的商业组织合作。例如对于具有违反人权或者劳动法方面的行为的商业组织，首先被排除在合作对象范围之外。除此之外，该评估程序也建议应该避免与具有非法/争议性业务实践或者非法/争议性营销实践的商业伙伴合作。具体而言，就是指该商业合作伙伴所开展的商业交易涉嫌违反法律法规，且面临因限价、反垄断行为或者其他非法/不道德的商业活动引起指控或者处罚（罚款）；或者商业合作伙伴面临欺诈、虚假或不道德广告、营销、销售或者生产行为，或可造成重大公共争议的其他行为引起的指控或者处罚（罚款）。就此而言，"一点公益"无疑面临这样的风险。

（二）商品与服务是否合乎法律和公序良俗的要求

倘若公益营销的产品或服务本身即与社会公益相抵触，例如烟草、酒类、赌博、色情等，那么营销目标的达成反而是对社会公益的极大损害。因此诸如盗版、山寨产品、特殊消费品等，应当在公益营销的项目管理制度中受到规制。

（三）签订书面协议

《慈善法》第三十七条规定：自然人、法人和其他组织开展演出、比赛、销售、拍卖等经营性活动，承诺将全部或者部分所得用于慈善目的的，应当在举办活动前与慈善组织或者其

---

① 《中华人民共和国广告法》第二十二条规定："禁止在大众传播媒介或者公共场所、公共交通工具、户外发布烟草广告。禁止向未成年人发送任何形式的烟草广告。禁止利用其他商品或者服务的广告、公益广告，宣传烟草制品名称、商标、包装、装潢以及类似内容。烟草制品生产者或者销售者发布的迁址、更名、招聘等启事中，不得含有烟草制品名称、商标、包装、装潢以及类似内容。"

② 甚至实践中还出现过烟草企业单纯捐赠都遭受拒绝的案例。

他接受捐赠的人签订捐赠协议，但是未明确协议的具体内容。借鉴《美国公益募捐示范法》的规定，公益营销之前，商业组织需要与慈善组织签订书面协议，内容包括但不限于以下事宜：提供给公众的产品或服务；活动的地点、起止时间；慈善组织名称使用方式，包括公开每一个单位的产品或服务所花费的真实的或预计的金钱数额或比例（购买或使用这些产品或服务使慈善组织获益）；慈善组织获益的最大限度；出售或使用产品或服务的预计数量；商业组织提供给慈善组织的最终财务报告及提供日期；公益营销符合法律规定的声明；慈善组织获益的日期和方式。

（四）尽职调查与信息披露

由于信息的不对称，慈善组织与商业组织的合作具有潜在风险。商业组织通过与慈善组织合作，可以赢得良好的社会声誉，有利于增加其商业利益。因此，商业组织具有与慈善组织合作的动机和愿望。为了实现这一愿望，它往往会展示自己的优势信息，而隐藏劣势信息。于是，尽职调查成为信息对称的重要途径。在商业活动中，尽职调查是获取一个企业全面信息的首选途径，在并购、公开发行股票并上市前，相关利益方都会对目标对象进行尽职调查，以获取对方的详细资料，评估预期风险，以使利益最大化。在公益营销中，慈善组织的合作伙伴也是公司，因而慈善组织可以借鉴商业活动中的尽职调查，全面了解目标合作伙伴的详细情况，作出权衡和防范，以保证慈善组织与商业组织合作时建立积极的形象关联，保证慈善组织的信誉不因合作而受到负面影响，更好地实现慈善组织的宗旨和使命。

公益营销势必涉及广告，因此就需要在广告中将书面协议的核心条款广而告之，尤其是商业组织应该在每一次广告里都披露公益营销中使慈善组织获益的数额和比例（如果不能合理确定，则公开预计的数额或比例）。对此，我国《慈善法》第三十七条也规定"活动结束后按照捐赠协议履行捐赠义务，并将捐赠情况向社会公开"。

就本案而言，如果"一点公益"是公益营销，那么存在以下问题：

其一，"一点公益"基金会在尚未获得公益捐赠税前扣除资格的情况下接受捐赠，存在一定的违规风险。而且值得注意的是，根据《慈善法》的规定，在《慈善法》颁布之前成立的基金会可以申请认定为慈善组织，而在《慈善法》实施之后成立基金会的，可以在申请登记为基金会的同时申请登记为慈善组织。然而"一点公益"基金会登记于 2016 年 8 月 16 日，即《慈善法》颁布之后实施之前，既不能在申请登记之时同时申请慈善组织资格，更无可能依法申请认定为慈善组织。这对于其今后申请公开募捐资格和公益捐赠税前扣除资格都埋下了隐患①。如果"一点公益"基金会无法通过公益性检测的话，将从根本上导致"一点公益"丧失公益基础，进而涉嫌发布虚假广告和欺诈。

---

① 这一慈善法规定的缺陷目前尚无弥补途径。具体规定请查看《慈善法》第十条的规定。

其二，目前关于"一点公益"的商业模式是否涉嫌违法的争论尚未尘埃落定。在其商业模式尚存在巨大争议之时，与其合作的慈善组织无疑冒着声名受累的风险。尽管法律尚未对此做出禁止或者限制性规定，但是作为慈善组织决策机构的理事会应该尽到必要的注意义务，否则当基金会名誉因商业合作伙伴的负面事件而遭受损害的时候，其理事会会因对此有过错而难辞其咎。

其三，即便双方主体已经按照《慈善法》第三十七条的规定，在举办活动前签订了捐赠协议，并且按照捐赠协议履行了捐赠义务，但是对于捐赠协议中的主要条款，尤其是其中会影响到入驻商家和消费者行为的内容应该予以充分披露。尽管《慈善法》对此规定过于简略，只需要在"活动结束后按照捐赠协议履行捐赠义务，并将捐赠情况向社会公开"，但是公益营销尚需遵循《广告法》的相关规定。《广告法》第二十八条规定"……与商品或者服务有关的允诺等信息与实际情况不符，对购买行为有实质性影响的"为虚假广告。"一点公益"APP 显示消费总额已经超过 412 亿元，按照其承诺，其应捐赠的数额应该超过 4 亿元，但是迄今为止"一点公益"尚无官方渠道明确告知公众捐赠数额是否与其承诺相符，并且是否全额捐赠给符合条件的慈善组织。

四、 "一点公益" 合法性审视： 从公开募捐的角度

诚如上文所述，"一点公益"也可能是公开募捐，如果一点科技公司接受光华基金会的委托开展募捐，并且捐赠者为入驻商家和/或消费者的话。与公益营销不同的是，现行法律对于公开募捐的规制相对清晰。

首先，公开募捐的主体须是符合法律规定的条件并获得公开募捐资格的慈善组织；未能取得公开募捐资格的慈善组织只能进行定向募捐，即只能向理事、发起人和会员进行募捐①。从目前信息来看，"一点公益"尚是光华基金会下设的公益专项基金时，可以被视为光华基金会开展的公开募捐活动。光华基金会是全国性的公募基金会，主体资格合格；但是当光华基金会结束"一点公益"项目和基金时，"一点公益"就不再具备公开募捐资格。即便后来成立了"一点公益"基金会，由于该基金会未取得公开募捐资格，故不得开展公开募捐活动，否则涉嫌违反《慈善法》第一百零一条的规定②。更为不妙的是，如前所述，成立于《慈善法》颁布之后实施之前的"一点公益"基金会几乎没有可能被认定为慈善组织，因此在《慈善法》实施之后，其

---

① 由于基金会是无会员的财团法人，因此意味着定向募捐只能向基金会的理事和发起人募捐。
② 《慈善法》第一百零一条规定，不具有公开募捐资格的组织或者个人开展公开募捐的，由民政部门予以警告、责令停止募捐活动；对违法募集的财产，责令退还捐赠人；难以退还的，由民政部门予以收缴，转给其他慈善组织用于慈善目的；对有关组织或者个人处二万元以上二十万元以下罚款。

不仅不能开展公开募捐，而且其是否能得以开展定向募捐的资格都将受到质疑。

其次，即便"一点公益"在光华基金会下设公益专项基金期间具有公开募捐资格，但光华基金会却未能依法履行开展公开募捐活动的相关程序和义务。由于光华基金会参与"一点公益"时，《慈善法》刚刚颁布尚未实施，因此立法层面尚无规制慈善募捐的法律规范。当时能够作为法律依据的只有《公益事业捐赠法》、《基金会管理条例》和《基金会信息公开办法》。但是即便根据这些法律法规和规章，公募基金会组织募捐活动时，也应当公布募得资金后拟开展的公益活动和资金的详细使用计划。在募捐活动持续期间内，应当及时公布募捐活动所取得的收入和用于开展公益活动的成本支出情况。募捐活动结束后，应当公布募捐活动取得的总收入及其使用情况。

2016年9月1日实施的《慈善法》对于慈善募捐做了专章规定，因此如果在《慈善法》实施之后开展公开募捐活动的，则应严格遵循《慈善法》和《慈善组织公开募捐管理办法》的相关规定，具体内容如下：

一者，公开募捐之前制订募捐方案并且报民政部门备案。根据《慈善法》规定，具备公开募捐资格的慈善组织开展公开募捐的，应当制订募捐方案，该方案的内容包括募捐目的、起止时间和地域、活动负责人姓名和办公地址、接受捐赠方式、银行账户、受益人、募得款物用途、募捐成本、剩余财产的处理等。而且募捐方案应当在募捐活动前报慈善组织登记的民政部门备案。

二者，开展公开募捐活动时的信息公开义务。《慈善法》同时规定，开展公开募捐，应当在募捐活动现场或者募捐活动载体的显著位置，公布募捐组织名称、公开募捐资格证书、募捐方案、联系方式、募捐信息查询方法等。

三者，在特定平台上发布募捐信息方可进行网络募捐。《慈善法》规定，如果在互联网上开展公开募捐活动，则应当在国务院民政部统一或者指定的慈善信息平台发布募捐信息，并可以同时在其网站发布募捐信息。民政部依法于2016年8月认定了13家网络平台作为慈善募捐信息发布平台。因此，光华基金会若要开展公开募捐活动，需先行在这13家中的任何一家发布公开募捐信息，并可以同时在以本慈善组织名义开通的门户网站、官方微博、官方微信、移动客户端等网络平台发布公开募捐信息。

四者，履行动态信息公开义务。具有公开募捐资格的慈善组织应当定期向社会公开其募捐情况和慈善项目实施情况。公开募捐周期超过六个月的，至少每三个月公开一次募捐情况，公开募捐活动结束后三个月内应当全面公开募捐情况。慈善项目实施周期超过六个月的，至少每三个月公开一次项目实施情况，项目结束后三个月内应当全面公开项目实施情况和募得款物使用情况。

但是目前公开的信息表明，"一点公益"并未按照公开募捐的法定程序和要求开展活动。或许早先光华基金会从来未曾按照公开募捐的思路来设计"一点公益"。而一点科技公司的合作伙伴从光华基金会转为"一点公益"基金会时，由于"一点公益"基金会不具备公开募捐资格，就更谈不上遵循法律法规关于公开募捐的行为规范了。

五、"一点公益"合法性审视：从服务平台的角度

行文至此，都是将行为主体视为"一点公益"平台，却忽视了另外一种可能性：即"一点公益"只是一个平台，入驻的商家可以在此平台上开展公益营销，慈善组织也可以在此平台上开展公开募捐。这可能区分为两种情况。

（一）情形之一："一点公益"是公益营销平台

"一点公益"选定慈善组织，并与其签订协议，由平台负责招募商家入驻。并且在招募商家入驻同时代表慈善组织开展公开募捐活动。此时平台上呈现出两层法律关系：第一层是平台与特定慈善组织签订委托合同，当平台在招募商家入驻的同时，由于附有捐赠模块，意味着平台也在以慈善组织的名义向不特定的商家开展公开募捐活动。第二层是众多商家与平台所选定的慈善组织签订格式化的公益营销书面协议。于是"一点公益"应该遵循公开募捐的法律规范，而众多商家则应该遵循公益营销的相关规则。当然，"一点公益"应当制定在本平台上开展公益营销的商家的准入标准，并且对于入驻商家是否是合适的公益营销的商事主体进行必要的尽职调查；同时按照一定标准选择合适的慈善组织作为合作对象，至少要求慈善组织具备公益募捐和公益捐赠税前扣除资格。以此标准审视，本案中"一点公益"也依然存在违反相关规定的情形：不仅其所选择的"一点公益"基金会因不具备公开募捐资格而无法成为其开展公开募捐活动的委托方，而且也未能遵守本文第四部分所阐述的关于公开募捐的规则。

（二）情形之二："一点公益"是公开募捐平台

慈善组织在此平台上开展公开募捐。如果"一点公益"成为公开募捐平台，则根据《公开募捐平台服务管理办法》的规定，其义务包括：第一，准入需要经政府部门认定。"一点公益"作为通过互联网提供公开募捐平台服务的网络服务提供者应当依法由民政部指定，并符合《互联网信息服务管理办法》等规定的条件。第二，"一点公益"在提供公开募捐平台服务时，应当查验慈善组织的登记证书和公开募捐资格证书，并不得代为接受慈善捐赠财产。第三，向慈善组织提供公开募捐平台服务应当签订协议，明确双方在公开募捐信息发布、募捐事项的真实性等方面的权利和义务。第四，发现慈善组织在开展公开募捐时有违法违规行为的，应当及时向批准其登记的民政部门报告。民政部门发现慈善组织在使用公开募捐平台服务中有违法违规行为，要求协助调查的，应当予以配合。第五，应当记录和保存慈善组织的登记证书复印件、公开募捐资格证书复印件，慈善组织在其平台上发布的有关信息。其中，登记证书、公开募捐资格证书相关信息的保存期限为自该慈善组织通过其平台最后一次开展公开募捐之日起不少于两年；募捐记

录等其他信息的保存期限为自公开募捐完成之日起不少于两年①。依据这些规定，本案中的"一点公益"依然存在违规之嫌：不仅未能获得政府部门的指定，而且代为接受了慈善捐赠财产。

六、 结论

在社会创新层出不穷的当下，关于"一点公益"的争论不会就此停息。"一点公益"不仅行走在创新与诈骗的钢丝绳上（关于其是否涉嫌庞氏骗局的争议依然甚嚣尘上），也逡巡于慈善与商业的边缘线上，甚至在一定程度上难以判断其究竟属于商业性质的公益营销还是慈善性质的公开募捐。尽管笔者无意也无法根据现有信息将"一点公益"简单定性为其中一种，但是"一点公益"总得选择一条出路。遗憾的是，若按照公益营销来审视，"一点公益"具有主体资格不符合法律规定和信息披露不足等方面的问题；若按照公开募捐来审视，也存在募捐主体不具备公募资格（在与"一点公益"基金会合作期间）、公募组织未按照法定程序和要求开展公募活动的情形（与光华基金会合作期间）。在争论中不断调整商业模式的"一点公益"②，也应该对于其一直高调宣传的公益模式进行调整，真正实现慈善和商业的合作共赢，而非相互伤害。

（责任编辑：金雪儿）

---

① 参见民政部、工业和信息化部、国家新闻出版广电总局和国家互联网信息办公室于 2016 年 9 月 1 日发布实施的《公开募捐平台服务管理办法》第二条至第九条的规定。

② 截至本文定稿之时，"一点公益"的 APP 发出公告，在停摆了一段时间之后，平台将于 2017 年 4 月 17 日恢复系统运营，实行新激励标准，以让利 24% 系列为例，信使激励消费额的 60%，商家激励让利款的 125%；新消费爱心及解冻爱心所产生的信使豆，回购执行 T+1 规则。

Financial Law Forum

金融法苑

2017　总第九十四辑

热点观察

国企债务违约处置的法律结构

——以三家钢铁企业违约处置为例

■ 尉承栋*

摘要：对于三家同样深陷债务危机，并同样提出过"债转股"化解方案的国有钢企——中钢集团、渤海钢铁以及东北特钢来讲，面对的却是不同的处置方案。在类似情况下，对国企债务违约处置方案的选择并无明确标准，究竟是选择债转股方案对企业实施债务重组，还是直接进入破产程序对企业债务进行清算，存在着很大的不确定性。目前，国务院发布《关于积极稳妥降低企业杠杆率的意见》（以下简称54号文），对企业兼并重组、银行债权转股权以及企业破产等作出顶层设计，但具体该如何适用则缺乏详细的操作指南。通过分析，本文认为企业法律地位、债务形成原因、自身经营水平、信用水平高低以及债权人组成等因素，都在不同程度上影响着企业债务的处置结果，在具体适用中要对上述因素进行综合考量。

关键词：国有企业　债务违约　市场化　债转股　债务重组

一、违约事实概述

2016年8月，在《关于积极稳妥降低企业杠杆率的意见》（以下简称54号文）正式发布以前，武钢集团与中国建设银行签订了去杠杆业务合作框架协议，被看作本轮债转股首单成功的案例。基于本文的研究目的，将依据54号文对钢企违约的债务处置方案进行对比，并从中发现一般性规律。在选取分析的三家钢企中，中钢集团债务重组方案已经获得批准，企业有望获得发展新生；与中钢集团几乎同时提出债转股方案的东北特钢，在违约数次后正式进入破产重整司法程序；而渤钢集团债转股债务重组方案也未能实现，最终被拆分。债转股通常会涉及中央部委、地方政府、企业、银行以及债权受让方等机构，本文将围绕这几方主体展开分析。

---

* 北京大学法学院2013级博士研究生。

（一）中钢集团

中钢集团①是国资委主管的大型国有钢企，属于中央企业。中钢集团最初凭借铁矿石贸易起家，伴随中国经济高速增长及大宗商品价格上涨而快速发展，由最初的钢铁贸易服务商向钢铁生产供应销售等环节扩张。从 2007 年起，中钢集团开始在海外开展收购业务，集团资产负债率也逐年升高，在 2012 年时已经达到 98.10% 的负债水平。2014 年前后，中国钢铁行业出现严重产能过剩，钢价、矿价等出现大幅下跌，中钢集团也因此陷入经营困难，于同年 9 月发生贷款逾期。2014 年底，中钢集团及其所属 72 家子公司的债务总额已超 1 000 亿元，其中对金融机构负债将近 750 亿元，涉及债权方银行 80 余家。总体上说，历史包袱重、高速扩张以及粗放经营等问题造成了企业债务，并在行业下行期内集中爆发。

（二）渤海钢铁

渤海钢铁是天津市属国有企业，2010 年 7 月在天津市政府推动下，由天津钢铁、天铁冶金、天津钢管以及天津冶金四家企业共同组建而成。整合意味着更多的金融支持②，四家企业虽然实现法律意义上的整合重组，但彼此貌合神离、各自为政，并未实现经营层面的整合，直到 2013 年才实现财务并表完成实质性整合，是典型的行政命令催生出的合并。2015 年，渤海钢铁涉及金融债务金额达到 1 920 亿元，而其总资产仅为 2 900 亿元，如果算上商业债务，公司已资不抵债。在 100 多家债权方当中，北京银行、天津银行、天津滨海农商行三家银行信贷余额均高达数百亿元。与中钢集团相似，负债也是以银行金融债务为主。

（三）东北特钢

从股权结构看，东北特钢是辽宁省属国有企业，还有黑龙江省国资委、东方资产管理公司等主要股东。从经营状况看，其利润水平优于国内大部分钢企，即使 2015 年钢铁行业整体不景气，吨钢亏损 300 元到 500 元，行业利润总额亏损高达 68.89% 时，当年年度利润仍达到 2.29 亿元，较 2014 年增长 30%，在全国钢铁企业中位列第 17 名。但是，从 2005 年到 2014 年，由于大连基地环保搬迁以及大规模技术改造等，公司近五年的负债率基本维持在 80% 以上且呈现短期化，短期债务占比达到 70%。2016 年 3 月至 7 月期间，东北特钢先后有 7 只、合计 47.7 亿元债券未能按期足额偿付；到其第十次违约，本金额度累计达到 70 多亿元。从债权人构成看，东北特钢涉及债权方非常广泛，且很多都是普通投资者。

---

① 旗下有中钢国际工程技术股份有限公司和中钢集团安徽天源科技股份有限公司两家上市公司。

② 仅在合并当月，中国银行天津分行、中国建设银行天津分行等 8 家银行就与渤海钢铁举行银企战略合作签字仪式，授予其 1 000 亿元的授信额度。参见《8 家银行与渤海钢铁集团签署 1 000 亿元授信额度》，资料来源：网易财经 http://money.163.com/10/0726/09/6CGPT1CP002524SO.html，2016 年 11 月 7 日访问。

二、 违约处置方式

债权转股权，作为债务重组的一种方式，其实施目标包含两个方面：第一，降低商业银行特别是国有银行的不良贷款率，满足金融监管部门的监管要求；第二，降低非金融企业杠杆率，将企业负债率降到合理水平。在供给侧结构性改革背景之下，债转股作为去杠杆的重要手段，有助于帮助国企度过周期性困难，缓解债务到期清偿以及局部违约的压力，配合国家实施"三去一降一补"战略任务。与 1999 年债转股主要处置银行不良资产不同，本轮债转股要解决的是工业企业的高负债率。虽然债转股的具体模式有所差异，但基本思路都是银行将持有的企业债权转移给资产管理公司或其他第三方机构，债权受让方再将债权转变成为股权。

在本部分中，文章将首先回顾 1999 年债转股的具体做法，通过对两次债转股实践的对比分析，进一步明确本轮债转股的关键即市场化；接下来，将对 54 号文及其附件展开具体分析，构建国企债务违约处置方案的基本体系和标准①。总体来说，同 1999 年基于政策性目的实施的债转股不同，本轮债转股更加强调市场化原则及目标。上一轮的债转股主要是通过成立四家资产管理公司（AMC），来剥离四大国有商业银行的不良资产，帮助部分国有企业扭亏为盈恢复生产。从实施之初，就具有很强的政策性和政府主导色彩。本轮债转股与上轮债转股的主要区别包括实施背景、目标以及法律环境和企业类别等；此外，在实施机构、资金来源等方面，两者也存在显著差异。

（一）政策性与市场性的比较

1. 实施目标。1999 年的债转股在实施目标方面要求"盘活商业银行不良资产，加快不良资产的回收，增加资产流动性，防范和化解金融风险；加快实现债权转股权的国有大中型亏损企业转亏为盈。"② 因此，该轮债转股主要是为了盘活国有银行的不良资产，降低不良贷款率；而本轮债转股则是要帮助国有企业降低杠杆率，实现扭亏为盈。这体现在转股债权范围上，本轮债转股债权范围包括正常贷款，而非专门针对不良贷款。

2. 实施方式。两次债转股的区别在于政策性与市场性上，上一轮实施债转股，转股企业名

---

① 从 2016 年开始，为化解过剩产能、降低企业杠杆率，各部门相继出台指导性意见。2 月 4 日国务院发布《关于钢铁行业化解过剩产能实现脱困发展的意见》；4 月 21 日，银监会发布《关于支持钢铁煤炭行业化解产能实现脱困发展的意见》，对银行业金融机构实施债务重组、破产清算、处置企业债务和银行不良资产作出规定；7 月 18 日，中共中央及国务院发布了《关于深化投融资体制改革的意见》，提出"开展金融机构以适当方式依法持有企业股权的试点"；8 月 6 日，银监会就《关于钢铁煤炭行业化解过剩产能金融债权债务处置的若干意见》向各地银监局、政策性银行、大型银行、股份制银行以及金融资产管理公司等征求意见，提出"支持对钢铁煤炭企业开展市场化债转股"。此外，12 月 19 日发展改革委发布《市场化银行债权转股权专项债券发行指引》等。

② 详情参见《国家经贸委、中国人民银行关于实施债权转股权若干问题的意见》，网站资源 http：//www. law – lib. com/law/law_ view. asp？id = 70083，2016 年 11 月 7 日访问。

单、转股债权范围以及实施机构等均由政府主导，具有很强的政策性甚至行政干预意味。而本轮债转股从实施之初就严格明确市场化要求，包括转股债权范围种类、转股价格、实施机构、资金筹措方式等均不由政府决定，而是交给市场主体各方协商确定。因此，本轮债转股将通过市场主体个案谈判的方式进行，而不会出现政府大包大揽批量实施的现象。

3. 资金来源。政策性和市场化的不同导向，决定了两次债转股的资金来源和筹措方式不同。1999 年政策性债转股，由中国华融、中国信达、中国东方和中国长城四家国有资产管理公司作为实施机构，收购资金来自财政部提供的资本金以及央行的再贷款[①]，而本轮债转股资金来源主要是市场化筹集。本轮债转股明确鼓励实施机构面向社会投资者募集资金，特别是可用于股本投资的资金，也包括各类受托管理的资金[②]。从资金来源看，本轮债转股将选择权交给市场投资者。

4. 企业类别。在 1999 年发布的《国家经贸委　中国人民银行关于实施债权转股权若干问题的意见》中，对适用债转股企业的范围作出明确规定[③]，具有较强的政府主导色彩。相比起来，54 号文及其附件对本轮债转股企业范围及名单均未作出明确要求，而通过"三类鼓励"和"四类禁止"[④] 进行必要指导。只有得到市场认可才能适用债转股，政府不对适用企业类型做出强制性要求。

（二）市场化的理解

2016 年 3 月，国务院首次提出"可通过市场化债转股的方式来逐步降低企业的杠杆率"，有部委提出比照 1999 年政策债转股按 GDP 比重来确定此次债转股的总体规模，但随即遭到批评[⑤]。6 月，国新办召集"中国债务率分析及对策有关情况吹风会"，国家发展改革委介绍此次债转股

[①] 具体来说，1999 年，财政部为四大资产管理公司各提供了 100 亿元资本金，央行提供了 5 700 亿元再贷款，四大资产管理公司则向商业银行和国开行发行了 8 200 亿元的金融债券，四大资产管理公司利用这些资金对口收购四大行 1.4 万亿元的不良资产。

[②] 此外，支持符合条件的实施机构发行专项用于市场化债转股的金融债券，探索发行用于市场化债转股的企业债券，并适当简化审批程序。实施机构也扩展到金融资产管理公司、保险资产管理机构、国有资本投资运营公司等，也可以是银行现有的符合条件的所属机构或申请设立符合规定的新机构。

[③] 包括：（1）"七五"、"八五"期间和"九五"前两年主要依靠商业银行贷款（包括外币贷款）建成投产，因缺乏资本金和汇率变动等因素，负债过高导致亏损，难以归还贷款本息，通过债权转股权后可转亏为盈的工业企业；（2）国家确定的 521 户重点企业中因改建、扩建致使负债过重，造成亏损或虚盈实亏，通过优化资产负债结构可转亏为盈的工业企业；（3）被选企业同时应是 1995 年及以前年度向商业银行贷款形成不良债务的工业企业，有些地位重要、困难很大的企业，时限可延至 1996 年、1997 年、1998 年；（4）工业企业直接负债方，作为债权转股权的企业，必须具有独立企业法人资格；（5）选择个别商贸企业，进行债权转股权企业的试点。详情参见《国家经贸委　中国人民银行关于实施债权转股权若干问题的意见》。

[④] 详见表 1 中"三类鼓励"和"四类禁止"有关规定。

[⑤] 2016 年 5 月，《人民日报》刊发权威人士文章《开局首季问大势——权威人士谈当前中国经济》指出，不要动辄搞债转股。自此，债转股由热议转为平静。

与 1999 年政策性债转股有很大区别，即债转股对象将完全由市场主体自己选择，对股权和债权进行市场化定价，并且安排股权市场化退出。因此，此次债转股最大不同点在于"市场化"，本部分将借助以 54 号文为中心的政策规范体系①，从法律角度理解市场化内涵。

表1　国务院《关于市场化银行债权转股权的指导意见》内容概要

内容	《指导意见》规定
市场化	由银行、实施机构和企业三方市场主体，依据国家政策导向自主协商，确定转股对象、转股债权以及转股价格和条件，政府"不强制"和"不兜底"②
法治化	除国家另有规定外，银行不得直接将债权转为股权。银行将债权转为股权应通过向实施机构转让债权、由实施机构将债权转为对象企业股权的方式实现③，即"先售后转"
债权范围	转股债权范围以银行对企业发放贷款形成的债权为主，适当考虑其他类型债权。转股债权质量类型由债权人、企业和实施机构自主协商确定
三类鼓励	鼓励面向发展前景良好但遇到暂时困难的优质企业开展市场化债转股，包括： 1. 因行业周期性波动导致困难但仍有望逆转的企业； 2. 因高负债而财务负担过重的成长型企业，特别是战略性新兴产业领域的成长型企业； 3. 高负债居于产能过剩行业前列的关键性企业以及关系国家安全的战略性企业。
四类禁止	1. 扭亏无望、已失去生存发展前景的"僵尸企业"； 2. 有恶意逃废债行为的失信企业； 3. 债权债务关系复杂且不明晰的企业； 4. 有可能助长过剩产能扩张和增加库存等不符合国家产业政策的企业。
实施机构	市场化方式筹集转股资金，而非通过政府方式筹资： 1. 鼓励金融资产管理公司、保险资产管理机构、国有资本投资运营公司等多种类型实施机构参与开展市场化债转股④； 2. 支持银行充分利用现有符合条件的所属机构，或允许申请设立符合规定的新机构开展市场化债转股； 3. 鼓励实施机构引入社会资本，发展混合所有制，增强资本实力。

---

①《关于市场化银行债权转股权的指导意见》在 54 号文基础上将债转股细化为：（一）明确适用企业和债权范围；（二）通过实施机构开展市场化债转股；（三）自主协商确定市场化债转股价格和条件；（四）市场化筹集债转股资金；（五）规范履行股权变更等相关程序；（六）依法依规落实和保护股东权利；（七）采取多种市场化方式实现股权退出七个方面。

②"不强制"是指，各级政府及所属部门不干预债转股市场主体具体事务，不得确定具体转股企业，不得强行要求银行开展债转股，不得指定转股债权，不得干预债转股定价和条件设定，不得妨碍转股股东行使股东权利，不得干预债转股企业日常经营；"不兜底"是指，如果形成损失，政府不承担损失兜底的责任。也意味着，市场各方主体自行承担。

③　这样做与《中华人民共和国商业银行法》第四十三条的规定不存在冲突，可以在现有法律监管体系下完成。

④　存在的问题是，对银行来讲，转让给外部实施机构时，需要进行折价处理，银行面临着部分账面损失，而且不能分享转股之后的收益。因而，银行会更加倾向于转让给自己旗下的子公司。

（三）市场化标准的适用

通过对表 1 的分析以及比较前后两次债转股的异同点，本部分将构建适用于国企债务违约处置的一般分析框架及标准。

第一，违约企业的法律地位。根据 2016 年 8 月 6 日银监会《关于钢铁煤炭行业化解过剩产能金融债权债务处置的若干意见》，政府将对资产负债率较高、在国民经济中占主要地位的钢铁煤炭骨干企业，支持资产管理公司和地方资产管理公司按照市场化、法治化的原则，开展债转股工作。根据该规定，钢铁类企业债转股范围被限定在对"在国民经济中占主要地位的钢铁煤炭骨干企业"，而在国资委 54 家"国有重点骨干企业"名单中，三家国有重要骨干钢企指鞍钢、宝钢和武钢三家①。因此，建设银行与武钢集团于 2016 年 8 月签订去杠杆业务合作框架协议，符合债转股对钢铁行业骨干企业的要求；但前述三家企业则不在该范围，因此有必要进一步考察企业所有制以及在国民经济中的地位等问题。

第二，企业自身的经营能力问题。《关于市场化银行债权转股权的指导意见》（以下简称《指导意见》）中规定的四类禁止的情形，总体上可以被归纳为主观和客观两个方面。从客观上看，企业自身缺乏扭亏为盈能力，不再具备发展前景属于被禁止情形；从主观上看，债务违约企业主观上有恶意通过债转股逃废债，债务关系复杂且不透明，违背国家产业政策要求等也属于被禁止情形。根据《指导意见》中的规定，企业经营能力是债转股成功与否的硬性指标，相比起 1999 年实施的债转股，本次债转股不仅未对债转股企业划定明确范围，而且将不适宜进行债转股的企业明确排除。这样的规定也表明，债转股实施只能通过个案谈判的方式进行。

第三，债务成因、债务构成以及金融债务比等因素。债务成因及债务构成作为考量因素，来自《指导意见》中三类鼓励的具体规定：第一类，包括发展前景良好但遭遇暂时困难，比如因行业下行导致的暂时性经营困难，这类企业的营利能力及技术水平等通常较好，通过实施债转股有望回转。第二类，成长型企业经营负担较重负债高也属正常，特别是处于战略性新兴产业，发展前期的财务负担比较重。第三类，关键性企业以及关系到国家安全的战略性企业，往往承担着国家战略性的生产、投资等任务，在项目前期往往要投入很高的资本金，因而，这类企业的收益回报周期较其他企业更长。

第四，债权人方面因素。根据市场化这一根本要求，债转股方案成功与否主要取决于债权人意思自治，而不再承受来自政府方面的干预。根据《指导意见》的规定，本次债转股将以"银行对企业发放贷款形成的债权"为主，适当考虑其他类型债权。这实际上将企业债务分为银行贷款及其他类型债务两大类。可以说，对银行贷款通过谈判方式进入债转股程序是支持的，但对

---

① 新华网：《"国有重要骨干企业"有哪些？》，资料来源：http://news.xinhuanet.com/video/sjxw/2015-01/30/c_127440169.htm，2017 年 2 月 26 日访问。

其他类型债务则持更为谨慎的态度。比如,部分企业的债务违约涉及普通债券投资者,对这部分债务的处置则不宜采用债转股,特别是很多债务都涉及个人投资者。此外,具体到转股债权质量类型等,则可通过债权人、企业和实施机构各方协商确定。

三、 不同方案的法律结构

根据第二部分的分析,本文认为对市场化的判断应当主要从四个方面进行考虑。第一,需要考虑债务违约企业的法律地位,即所有权归属、股东组成等因素;第二,具体考察企业经营状况和营利水平等经营性因素,来判断企业自身的经营能力;第三,分析企业的违约情况,特别关注的是债务成因、债务构成以及金融债务所占比例等;第四,还要注意债权人方面因素,比如债权人中机构占比、债权人所有权属性等问题。在本部分,将依据上述构建的研究框架及标准,具体分析三家国有钢企违约处置方案的适用问题。

(一)处置方案

1. 东北特钢。从东北特钢方面看,债务违约处置方案大致经历了三个过程。第一阶段,东北特钢试图对金融债务实施重组①,将金融债务按70%的比例转为股权,保留剩余30%。但是,该方案最终被投资者否定,也未能获得交易商协会方面的支持。第二阶段,提出由本钢集团对东北特钢实施并购重组,两者拥有相同的实际控制人辽宁省国资委,但该并购重组方案因为本钢方面的不确定性②,最终也未能实施。第三阶段,大连市中院裁定受理对东北特钢的破产重整申请③。在经过债权转股权以及兼并重组两次尝试后,由于债权人及兼并企业方面的原因,东北特钢集团最终进入破产重整程序。

2. 渤海钢铁。为化解渤海钢铁债务,天津市政府提出包括债务重组在内的多种方案。第一种方案,将优质资产剥离出来进行二次重组,不良资产则由天津津融投资服务集团有限公司接

---

① 辽宁省政府曾组织召开东北特钢集团工作协调领导小组会议,形成《省政府东北特钢工作协调领导小组会议精神传达提纲》。该方案主要内容:一是对金融债务实施重组,对金融债务按70%比例转为股权,30%比例保留;二是对经营性债务进行协商,通过谈判协商可能转为股权,退出机制与金融债务相同;三是加强企业经营管理;四是引进产业投资人;五是整体上市或资产注入抚顺特钢上市,原债权人可通过该办法从资本市场退出。其中,根据公开信息,截至第一季度负债总额为556亿元(扣除保证金),金融债务约445亿元,其中71亿元为公开市场债券。预计近3年公司净现金流6.7亿元,按照5%利率计算,只能够承担的债务为135亿元,约占总债务的30%,故希望70%的债务通过债转股的方式,以股抵债。

② 事实上,早在2010年合并北台钢铁之后,本钢集团就有意对东北特钢实施兼并,并提出以本钢集团为主的重组方案,该议案当时被搁置。但是,2015年审计报告,本钢年度净利润为-47.72亿元,且2016年下半年至2017年将是国企债务违约高发期。

③ 需要指出的是,破产重整不会影响企业法人资格,可以继续进行生产经营活动。即针对濒临破产而又有挽救价值的企业,以拯救其脱离经营困境为目的,在法院监督下,通过各方的利益协调,采取资产、股权及债务等方面重整,最终实现企业脱困重生。

盘处置，该方案因遭到债权方强烈反对而未能成行。第二种方案，市政府又提出"三转两核销"① 解决方案，通过银行理财、政府资金、社会资金投资设立基金，承继并偿还银行贷款。但因社会资本参与有限、政府短期拿不出资金、基金运转方式、退出渠道不明等原因被否决。最终，2016 年 4 月渤海钢铁被天津市政府拆分，四家国企被分拆出来与渤钢共同成为市直管企业，其中天津钢管运转正常，不涉及债务重组问题。

3. 中钢集团。为化解集团债务危机，银监会、国资委等多个部门出面协调，由中国银行牵头成立了债委会，与中钢集团方面协商制订债务重组方案，并形成以债转股为主要内容的处置方案，根据中钢国际发布公告，控股股东中钢集团债务重组方案正式获得批准。经审计，中钢集团金融机构债务规模在 600 亿元左右，转股规模约 270 亿元，留债规模近 300 亿元，需支付约 3% 的利息②。转股部分并非直接将债权转为股权，而是长达六年期的可转债③，规定前三年锁定，从第四年开始逐年按 3:3:4 的比例转股以退出。此外，为保障债权人权益，中钢集团将以名下不动产及两家上市公司的股权作为抵押和质押。

（二）法律解释

本部分关注的主要是三家钢企间的差异以及这种差异带来的影响（见表2）。本文认为不同处置方案所涉及的目标，主要包括企业法律地位、信用水平、债权人结构以及企业战略定位等不同目标。除此之外还涉及不同目标间的平衡和协调问题。

表 2　三家钢材企业债务处置方案的比较

企业名称 / 企业要素	中钢集团	渤海钢铁	东北特钢
法律地位	中央企业	地方国有企业	地方国有企业
经营状况	关键性企业、关系国家安全战略性企业；行业背景深厚	被列入国家产业调整和振兴重点任务；具备技术优势	2015 年度钢铁企业利润排第 17 名；特钢行业龙头
债务成因	负债沉重、企业迅速扩张、粗放经营等，且行业低迷期	盲目对亏损企业进行整合重组，导致集团负债水平升高	基地搬迁项目，技术改造等投资项目，占用大量资金

---

① "三转两核销"——"三转"即短期转长期、高息转低息、债转股，"两核销"即利用去产能政策核销一部分债务，利用基金及银行政策核销一部分债务。

② 各家银行的留债和转股比例不同，具体比例跟各家银行贷款条件有关，即如果银行手中资产评估值、企业资金流或者抵押物能够全额覆盖本息，可以全额留债；如果几乎都是信用担保资产，就全额债转股。

③ 可转债具有债券和期权双重特性，一般具有较低的票面利率。债券持有人可以按约定的条件将债券转换成股票，金融机构也可以在一定条件下将债券回售给发行人。

续表

企业名称 / 企业要素	中钢集团	渤海钢铁	东北特钢
债权人因素	1 000 亿元债务，75% 来自对金融机构负债	金融债 1 920 亿元，主要来自银行	有 521 家债权方，普通投资者居多
协调成本	银监会法规部，缺少地方政府的统筹	天津市国资委，国资委与银行间博弈	两省国资委，国资委与银行间博弈
处置方案	债务重组。采取"留债＋可转债＋有条件转股"模式，第一阶段债权重组，分为留债和可转债两部分；第二阶段，可转债持有人逐步行使转股权	被政府拆分。债权方通过借旧换新等方式为天津钢管和天津天铁冶金继续提供贷款；对天津钢铁、天津冶金以及渤海钢铁部分公司进行债务重组	破产重组。为保障重整期间生产经营和职工稳定，经东北特钢脱困（重整）小组和省国资委协调，安排省属企业向东北特钢集团提供借款 2 亿元

1. 企业法律地位。在三家国有钢企中，只有中钢集团属于中央国有企业，渤海钢铁和东北特钢均为地方国有企业。在中钢集团债务处置过程中，银监会、国资委等多个中央部委曾出面参与协调，与中钢集团协商制订债务重组方案，并最终达成债转股的处置结果。中钢集团债转股的成功实施，与银监会、国资委等部门的协调密不可分，也就更容易获得债权方银行的认可。相比之下，东北特钢、渤海钢铁只是地方国有企业，其控股股东是地方政府，因此很难有能力去协调相关的中央部委。特别是中钢集团及其 72 家子公司债务总额中，有 75% 左右来自对金融机构负债，涉及债权方银行达 80 家。在银监会和国资委等部委协调下，与债权方银行更容易达成债转股协议。

2. 企业债务成因。概括起来，三家企业债务的主要成因分别为海外并购、兼并重组以及扩大投资，只有中钢集团属于"三类鼓励"中高负债居于产能过剩行业前列的关键性企业以及关系国家安全的战略性企业的要求。

2009 年，国务院发布《钢铁产业调整和振兴规划》，包括推进天津钢管与天铁、天钢、天津冶金公司的重组[1]，各地为避免辖区内钢企被其他地方重组，抢先对本地钢企实施重组，导致集团负债水平提升。东北特钢债务成因主要来自三个方面：第一，对亏损企业实施兼并重组导致新老债务累计、资产负债率升高[2]；第二，2005 年的大连基地环保搬迁项目，使其资产负债率由

---

[1] 《钢铁产业调整和振兴规划》，资料来源：中央政府门户网站 http://www.gov.cn/zwgk/2009-03/20/content_ 1264318. htm，2016 年 11 月 7 日访问。

[2] 2002 年，抚顺特钢陷入经营危机，当时的大连特钢集团对其进行托管，后来两家公司重组形成辽宁特钢集团；2003 年，黑龙江北满特钢严重亏损面临停产，在辽宁、黑龙江两地省政府协调下，公司被移交给辽宁特钢托管；再到 2004 年，辽宁钢铁和北满特钢两家再次实施重组，形成现在的东北特钢集团。

2007 年的 65.85% 增至 2010 年的 87.35%①，超过警戒线；第三，2014 年前后，实施国内外特钢企业最大规模技术改造，累计投资 300 亿元。无论是东北特钢还是渤海钢铁，债务主要成因都是自身经营或企业战略失误，而且债务的来源也限于本地区内的投资经营。

中钢集团承担国家海外战略性投资任务，资产配置方向主要是海外市场。2007 年集团耗资近 14 亿美元，收购澳大利亚中西部矿业公司，2008 年底获得 100% 控股权，但直到 2009 年项目仍处于前期勘探阶段，当期亏损高达 9 800 多万元。② 再如，在国家"一带一路"战略背景下，中钢国际先后获得俄罗斯 46 亿电解锰项目和玻利维亚穆通铁矿 27 亿元钢厂总包合同。这些项目目前多处于融资阶段，对企业收入贡献有限，但根据公司 2016 年财报，海外订单数量大增，上半年海外订单的合同金额共计 140.63 亿元，达到 2015 年营业收入的 144.22%；中钢国际 2015 年公布的海外订单总额达到 141.37 亿元，相当于上年度总营业收入的 127.8%。相比之下，另外两家钢企债务则来自本地生产经营需要。

3. 企业经营水平。渤钢集团被拆分后，债务也随之分解。天津钢管、天铁冶金业绩相对优良，债权方采取借新还旧等方式为其提供贷款；对天津钢铁、天津冶金以及渤海钢铁部分公司，将实施债务重组。区别对待的做法可以保护集团优质资产，最大化减少国有资产损失。相比起来，东北特钢的三家公司，只有抚顺特钢盈利水平良好③，但东北特钢对其股份因合同纠纷被冻结，期限三年；大连特钢虽然运行平稳，但前几年厂区整体搬迁遗留大量贷款，2016 年 5 月因没有履行合同能力，被法院冻结银行账户；北满特钢形势更严峻，已经出现职工欠薪。可以说，东北特钢已失去持续经营能力，只能通过举债勉强维持运转，即便对其进行拆分，也不会对债务清偿产生实质性影响。

另外，2007 年开始东北特钢除了向银行贷款、发行债券外，还通过出售控股上市公司抚顺特钢股票方式融资，持股比例由 2005 年的 56.62% 下降到 2012 年底的 42%，后经 2013 年抚顺特钢破产清算购回 13.11% 的股份。10 年间，东北特钢累计减持抚顺特钢 31.15% 的股份。但是，响应管理层"救市"号召，东北特钢承诺 12 个月内增持累计金额不低于 1.8 亿元抚顺特钢股份，

---

① 事实上，东北特钢近五年资产负债率基本都在 80% 以上且呈现短期化，短期债务占比达 70%，极易受到经济周期及外部环境影响。

② 在这期间，2008 年至 2012 年，集团资产负债率逐年升高，分别达到 89.99%、90.65%、91.14%、96.22% 和 98.10% 的负债率水平。

③ 2015 年实现净利润 1.97 亿元，2016 年第一季度完成利润总额 5 765 万元。东北特钢集团虽然拥有抚顺特钢 38.58% 的股权，但因合同纠纷已被法院冻结。信息来源《抚顺特钢大股东所持全部股份被冻结》，网站地址：http：//stock.sohu.com/20160405/n443372924.shtml，2017 年 1 月 15 日访问。

后因资金不足未能履行受到辽宁证监局警告①，失去了通过减持股票融资的手段②。至此，债务基数过大、融资额度收紧以及减持上市公司股份受限等多方原因集中爆发，导致东北特钢出现连续违约。

4. 企业信用水平。本轮债转股将市场化视为根本原则，因此要与债权方达成协议，必须具备良好企业信用。一方面，2016 年 5 月东北特钢承诺"不进行债转股、不逃废债、保证债券本息兑付"；另一方面，企业出现严重亏损后继续生产，违约发生前几个月还通过承销商发行新债。9 月 28 日，银行间市场交易商协会发布自律处分信息，给予东北特钢严重警告处分，暂停东北特钢债务融资工具相关业务。另外，公司其他应收账款长期保持在 20 亿元以上，其中 11.6 亿元被辽宁省国有资产经营公司占用，且有 6.61 亿元应付投资款项从 2012 年拖欠至今，债权债务关系复杂不清晰。至此，一方面企业连续违约且遭到监管部门处罚，另一方面债权债务关系混乱不透明，东北特钢企业信用已多次出现问题，使债权人已经失去信任。

5. 债权人组成。根据 54 号文规定，转股债权范围以银行贷款形式债权为主，适当考虑其他类型债权，从规定来看，对普通投资者的负债并不在债转股鼓励范围内。从债权人组成看，虽然都包括商业银行和普通投资者，但三家钢企间也有显著差异。因此，从意思自治层面考虑，市场化债转股实施的难度自然也不相同。在东北特钢的债权人中，普通投资者占据其中绝大多数，在 2016 年 10 月 15 日至 11 月 20 日的债权申报期内，共有 521 家债权人向管理人申报 535 笔债权，总额约为 495 亿元③。相比而言，渤海钢铁债权方则高度集中在少数几家银行，且不少都是当地的商业银行，地方政府及监管部门的协调难度也有所降低。

四、 结论

东北特钢虽然经营水平尚可，但因多次实施兼并重组导致新旧债务累积，且过度扩大投资导致收益无法覆盖本息，最终出现多次违约，失去债权人信任进入破产重整程序。相比而言，渤海钢铁虽然也存在兼并重组遗留下的债务负担，但其中不乏优质资产，对其采取拆分处理区别

---

① 2016 年 7 月，抚顺特钢发布公告，母公司东北特钢收到辽宁证监局出具的警示函，并将相关情况记入诚信档案。对东北特钢的履约不能，辽宁证监局认定其违反《上市公司监管指引第 4 号——上市公司实际控制人、股东、关联方、收购人以及上市公司承诺履行》第五条规定，并依据第六条第一款规定对该公司采取相应监管措施。

② 此外，在 2016 年 3 月首次出现违约前，辽宁省国资委、金融办等部门还通过提供担保等方式，提供东北特钢近 10 亿元流动资金，帮助企业延缓债务。

③ 此外，加上东北特钢旗下大连特殊钢有限责任公司和大连高合金棒线材有限责任公司的申报金额，三家合计约 700 亿元。参见新浪财经：《多家央企有意向接盘东北特钢鞍钢可能性最大》，资料来源：http: // finance. sina. com. cn/chanjing/2016 – 12 – 01/doc – ifxyiayr8695340. shtml？cre = financepagepc&mod = f&loc = 2&r = 9&doct = 0&rfunc = 92，2017 年 1 月 9 日访问。

对待的办法。只有中钢集团因其承担的特殊海外投资战略，以及国资委、银监会等的多方协调，最终得以获批债转股。通过对三家钢企违约处置方案的比较，本文认为市场化债转股的实施并非是完全放任市场的，而是政府有所调控下的市场化。总体来说，根据54号文及其附件规定，企业法律地位、债务形成原因、自身经营水平、信用水平高低以及债权人组成等因素，在不同程度上影响着债务处置结果，而监管部门及实施机构也要对各种因素有所平衡。

（责任编辑：吕雅馨）

法益衡量与风险防范： 试论出口信用保险中的三方法律关系

■ 林　诚*

摘要： 近年来的出口信用保险纠纷案件多涉及出口信用保险机构、出口商（被保险人）与融资银行三方主体之间的争议。通过分析相关案例和域外法律，可以明确以下三个方面问题：在出口信用保险机构与出口商之间，定损核赔程序应当适用出口信用保险合同约定的"仲裁/诉讼前置条款"；在出口商与融资银行之间，融资银行仅在有书面索赔权转让协议时享有诉讼主体资格；在出口信用保险机构与融资银行之间，双方皆只对基础交易负有形式审查责任，但各自都应当尽职审查，以避免损失的发生。

关键词： 出口信用保险　法律适用　定损核赔程序　索赔权　审查责任

一、 引言

出口信用保险①对国际贸易具有重要意义。根据国际信用和投资保险商国际联盟（The International Union of Credit and Investment Insurers）的统计，仅在 2015 财年，各国涉及短期出口信用保险业务的金额增长了 15.86 亿美元，中长期业务增长金额也达到 1.54 亿美元②。在"一带一路"的战略背景下，我国正在大力推动国内企业的贸易进一步"走出去"，这尤其需要出口信用保险"保驾护航"。

通常，出口信用保险业务由各国政府支持的政策性保险机构来开展③。我国的官方出口信

---

*　中国政法大学国际法学院 2016 级博士研究生。

①　广义的出口信用保险包括贸易层面的出口信用保险（export credit insurance）以及投资层面的海外投资保险（overseas investment insurance）。本文所述的出口信用保险仅指前者，也即"一种卖方为了预防由于卖方原因造成的未收到货款的风险（商业风险）或政治风险而购买的保险"。参见 The International Credit Insurance & Surety Association (ICISA), *A Guide to Trade Credit Insurance*, London：Anthem Press, 2015, p. 9.

②　The Berne Union, *Statistical Overview of the Credit Insurance Data for* 2010 – 2014 (2015 年 9 月 15 日更新)，资料来源：http：//www. berneunion. org/statistics/，2017 年 2 月访问。

③　参见 Anders Grath, *The Handbook of International Trade and Finance*, London：Kogan Page Press, 2008, p. 110.

用保险机构（以下简称出口信保机构）为中国出口信用保险公司（以下简称中信保）①。近年来，中信保大力开展出口信用保险业务，但同时也受到了一些疑难案件的困扰。中信保广东分公司与江门市千洋贸易有限公司进出口信保合同纠纷上诉案、广州易元纺织服装有限公司与中信保广东分公司保险合同纠纷案、徽商银行合肥分行与中信保安徽分公司保险合同纠纷案是其中较为典型的案例。这三个案件体现了中信保在出口信用保险实践中通常遇到的问题：第一，在法律适用上，定损核赔程序是否应当适用出口信用保险合同（以下简称出口信保合同）约定？第二，在诉讼主体资格上，融资银行是否享有对中信保的索赔权？第三，在对基础交易的审查上，中信保与融资银行是否皆负有实质审查义务？这三个问题可以反映出中信保、融资银行与出口商三方相互之间的法律关系，在实践中争议较为激烈，在学理上也缺乏对这些问题的梳理。本文从出口信用保险的特殊性出发，结合上述案件和域外相关立法分析这三个问题，以期为出口信用保险机构、出口商及融资银行三方的商业决策、合同安排和风险防范提供参考。

二、 出口信用保险机构与出口商： 定损核赔程序能否适用 "仲裁/诉讼前置条款"？

（一）"仲裁/诉讼前置条款" 与《保险法》第十九条的冲突

在一般保险合同下，被保险人遇到损失后会向保险人发出索赔通知，保险人核实相关情况之后，会作出是否给予赔偿的决定。如果要求被保险人先对过错方进行诉讼，才能向保险人索赔，则通常会被认为是牵强的（far - fetched）②。然而，在出口信保合同中，出口信保机构则通常作出特殊规定，要求出口商（即被保险人）先在买方所在地提起仲裁或诉讼。我国《保险法》第十九条似乎给予了出口商质疑这种"仲裁/诉讼前置条款"的契机。

在中信保广东分公司与江门市千洋贸易有限公司进出口信保合同纠纷上诉案中，中信保在《短期出口信用保险综合条款（3.0）版》（以下简称《条款》）第十三条中约定："因贸易双方存在纠纷而引起买方拒付货款或拒绝接受货物，除非保险人书面认可，被保险人应先进行仲裁或在买方所在国家（地区）提起诉讼，在获得已生效的仲裁裁决或法院判决并申请执行之前，保险人不予定损核赔。"此后，出口商遭受损失，中信保依此条款拒绝定损核赔。出口商则援引《保险法》第十九条进行抗辩。《保险法》第十九条规定："采用保险人提供的格式条款订立的保

---

① 值得注意的是，从2014年起，财政部允许人保、平安、大地、太平洋四家商业性保险公司进行短期出口信用保险业务经营试点。然而，目前绝大多数案例中的保险人仍为中信保。参见商务部：《财政部关于引入商业保险公司开展短期出口信用保险业务试点有关问题的通知（转发）》，资料来源：http://www.mofcom.gov.cn/article/h/zongzhi/201407/20140700674634.shtml，2017年2月1日访问。

② John Lowry, Philip Rawlings & Robert Merkin, *Insurance Law：Doctrines and Principles*（3*rd* *edition*）, London：Hart Publishing Ltd. 2011, p. 390.

险合同中的下列条款无效：（一）免除保险人依法应承担的义务或者加重投保人、被保险人责任的；（二）排除投保人、被保险人或者受益人依法享有的权利的。"本案法院虽然从结果上未支持中信保的主张，但在论证过程中援引了《条款》第十三条，因此实质上默认了该条款的有效性①。

相反，在广州易元纺织服装有限公司与中信保广东分公司保险合同纠纷案中，法院则认为《条款》第十三条属于《保险法》第十九条规定的加重投保人、被保险人责任的条款。法院指出："出口信用保险的设置，本意在于弥补被保险人参与跨境诉讼能力上的不足，如果被保险人有能力通过跨境诉讼维护自己的合同债权，则无须就'买方拖欠货款'、'买方拒绝接受货物'等情况购买出口信用保险。先行跨境诉讼仲裁的适用无疑会使被保险人购买此险的本意落空，不符合公平原则。该条款属于保险人通过格式条款加重被保险人的责任，因而无效，中信保广东分公司不能据此主张拒赔。"②

上述案件中法院对于"仲裁/诉讼前置条款"的不同态度，反映了实践中法院对出口信保合同与《保险法》的冲突问题并没有统一的意见。究其原因，在于出口信保合同的法律适用缺乏明确的法律依据。

实际上，我国出口信保合同是否应当适用《保险法》，早已存在争议，因为《保险法》所调整的保险是商业性保险，而出口信用保险则属于政策性保险。目前仅有的法律依据，是2013年《最高人民法院关于审理出口信用保险合同纠纷案件适用相关法律问题的批复》（以下简称《批复》）："对出口信用保险合同的法律适用问题，《保险法》没有作出明确规定。鉴于出口信用保险的特殊性，人民法院审理出口信用保险合同纠纷案件，可以参照适用《保险法》的相关规定；出口信用保险合同另有约定的，从其约定。"《批复》看似肯定了《保险法》对于出口信保合同的可适用性，但未能解决当出口信保合同约定与《保险法》第十九条相冲突时，能否适用合同约定的问题。

（二）出口信保合同法律适用的域外考察

我国1995年首次颁布《保险法》，中国出口信用保险公司则于2001年才设立。相较域外各主要国家和地区，我国出口信用保险法律制度建立时间较晚，我国立法和司法机关尚未完全理顺出口信保合同的法律适用问题。因此，有必要考察域外各主要国家和地区的立法，明确域外出

---

① 本案法院的论证逻辑为：本案买方否认双方存在交易，实质也就是否认双方存在贸易纠纷，因此中信保不能适用《条款》第十三条"存在贸易纠纷"而主张拒赔。然而，法院对《条款》第十三条本身的有效性是认可的。参见中信保广东分公司与江门市千洋贸易有限公司出口信保合同纠纷上诉案判决书，（2014）江中法民二终字第173号。

② 广州易元纺织服装有限公司与中国出口信用保险公司广东分公司保险合同纠纷案，（2014）穗中法金民终字第460号。

口信保合同和相关法律条文之间的关系，为我国提供借鉴。域外主要国家和地区相关立法概况见表1。

表1 域外主要国家和地区相关立法概况

模式	国家/地区	政策性保险机构名称缩写	是否有出口信用保险法	是否有保险法	民法典/商法典是否有保险章节
政府直接办理	英国	ECGD	是	是（合同法、机构法分立）	—
	日本	NEXI	是	是（仅合同法）	是
	澳大利亚	EFIC	是	是（仅合同法）	—
	挪威	GIEK	—	是（合同法、机构法分立）	—
政府成立全资公司办理	中国香港	HKECIC	是	是（仅机构法）	—
	加拿大	EDC	是	是（仅机构法）	—
	捷克	EGAP	—	—	是
	芬兰	FINNVERA	—	是（仅合同法）	—
	匈牙利	MEHIB	—	—	—
	韩国	K–Sure	是	是（仅机构法）	是
	印度	ECGC	—	—	—
	瑞士	SERV	—	是（合同法、机构法分立）	—
政府机构控股办理	葡萄牙	COSEC	—	—	否
	波兰	KUKE	是	是（仅机构法）	否
	新加坡	ECICS	—	是（合同法、机构法分立）	—
	意大利	SACE	—	是（主要为机构法）	是
政府委托私人办理	法国	COFACE	—	是（仅合同法）	否
	德国	Euler Hermes	—	是（合同法、机构法分立）	否
	荷兰	ATRADIUS	—	—	是
	阿根廷	CASCE	—	—	—
	英国（短期）	NCM	—	—	—
进出口银行办理	美国	Eximbank	—	—	—
	中国台湾	Eximbank	—	是（合同法、机构法合一）	否

注："—"表示未搜索到相关文本。

域外主要国家和地区出口信保合同与相关法律条文之间的关系具有如下特点。其一，出口信用保险专门立法普遍较少，且绝大多数为出口信保机构法，没有规定出口信保合同的法律适用问题。英国、加拿大、韩国、波兰、澳大利亚、日本以及中国香港地区为此类立法例。

其二，部分国家和地区明确对出口信保合同的适用性作出规定，且倾向于肯认其特殊性，允许其不适用保险法或民法中有关限制格式条款效力的规定。英国《保险法》（*Insurance Act 2015 of UK*）和新加坡《保险法》（*Commercial Law*，*Ch*. 24，*Insurance Law of Singapore*）直接将非消费者保险合同（自然也包括出口信保合同）排除在各自《不公平合同条款法案》（*Unfair Contract Terms Act*）的适用范围之外①。芬兰《保险合同法》（*Insurance Contracts Act 1995 of Finland*）第 3 条"强制性规定"（*peremptory nature of the provisions*）规定："保险合同中，任何背离本法规定，损害被保险人或其他有权获得赔偿或利益补助的第三人利益的合同条款或承保险别约定无效……上述规定不适用于信用保险、保证保险、海上货物运输保险或航空货物运输保险。"② 法国《保险法典》（*Insurance Code 2011 of France*）第 L111 - 1 条规定，出口信保合同不适用于该法典的部分条文，包括第 L112 - 2 条（保险人说明义务以及调查索赔程序适当性）、第 L112 - 4 条（保险合同的法定内容）等也体现了这一原则③。德国《保险合同法》（*Insurance Contract Act 2008 of Germany*）第 210 条"特大风险以及预约保险单"（*Jumbo risks*，*open policy*）中规定："本法关于合同意思自治的限制，不适用于特大风险的保险合同以及预约保险单"；"特大风险包括信用保险……"④ 虽然德国《保险合同法》并未具体点出哪些条文属于意思自治的限制，但基于保险合同多为格式合同，其关于意思自治限制的条款，应当为约束格式合同效力的条款。

其三，出口信保合同适用该保险合同法、民法典或商法典中的保险章节，但相应的保险法或民法典却未有任何关于出口信保合同的特别规定。日本、韩国、意大利、捷克、荷兰、波兰以及中国台湾地区为此类立法例。

其四，直接规定出口信保合同不适用该保险合同法。挪威《保险合同法》（*Insurance Contracts Act 2009 of Norway*）第 1 - 1 条、澳大利亚《保险合同法》（*Insurance Contract Act 1984 of Australia*）第 9 条为此类立法例。

（三）定损核赔争议的实质："仲裁/诉讼前置条款"作为格式条款的效力

1. 出口信用保险业务具有特殊性。上述的域外法经验表明了出口信用保险业务的特殊性：英国、新加坡、芬兰、德国的出口信保合同不适用于其各自国家关于有违公平原则合同条款的法

---

① 英国《不公平合同条款法案》旨在限制当事人通过约定合同条款的方式，逃避违约、过失或其他违反合同义务的责任。新加坡的《不公平合同条款法案》与英国一脉相承，实质条文近乎一致。参见 Unfair Contract Terms Act 1977 of UK, Preamble。

② Insurance Contracts Act 1995 of Finland, Section 3.

③ Insurance Code 2011 of France, Article L112 - 2.

④ Insurance Contract Act 2008 of Germany, Section 210.

律规定，法国的出口信保合同不适用于其保险法典的保险人对格式条款的说明义务、调查索赔程序以及保险要式合同条款，挪威、澳大利亚甚至规定整个出口信保合同不适用于保险法。这些国家的立法经验，反映出其立法机关对于出口信用保险业务特殊性的肯认，要高于对一般合同法上公平原则的维护。如此进行法益衡量的原因，在于出口信用保险的政策性和涉外性。

出口信用保险的政策性，体现在非营利性上①。中信保在原则上是非营利的，其运用国家资金（State Treasure）对出口商予以承保，就必须维护国家利益。结合实践中有关情形，在卖方未仲裁或未在买方或担保人所在地寻求救济的情形下，中信保很难进行代位求偿，因为当地法院很可能要求以卖方本人名义进行追偿。

出口信用保险的涉外性，体现在业务复杂性上。正如中信保坦言："出口信用保险保障的是收汇安全，影响收汇安全的除了政治风险和买方的商业信用外，还包括经济周期等其他多种可能导致违约的复杂因素，出险概率高且难以控制②。"中信保在核定损失的过程中，往往要委托买方所在地的律师进行尽职调查，询问买方有关消息，才能核查损失③。中信保还可能请求船公司、物流公司、货代公司查询货物的相关流转情况。这些追查情形，都不是国内的普通人保或财保可以相比的。

2. "仲裁/诉讼前置条款"并不排除出口商的实质权利。从法理上可以佐证最高院《批复》的实质含义：当出口信保合同有约定时，应当遵循当事人的约定；仅当出口信保合同没有约定或约定模糊时，鉴于目前没有专门可供出口信保合同适用的法律，为了使当事人争议的纠纷能够有一个确定的标准进行处理，方才参照适用《保险法》。具体而言，"仲裁/诉讼前置条款"只是对当事人发生纠纷的解决程序作出了约定，并不影响双方实质权利的增减消长；而《保险法》第十九条的规定，实质上是在禁止格式合同提供方限制、排除对方的实质权利。有学者指出："我们所要控制的是免责条款的不合理内容，而不是免责条款的形式，对免责条款不加区分一概敌视的态度显然是片面而有害的。"④ 因此，"仲裁/诉讼前置条款"并不能片面地被视为不合理。

3. 应从整体上把握出口信保合同与《保险法》的关系。理解"仲裁/诉讼前置条款"的有效性，还应当从整个出口信保合同与《保险法》的关系加以把握。《批复》的意旨，绝不是在整体上排除出口信保合同适用《保险法》，而是允许当事人在不违反法律强制性规定时，适用出口信保合同的约定（通常情况下）。中信保也承认，当出口信保合同中条款实质上违反《保险法》

---

① Delio E. Gianturco, *Export Credit Agencies: the Unsung Giants of International Trade and Finance*, Connecticut: Quorum Books Press 2001, p. 13.

② 中国出口信用保险公司：《关于出口信用保险合同法律适用问题的理解和探讨》，载《2013 年保险法律工作联席会议交流材料》，资料来源：http://www.docin.com/p-815580858.html，2017 年 2 月 1 日访问。

③ 中国出口信用保险公司：《出口信用保险——操作流程与案例》，63-69 页，中国海关出版社，2008。

④ 韩世远：《合同法总论》（第 3 版），741 页，法律出版社，2011。

强制性规定时（特殊情况下），这些条款不得适用，否则就构成了对《批复》的滥用①。

具体而言，《保险法》约束出口信保合同的核心条文是第十九条②。该条的立法目的在于：签订格式合同的双方往往处于不平等的地位，拥有缔约优势地位的缔约方往往会让另一方全盘接受合同的所有条款，否则就拒绝与其订约（take it or leave it），这在合同法理论上被称作"谈判能力的不平等性"（inequality of bargain power）③。为了保护处于弱势的合同相对方利益，法律则应当将某一缔约方利用"占尽上风的谈判能力"（superior bargain power）与另一方签订的不公平的合同条款归于无效。

然而，在出口信用保险纠纷案件中，应当谨慎把握与适用《保险法》第十九条。对于格式条款的效力评价，应区分一般消费性合同和商业性合同而区别对待。对于消费者保险合同（Consumer Insurance Contract），违反该条应当严格认定无效；对以企业或其他商业组织为投保人、被保险人的商业性保险合同（Commercial Insurance Contract），在条款效力认定上则应该适当灵活掌握④。如上所述，出口信用保险属于政策性保险，在法益衡量上，对保险人的保护要比商业性保险分量更重。基于此，对出口信保合同格式条款的效力评价，应当更为慎重，不能轻易认定无效。具体而言，中信保的"仲裁/诉讼前置条款"是依据出口信用保险原理和实务设计的技术安排，在行业内普遍存在。这样的安排反映了出口信用保险业务中定损核赔的业务流程要求，也有利于保护国家的利益，不违反效力性强制性规定，应当认定为有效。

因此，对于出口商而言，其或许必须接受"仲裁/诉讼前置条款"这样的理赔安排，并将风险防范于未然，在出口贸易合同的签订阶段，就尽可能详细地调查进口商的资信、偿付能力与运营状况。

---

① 按照中信保的观点："仅就《批复》字面规定而言，凡是出口信用保险合同另行约定的，就可以排除《保险法》的适用，似乎可以通过合同约定排除《保险法》的全部规定，但这种理解并不符合出台《批复》的本意。从保监会、最高人民法院的本意而言，也是认为出口信用保险具有特殊性，有不同于一般财产保险和人身保险的业务规律和政策考量，无法完全适用《保险法》的规定。因此，对于这些特殊事项，赋予了出口信用保险合同优先适用的法律效力；最高人民法院作为国家最高司法机关，从其本身所追求的公平、合理、正义的司法目的出发，也不希望在没有合理理由的事项上，赋予保险公司不适用《保险法》规定的特权。"中国出口信用保险公司：《关于出口信用保险合同法律适用问题的理解和探讨》，载《2013 年保险法律工作联席会议交流材料》，资料来源：http://www.docin.com/p-815580858.html，2017 年 2 月 1 日访问。

② 当然，《合同法》第四十条也能起到相同作用。但由于两个条文的立法目的、法条含义一致，本文仅就"仲裁/诉讼前置条款"与《保险法》第十九条的关系加以讨论。

③ George Gluck, Standard From Contracts: The Contract Theory Reconsidered, 28 *International & Comparative Law Quarterly* 72 (1978), pp. 74 - 78.

④ 刘学生：《保险条款的效力评价———新〈保险法〉第十九条的理解与适用》，载《保险研究》，2009 (6)。

三、 出口商与融资银行： 融资银行是否享有诉讼主体资格？

（一）出口信用保险项下出口商与融资银行的融资关系

在出口信用保险中，除了出口信保机构与出口商依据出口信保合同存在的保险法律关系之外，在出口信用保险业务中往往还会涉及另外两个法律关系：一个是出口商与融资银行的融资关系[①]；另一个是出口信保机构、出口商与融资银行通过签订三方赔款协议产生的法律关系，即保险事故发生后，出口商应当将向出口信保机构索赔的权利或者出口信保机构赔付的款项，转让给融资银行（见图1）。

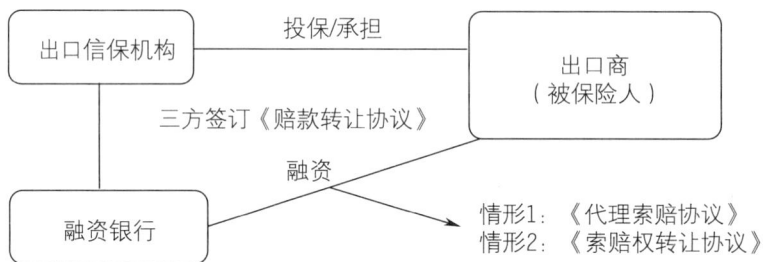

图1 出口信用保险项下的贸易融资

在实践中，融资银行往往会与出口商单独签订协议，约定赔款转让的细节以及融资银行直接向出口信保机构索赔的途径。尤其在出口信用保险欺诈的情况下，卖方拿到融资银行的贷款后，达到了骗取融资的目的，必定不会向中信保行使索赔权。此时银行是否有权向中信保提起索赔？是以自己还是以卖方的名义？法律依据是什么？

（二）有关融资银行索赔权争议的典型案例

在实践中，融资银行并非总是享有索赔权。在徽商银行合肥分行与中信保安徽分公司的保险合同纠纷案中，出口商向中信保投保了短期出口信用保险，随后出口商、中信保、银行签订了《赔款转让协议》，约定：（1）发生承保范围内的风险后，中信保将应付给出口商的赔款直接全额支付给银行。（2）出口商与银行、中信保的法律关系相互独立。（3）不论索赔权是否转让，出口商均承担保单下各项义务。（4）银行在开展此项业务前已经明晰保单条款，在向出口商融资前审查出口贸易的真实性、合法性。（5）关于索赔，三方约定除出口商直接向中信保索赔之

[①] 我国各大银行对出口信保项下贸易融资业务性质的理解不尽相同。从各银行网站的业务说明看，主要有三种界定：（1）出口押汇（outward documentary bills business），例如兴业银行、中信银行；（2）单纯借贷（purely loan business），例如建设银行、工商银行；（3）出口保理（factoring business），例如交通银行。学界已注意到实务中这种"信用保险＋银行融资"的法律关系，但似乎并未对融资业务的法律性质加以充分关注。该问题值得进一步研究。

外，中信保也接受以下两种索赔方式：①出口商委托银行索赔；②出口商向银行转让索赔权，由银行索赔。在方式①下，双方另行签订书面委托代理授权协议；在方式②下，双方须另行签订书面转让协议，并书面通知中信保。（6）索赔权的转让不免除出口商作为被保险人在保单项下应履行的其他义务，出口商未履行义务时，中信保有权拒绝受理索赔、减少或拒绝赔偿。

之后银行就出口商向日本、中国台湾发出的两批货物向中信保报损，原因均为买方拖欠。中信保委托日本、中国台湾律师调查后，认为根本不存在上述交易。银行向公安机关报案后发现，上述交易是虚假交易。法院另查明出口商和银行签订了《出口信用保险项下贸易融资协议》，约定保险权益转让给银行，一旦发生保险事故，中信保应将保险金直接划付至银行指定的账户，银行有权从中信保的赔付款项中直接扣收融资款本息和费用；并签订了《代理索赔协议》，约定在发生损失时由银行代理出口商向中信保行使索赔权，所得赔偿直接转让给银行。

银行向法院起诉，中信保主张银行没有索赔权。法院审理后认为，首先，三方签订的《赔款转让协议》仅针对保险合同项下的赔款支付对象作出变更，其在法律性质上应属于向第三人履行，并不必然导致银行具有本案保险合同项下的索赔权。其次，出口商若向银行转让索赔权，则应由双方签订《索赔权转让协议》并书面通知中信保，索赔权转让才发生效力；而实际上，双方签订的是《委托代理协议》，约定银行以出口商名义索赔。因此，本案中，银行不具有诉讼主体资格，无法享有索赔权[①]。

（三）融资银行享有诉讼主体资格的关键：签订《索赔权转让协议》

本案对融资银行的触动最为深刻。从本质上看，在出口信用保险贸易融资中，最重要的合同仍然是出口信保合同，但融资银行与出口商的借贷关系独立于保险关系，只在行使索赔权时才参与进来。因此，融资银行在对出口商进行借贷时，应当明确要求签订《索赔权转让协议》而非《代理索赔协议》。与融资银行索赔权相似的概念，是《合同法》中的债权人代位权[②]，其构成要件有三：一是债务人享有对第三人的权利；二是债务人怠于行使其到期权利；三是对债权人造成损害[③]。其中，"债务人怠于行使其到期权利"这一要件最为重要。行使债权人代位权能够

① 徽商银行股份有限公司合肥分行与中国出口信用保险公司安徽分公司保险合同纠纷案，（2012）皖民二终字第00101号。

② 《合同法》第七十三条规定："因债务人怠于行使其到期债权，对债权人造成损害的，债权人可以向人民法院请求以自己的名义代位行使债务人的债权，但该债权专属于债务人自身的除外"；《最高人民法院关于适用〈中华人民共和国合同法〉若干问题的解释（一）》（以下简称《合同法解释（一）》）第十三条规定："合同法第七十三条规定的债权人怠于行使到期债权，对债权人造成损害的，是指债务人不履行对债权人的到期债务，不以诉讼方式或仲裁方式向次债务人主张其享有的具有金钱给付义务内容的到期债权，致使债权人的到期债权未能实现。"

③ 崔建远：《合同法学》，151-153页，法律出版社，2010。

产生由次债权人向债权人直接履行清偿义务的效果①。在出口信用保险业务中，融资银行虽然可以主张债权人代位权，但若与出口商签订《索赔权转让协议》则更对自己有利——可以"先行一步"，事先约定将保险权益由出口商转移给银行，而不需要满足"债权人怠于行使其到期债权"这一构成要件。这样的合同安排受到意思自治原则的保护，符合国际贸易融资业务灵活的特点，也有利于维护融资银行的资金健康。然而，如果没有《索赔权转让协议》，那么仅凭《代理索赔协议》，融资银行则无法直接获得保险赔偿金，并且在出口商存在欺诈的情形下，则更无法代理其进行索赔。

本案对出口商的借鉴意义在于，其可以通过签订《索赔权转让协议》或《代理索赔协议》，来选择允许融资银行享有索赔权，或仅授予融资银行代理索赔权。在案件复杂的情形下，赋予融资银行以完全的索赔权，让银行的争议解决部门进行索赔程序，能够减少出口商的诉讼成本。

本案对出口信保机构同样具有启发意义：在出口商与融资银行仅签订《代理索赔协议》的情况下，假如发生欺诈，纵使出口信保机构在法理上具有绝对优势来否定融资银行的诉讼主体资格，其应诉过程本身也将花费大量诉讼成本。而在出口商与融资银行签订《索赔权转让协议》的情形下，融资银行为了挽回自己的融资损失，必定将在诉讼中尽力证明交易背景是真实的，这更可能使出口信保机构陷入旷日持久的诉讼之累。法谚有云："在损失发生时，保险人的喧哗和抗议必须达到一个很高的分贝，才能掩盖他由于在决定承保时保持沉默而造成的尴尬。"② 因此，出口信保机构应当未雨绸缪，利用投保申请单（application form）中的询问规则（enquiries rules），要求投保人出示能够证明其交易真实存在、证实自身相关营业资质的文件，这样才能避免遭欺诈投保的损失。

四、 出口信保机构与融资银行： 对基础交易是否应负实质审查责任?

（一）基础交易审查责任之辩：争议的由来

在出口信用保险中，融资银行假如与出口商签订《索赔权转让协议》，其可以享有索赔权以及诉讼主体资格。然而，当基础交易不真实，也即出口商存在保险欺诈的情况下，银行是否还能获得赔款？前述徽商银行诉中信保安徽分公司案回避了这一问题，但依据该案中三方《赔款转让协议》中的第（3）条与第（6）条，不论索赔权是否转让，出口商都需要履行投保人的各项

---

① 见《合同法解释（一）》第二十条。我国摒弃了日本、中国台湾地区民法规定的"入库规则"。在"入库规则"下，债权人行使代位权所取得的财产不能直接用于清偿该债权人的债权，而应全部加入债务人的责任财产成为全体债权人债权的共同担保，再依债务的清偿规则顺次清偿给债权人。

② "The insurer's clamor at loss time must meet a traditionally high judicial decibel standard if it is to drown out its silence at premium taking time." Bertram Harnett, The Doctrine of Concealment: A Remnant in the Law of Insurance, 15 *Law and Contemporary Problems* 391 (1950), p. 406.

义务，包括最大诚信原则下的如实告知义务。若出口商未如实告知，即使银行享有索赔权，中信保也有权提出抗辩，拒绝赔付。

问题在于，在此类出口信用保险欺诈案件中，因向出口商融资而受损的银行，往往会主张中信保对基础交易应负有实质审查责任，并且对基础交易虚假不真实负有举证责任。而中信保往往依据类似于徽商银行诉中信保安徽分公司案中《赔款转让协议》第（4）条的条款，辩称融资银行才负有这样的义务。该案中，双方都认为对方对基础交易应负有实质审查义务；但法院以银行不具有诉讼主体资格为由驳回了银行的诉讼请求，并未对剩余问题进行审理。有关出口信保机构对基础交易真实性审查责任的分析，集中体现在前述中信保广东分公司与江门市千洋贸易有限公司进出口信保合同纠纷上诉案中。

（二）出口信保机构对基础交易只负形式审查责任

在中信保广东分公司与江门市千洋贸易有限公司出口信保合同纠纷上诉案中，一审法院认为中信保广东分公司具有实质审查义务："鉴于中信保广东分公司是专门从事出口信用保险业务的，其对出口贸易的流程及对出口贸易国家（地区）的法律等的认知相对千洋公司而言应处于优势位置。"在上诉书中，中信保认为其只负有形式审查义务的理由有：（1）形式审查符合保险行业客观规律与交易习惯；（2）若实质审查，则投保效率将大大降低，保险人经营成本与投保人保险费将大大提高；（3）实质审查不符合保险合同作为"最大诚信原则"的基本属性；（4）中信保每年承保的金额数以千亿计，交易所涉及的文件数量巨大，不可能每单都进行实质审查。

二审法院虽然未明确回应中信保公司是否具有实质审查义务；但其在庭审过程中，要求中信保与出口商的外贸代理公司都承担举证责任，并且细致比较了双方证据的证明力。这实质上表明，法院认为中信保在投保阶段是不存在实质审查义务的；仅在出口信用保险纠纷产生后，中信保与出口商（及其外贸代理公司）都要就基础交易是否真实进行举证。

本案中，中信保从多个方面阐述了其不应当负有实质审查义务的理由，但追根溯源，其法律依据应当是《保险法》中的最大诚信原则（the utmost good faith doctrine，拉丁文称 *uberrimae fidei*）[1]。《布莱克法律词典》对最大诚信义务的定义是："该义务要求投保人向保险人彻底披露所有重大事实，这些事实仅投保人自己知晓，且没有这些事实，保险人就无法合适地估算出他所要承保的风险大小。"[2] 在保险关系中，保险人很难获得与他们所要承保风险有关的信息。因此必须依靠投保人诚信地披露信息[3]。《保险法》第五条明确规定了最大诚信原则，第十六条"如实

---

[1] John Lowry, Wither the Duty of Good Faith in UK Insurance Contracts, 16 *Connecticut Insurance Law Journal* 97 (2009), p. 98.

[2] *Black's Law Dictionary* (*9th edition*), Thomson Business, 2009, p. 368.

[3] John Lowry & Philip Rawlings, Insurers, Claims and the Boundaries of Good Faith, 68 *Modern Law Review* 82 (2005), p. 84.

告知义务"和第十二条"可保利益原则"也是最大诚信原则的体现。在投保时，投保人应当对基础交易的真实性负责，应如实告知基础交易的真实性，更应当有可保利益。中信保《条款》第一条和第二十二条也体现了最大诚信原则①。因此，从基本原理、《保险法》规定以及保险合同约定三个层面而言，中信保对基础交易真实性都不应负有实质审查责任。

（三）融资银行也应只负形式审查责任

上述案件未涉及银行是否对基础交易应负实质审查责任的裁断。不同于《保险法》有关最大诚信等原则的明确规定，实践中融资银行对自己的主张似乎缺乏明确的法律依据。《商业银行法》第七条规定："商业银行开展信贷业务，应当严格审查借款人的资信，实行担保，保障按期收回贷款。"此处的"严格审查"，应作如何解释？是指实质审查，还是仅指形式审查？

相关部门的规范性文件有着进一步解释：国家外汇管理局《关于完善银行贸易融资业务外汇管理有关问题的通知》（汇发〔2013〕44 号）第二条规定："银行应当遵循'了解你的客户'原则，切实履行贸易融资真实性、合规性审查职责，积极支持实体经济真实贸易融资需求，防止企业虚构贸易背景套取银行融资。""真实性审查"的要求，还体现在国家外汇管理局《货物贸易外汇管理指引》（汇发〔2012〕38 号）第四条、中国人民银行《关于切实加强商业汇票承兑贴现和再贴现业务管理的通知》（银发〔2001〕236 号）第一条、中国银行业监督管理委员会办公厅《关于规范同业代付业务管理的通知》（银监办发〔2012〕237 号）第二条之中。

上述文件表明，融资银行应对基础交易进行实质审查。然而，在实践中，有法院认为银行只需进行形式审查。在建设银行绍兴分行与新士化工助剂有限公司（以下简称新士公司）、丰盛绣品有限公司（以下简称丰盛公司）金融借款合同纠纷案中，新士公司为建设银行向丰盛公司的借款合同和承兑协议提供担保。后新士公司以银行承兑协议没有真实的贸易背景，丰盛公司虚构交易，属于骗取金融机构贷款的行为为由，拒绝担保。一审法院认为建设银行不需实质审查相应汇票是否有实际交易关系，"票据无因性原则和实现票据的强大融资功能，都意味着不能因为最初的无基础交易而否定持票人的票据权利。在金融机构作为承兑人履行付款义务后，其合法权益也应得以实现。"新士公司提出上诉，二审法院认为，汇票只是支付工具，具有流转性，作为票据承兑人的建设银行并无监督基础合同履行以证实其真假的义务和职能②。

本案判决体现出实践中的不同声音。有实务界人士认为，上述规范性文件所称基础交易的真实性，应当是指"表面真实性"，而非"实质真实性"。一方面，从商事法律规则倡导效益价

---

① 《条款》第一条规定销售合同必须真实、合法、有效；第二十二条规定若被保险人违反最大诚信原则，则中信保有权要求被保险人退还赔款。

② 建设银行绍兴分行与绍兴县新士化工助剂有限公司、绍兴县丰盛绣品有限公司等金融借款合同纠纷案，（2013）浙绍商终字第 827 号。

值的角度看，如果要求商业银行审核贸易背景的实质真实性，必然导致其在叙做贸易融资前花费大量资源，严重影响其从事贸易融资的积极性，大大延长企业获取贸易融资的时效。另一方面，从公平价值的角度看，在许多情况下，商业银行并不具备审核贸易背景实质真实性的能力和权利①。在此条件下，还要求商业银行承担可能与其所拥有的能力和所享有的权利不对等的义务，显然与公平价值取向相背离。

尽管有关法律、规范性文件规定了商业银行审核贸易背景真实性的义务，但基于上述理由，法院对于商业银行审核贸易背景真实性的边界应当理解为形式审查，即审核提交单据的表面真实性即可。当然，融资银行也必须做到严格、审慎审查（Due Diligence），因为这既是法律要求，也是融资银行防范风险的重要环节。

五、 结论

出口信用保险业务具有高度的特殊性，其风险高、难控制，并且具有政策性和涉外性。本文展示了出口信用保险实务中有关出口信保机构、出口商和融资银行三方之间的法律关系，并试图澄清三方之间的常见争议，为各方商业决策、合同订立与风险防范提供参考。

首先，对出口信保机构而言，其目前所制定的定损核赔程序在法理上没有瑕疵。因为最高院《批复》已经明确承认了出口信用保险的特殊性，并指明应当优先适用出口信保合同的约定。此外，《保险法》中的最大诚信原则表明，出口信保机构对基础交易真实性也不应当负有实质审查义务；但其仍应当未雨绸缪，在承保阶段对投保人的相关信息进行详细而严格的询问。

其次，对出口商而言，其或许只能接受出口信保机构在出口信保合同中约定的"仲裁/诉讼前置条款"。而解决之道在于对进口商的资质、信用与偿付能力作出进一步的调查，并且不能在投保过程中隐瞒有关进口商的信用瑕疵，否则可能违反如实告知义务。

最后，对融资银行而言，其在开展出口信用保险项下贸易融资业务时，必须力争与出口商签订《索赔权转让协议》，才能享有诉讼主体资格，以便最大程度维护自身权益。此外，融资银行还应当加强对基础交易各项单据和流转过程的审查，只有这样，才能避免出口信用保险欺诈的发生，将融资的损失防患于未然。

（责任编辑：旷涵潇）

---

① 由于贸易融资流程的复杂性，银行在事前往往无法调查具体交易下的"贸易背景真实性"。例如：贸易行为在信用证开立之前尚未发生，银行因而无法发现贸易交易有虚假嫌疑；而在交单后，由于国际惯例的硬约束，开证行对于相符单据必须履行 UCP 下的付款责任。参见王栋涛.《"贸易背景真实性"：政策、法律和授信》，载《中国外汇》，2014（4）。

走出地下化： 民间金融的协同规制展望[*]

■ 王 兰[**]

摘要： 民间金融正规化的尴尬，折射出民间金融规制体系的内在紧张关系，并导致民间金融与既有的硬法规制之间的疏离。其结果是，民间金融走向了脱离硬法规制射程的地下化治理，发展出独特的内部软法规制的样态。不过，因软法规制的有限性，其规制效果也显得力所不逮。民间金融软硬法单一规制的乏力，昭示了制度改进的第三条道路，即硬法与软法协同规制的新路重建。这种重建隐含了新治理浪潮下的私人参与和分权化社会规制，并具体呈现为对民间金融软硬法复合的执行创新与软硬法叠加的组织再造。

关键词： 民间金融　正规化　软法规制　软硬法协同规制

20 世纪 70 年代以来，随着去国有化运动（Denationalization）在世界范围方兴未艾，规制与治理的现代化成为国家公共行政的核心任务[①]。以去国有化、放松监管为关键词的重新监管（Re–regulation）浪潮，正成为监管型国家治理的新导向[②]。相较于非正规经济在一国经济体系中所扮演的重要角色，公共行政却囿于其地下化状态而难以对其施行有效治理。其中最大的痛点，就是主导了非正规经济发展进程的民间金融监管议题。一方面，立法虽无法否认民间金融存在的积极意义，但始终未承认其作为普惠金融的正当性，也未能从合法性层面上完全开放准入门槛；另一方面，相较于受到审慎性监管的正规金融，处于非正规状态的民间金融，更承受着从计划经济管理体制沿袭下来的"前所未有"的严密控制[③]，并因其对经济和社会的重大影响而动辄被课以严厉管制，如吴英案刑事化评价和习惯于叫停的行政禁令管制等做法令民间金融从业

---

* 本文为基金项目：中央高校基本科研业务费专项基金项目（ZK1061）；福建省社科规划一般项目（2014B229）的阶段性成果。
** 厦门大学法学院副教授。

① J. J Richardson, The Administration of Denationalization：The Case of Road Haulage, *Public Administration*, 49 (1971), pp. 385–402.

② Michael Moran, Review Article：Understanding the Regulatory State, *British Journal of Political Science*, 32 (2002), pp. 391–413.

③ 强世功：《法制与治理》，155–156 页，中国政法大学出版社，2003。

者噤若寒蝉。民间金融甚至因此被贴上原罪的标签，愈发趋向地下化生长。

正规化尴尬的背后，折射的是民间金融规制体系的内在紧张关系。习惯诉诸严格监管的硬法规制模式，通过从业资格审批、监管标准设定等方式，造成的准入门槛和运营成本，恰与以灵活方式和松散组织为优势的民间金融互为龃龉：非正式的民间放贷，无法在运营中按照监管标准满足资本充足性和流动性要求，而依据私人合意灵活进行的私人信贷业务，也无法完全顾及资产安全运营的审慎指标。这种规制手段与对象间的内在张力与摩擦，导致民间金融与既有的硬法规制的疏离，并走向了脱离硬法规制射程的地下化治理。然而，在硬法规制频频失灵的情境下，民间金融的发展并非处于杂乱无序的状态，而是借助熟人关系网络中的信用传递、声誉控制、自动履约等机制实现自我有效运行，而内生于此关系资源下的软法规范则促使民间金融走向了规范化的私人治理模式，并产生了埃里克森所描述的"无须法律的秩序"的况景。当然，这一低成本却行之有效的治理机制强化了民间金融的非正规属性，而其赖以发生作用的软法规制，也抑制了现代民间金融经由硬法规制迈向正规化的进程。

吊诡的是，现代金融的复杂性，意味着民间金融仅靠内部治理形成的声誉与执行等软法规制，也难以获得完美的治理。民间金融的过度逐利所引发的参与人陌生化和融资目的投资化，显著放大了其履约的风险。尤其当遭遇外部交易人的道德风险时，民间金融治理那引以为傲的软法规制及其社会控制机制，更显得力不从心。硬法规制的难言之隐和软法规制的力所不逮，昭示了可能的第三条道路，即兼具硬法与软法合理内核的规制新路重建——保留软法内部高效治理的优点并由硬法提供外部司法救济的整全性方案，通过积极倡导软法规范下的私人参与和自我规制，以期实现民间金融"新治理"路径的构建①。鉴于此，要达到"软硬兼施"的规制顶层设计，应以民间金融的正规化为前提，并就此促进硬法与软法的规制形成合力，防止地下化民间金融市场因自身风险累积而致崩塌。

一、 脱法的秘密： 民间金融的硬法规制难题

在国家以法控制社会的管理法模式中，诉诸全能政府以严格规范完成社会控制的"国家—控制"法范式，因为受困于接受严格监管的被监管对象难以对规制产生"服从和认可"，而一直面临着如何俘获监管对象的问题②。对于长期游离于正规经济领域之外的民间金融而言，该问题更为凸显。因习惯处于地下化或半地下化的运行态势，民间金融运营者易于也更倾向于脱离法律监管视野，使得硬法规制常陷入"对象消失"的尴尬处境，并最终导致监管失灵。这实际上

---

① JM. Solomon, New Governance, Preemptive Self – Regulation, and the Blurring of Boundaries in Regulatory Theory and Practice, *Wisconsin Law Review*, 33（2010）, pp. 591 – 625.

② 罗豪才、宋功德：《软法亦法——公共治理呼唤软法之治》，14 – 15 页，法律出版社，2009。

也从侧面力证了学者们对以自上而下式管理为核心的传统治理范式的质疑①。然而，这一表层解读并未实质触及硬法规制"被脱法"的深层原因。

首先，硬法规制下的利率管制是民间金融在法外运作的主要肇因。经济学认为，法律对于利率的管制是信贷发生的核心约束条件。这很方便地让在法外运行的民间金融链接到硬法规制：由于立法始终未放弃对存贷款利率的严格调控，使得金融市场利率长期低于市场均衡利率②，并致使正规金融借贷资金价格实际上远低于实际市场定价，而需要极高的还款安全性保证信贷资产。不过，由于私有企业在规模、资信等方面与国有企业存在巨大差距，这种被经济学家称为经济分割的问题③，导致正规金融通常优先放贷给国有企业。当大量中小型私有企业难以在管制利率下获得正规金融部门的有效"输血"时，易得和快捷的民间金融渠道自然成为了私企融资的主战场。这也从硬法规制的外部性上解释了正规金融规制与民间金融产生的关系，即民间金融本质上源自外部的正规金融利率管制及其相应的信贷配置④。

尤为复杂的是，上述利率管制还产生寻租的外部性，如正规金融的代理人往往将管制利率与市场利益的利差设租，并通过故意延长贷款发放时间来迫使贷款人对其行贿⑤。这会诱使民间融资者为了获取廉价资金，而选择向正规金融代理人寻租⑥。上述寻租行为在很大程度上稀释了利率管制政策所要派发的社会福利，架空了金融宏观调控目的。其直接结果是，刺激立法部门针对民间融资行为出台更严厉的管制措施，从而反向促使民间金融加速地下化发展。

其次，硬法规制中设定的准入门槛和运营标准逆向诱致民间金融的脱法化。在金融市场准入上，严格的从业条件和业务操作要求，尤其严苛的金融从业牌照管理等，极大地压缩了民间金融正规化的空间。这种严格准入的做法甚至递延到地方立法中，例如《福建省试点小额贷款公司暂行管理办法》除了严格的审批准入规定外，还要求小额贷款公司接受定期或不定期的资质考核等。在运营标准上，除了传统的分业监管下的行业管制外，网络化时代带来的金融风险问题已然成为当下主管部门的监管重点。例如，2016 年银监会、工业和信息化部、公安部、国家互

---

① R Wade, The Management of Common Property Resources: Collective Action As an Alternative to Privatization or State Regulation, *Cambridge Journal of Economics*, 11 (1987), pp. 95 – 106.

② 王国松：《中国的利率管制与利率市场化》，载《经济研究》，2001 (6)。

③ A. Guariglia & S. Poncet, Could Financial Distortions Be No Impediment to Economic Growth After All? Evidence from China, *Journal of Comparative Economics*, 36 (2008), pp. 633 – 657.

④ Anders Isakasson, The Importance of Informal Finance in Kenyan Manufacturing, *The United Nations Industrial Development Organization Working Paper*, 5 (2002), pp. 4 – 22.

⑤ S. Chaudhuri S & M. R Gupta, Delayed Formal Credit, Bribing and the Informal Credit Market in Agriculture: A Theoretical Analysis, *Journal of Development Economics*, 51 (1997), pp. 433 – 449.

⑥ A. I Khwaja & A. Mian, Rent Seeking and Corruption in Financial Markets, *Annual Review of Economics*, 3 (2011), pp. 579 – 600.

联网信息办公室四部委联合颁布的《网络借贷信息中介机构业务活动管理暂行办法》，针对 P2P 网贷机构将信息中介角色异化为信用中介的做法，重点对承诺担保增信、错配资金池等高风险金融行为进行规制，以整治在平台运营中实施"提取风险准备金保证模式"、"债权转让模式"等资金池模式，杜绝借金融创新而违反硬法规制的隐患。兼之金融活动难免牵涉重大国家经济安全，民间金融运营者在融资、营业过程中还可能面临严酷的刑罚风险。例如，利用上述平台作为融资平台很可能会因实施吸储、放贷甚至担保等业务而涉嫌"非法经营罪"、"集资诈骗罪"等刑事犯罪。面对这些重重管制和严密刑责，大量中小企业经营者只能被迫下沉到更加隐蔽的非正规融资领域，以规避融资中的法律风险。

从规制机理上看，民间金融治理整体采用的"国家—控制"法范式的设计思路，在一定程度上机械理解了法与外在社会结构之间的关系，而将其从业者的守法视为理所当然，忽视了源自金融运作市场逻辑和民间金融所伴生的经营权等外在社会的经济诉求。其具体的规制手段过度滑向重视命令—服从的单向路径，缺乏与被规制者监管感受的互动调整，也必然削弱其规制法制化的正当性[1]。因此，为自我保全而地下化的民间金融，其"脱法"本身就具有发生学上的正当性。若无法在金融意义上对正规金融利率规制所引发的金融抑制进行消除，就无法彻底改变正规金融信贷配置造成的金融供给侧问题。民间金融长久不衰的生命力和旺盛的市场需求，也在事实上瓦解了立法禁绝民间金融的正当性。因此，合宜的硬法规制应转向引导并维护民间金融的正规化运行，以改善非正规金融市场并增加场外金融的供给。

二、 射程的溢出： 民间金融软法规制的有限治理

脱离硬法规制的民间金融的实际内部运作并非无序。经济学家从其内部自治机制提供了解释。民间金融主要存续于社区、同行、朋友等熟人关系网络中，并借助地缘、业缘、血缘、互惠等关系形成社会资源，以及通过由此内生的信息管理、声誉机制等实现金融交易契约的缔结与实施[2]。在这种关系网络中进行的信息和声誉传播，是社会资本流转的主要形式[3]，而社会资本的实际载体就是以村规民约、行业惯例、自律公约等为主要内容的软法规范，该软法规范从长期的民间金融契约治理中获得规制效力。

在契约缔结阶段，民间放贷人一般通过社会人际关系、业务关系等渠道更便捷、更全面地获

① 罗豪才、宋功德：《行政法的治理逻辑》，载《中国法学》，2011（2）。

② D. Egli, S. Ongena & D. C Smith, On the Sequencing of Projects, Reputation Building, and Relationship Finance, *Finance Research Letters*, 3（2002）, pp. 23 – 39.

③ Arrow K J, Introductory Remarks On the History of Game Theory, *Games and Economic Behavior*, 45（2003）, pp. 15 – 18.

取借款人的相关信息，从而大幅度降低信息搜索成本[①]，并借助既有的民间交易约定，尤其是有关权利义务安排、履约担保项目等内容的软法规范，迅速缔结交易。例如，依托惯例或习俗形成的社区内自发组建的经济互助组织，就是一种互信成员间无碍的交易[②]。在敦促履约阶段，隐含在软法规制过程中的熟人社会资本，还为融资提供了低成本且灵活便捷的担保机制。例如在施行定期集合、轮转借贷的民间合会中，按照约定俗成的合会软法规范，会首须以个人声誉保证合会有序运转，并以个人资金和信用对违约成员承担连带担保责任。此外，随着融资交易体量的增加，在大型的民间合会中，还出现了以合同为载体的规范化建设，这使得软法规制也从相对模糊的口头和默示形式，迈向了稳定性更强的书面和明示形式，为民间金融规模的扩张提供了技术层面的支持。与此同时，这些软法治理技术上的更新，并未消解传统的熟人关系治理与声誉保障机制，反而借助介绍人保证或成员连坐担保等方式增强了融资信用，有效防止了局部个体违约演变成互助组织的整体瓦解。民间金融也在这种自我强化中，进化为具有一定风险抵御能力的自洽系统。

当然，这种自洽必须在前述熟人关系网络中才能实现。由于民间金融软法规制效果所依赖的关系、声誉等社会资本以及融资安排中的信任机制等独具封闭性和"特殊主义"气质，当融资交易超出特定地域范围或人际圈子，就会导致内生交易成本逐渐加大而社会资本却又逐渐减小的趋势[③]，并引发相应的溢出风险。实践中出现了很多通过居间介绍人而达成的陌生人借贷，由于介绍人与借贷双方之间的关系属于不同群体间的强关系[④]，难以将（不同的）社会界限或等级层次连接起来，也就无从激发产生具有执行效力的社会资本。因外来参与者的信息传递无法在原有的熟人关系网络中进行，就此产生的道德风险无法借助原有的软法规制体系予以解决，而具有可置信威胁的外部法范式和公法之治因民间金融自身的脱法和地下化与软法衔接效果不佳，最终导致民间金融软法实现强制履约保证的规制射程存在先天不足。

除了规制射程溢出导致的道德风险外，涉及外来参与人的民间金融还会伴生联动正规金融的次生风险。有研究表明，处于熟人网络之外的借款人，大多会同时参与正规金融与民间金融这

---

① Tang Shui‐Yan, Informal Credit Markets and Economic Development in Taiwan, *World Development*, 23（1995），pp. 845–855.

② G. KHabtom & Ruysp, Traditional Risk‐sharing Arrangements and Informal Social Insurance in Eritrea, *Health Policy*, 80（2007），pp. 218–235.

③ 张建伟：《法律、民间金融与麦克米伦"融资缺口"治理》，载《北京大学学报》，2013（1）。

④ 强（strong）关系是镶嵌理论的重要内容，是相对于弱（weak）关系而言，主要指关系密切或经常互动的人际关系，交往的人们之间的社会网络同质性较强（即所从事的工作、生活的环境，抑或掌握的信息基本上是趋同的）。尽管很多发达国家是弱关系社会，人们通过泛泛之交而获得多样性的信息来办事或促成交往，但学者边燕杰通过研究发现，中国的社会实质上是强关系社会。参见边燕杰：《找回强关系：中国的间接关系、网络桥梁和求职》，载《国外社会学》，1998（2）。

两大市场——要么借款人向民间金融融资以偿还正规金融的借款，要么民间金融的放贷人从正规金融获得贷款后再行转贷①。如此一来，当出现宏观金融调控和银根紧缩的情形时，上述两大市场均将无法有效保证各自的流动资金规模及其相互流转的均衡。而缺乏财政背书的民间金融，无疑成为最有可能的金融链条断裂处，并引发连锁的银行信贷呆坏账问题。随之而来的监管立法势必将进一步限制民间金融，走向更严厉管制甚至禁绝的僵局。倘若民间金融的违法性就此在硬法规制层面上坐实，将诱发外来参与人的违约预期——借非法之名义行"合法"避债行为，并彻底架空原已被溢出射程的软法规制执行机制。

三、 走向正规化： 民间金融规制难题纾解的实验

承上所述，硬法规制脱法的难题在于从外部无法找到规制的俘获对象，在内涵上无法提供适合民间金融的恰当赋权与运营标准。因此被地下化的民间金融，依靠熟人社群的软法规制得到了适用范围有限的软法治理。当民间金融的参与人外部化后，软法将无力在规制对象溢出射程范围后继续发挥声誉传递与社会执行机能，从而导致民间金融交易中道德风险的加剧。

汇聚到民间金融正规化改革面上，硬法规制的俘获对象捕获难题，首先就能得到很好地解决。正规化后，民间金融放贷行为为获得正当性与后续的硬法执行机制保障，需要通过登记等方式取得合法身份，并据此得以被监管部门识别而被纳入硬法规制范畴。

（一）正规化原理及其问题

制度经济学表明，法律体系可以有效通过影响产权而改变普通人获得财富的能力。横亘在正规经济与非正规经济之间的产权差异，如同布罗代尔形象描绘的"钟罩"一般，将非正规经济者隔绝于合法营利（营商资格）之外，使得他们缺乏将手中财产按照市场价格交易的机会②。走向正规化，意味着通过法律赋权（empowerment），从产权的角度建立起非正规经济易得的确权性法律体系，从而赋予其进入正规经济，享有相关国家资源和福利的权利。

不过，这种将非正规经济吸纳进正规经济的改革进路，可能会遭遇正规化扼杀非正规经济优势、正规化成本损害从业者利益的问题③。为此，德·索托提出既应调低非正规经济进入既有法律体系的门槛，给予其准入和审批程序简化、避免经营权受到不当限制，也应同时允许他们建立非正规组织机构以替代正规部门执法，从而吸纳支撑起非正规体系精华的"法律之外的规制

① K. S Tsai, Imperfect Substitutes: The Local Political Economic of Informal Finance and Micro – finance in Rural China and India, *World Development*, 32 （2004）, pp. 1487 – 1507.

② 李启航、陈国富：《法律制度对财产性收入影响作用的城乡差异——基于布罗代尔钟罩的法经济学思考》，载《财经研究》，2013 （3）。

③ Lince S, The Informal Sector in Jinnah, Uganda: Implications of Formalization and Regulation, *African Studies Review*, 54 （2011）, pp. 74 – 93.

和体系"，承继非正规体系"对财产权、契约和合同进行管理和控制，不受中央集权控制的、非正规管理机构"的作用，发展从行商赋权到运营、发展的自治管理①。这一理论模型，突破了包括民间金融在内的非正规经济部门走出传统正规化的窠臼，指明了保有非正规经济灵活优势的软法规范的重要性，以及运用这些规范进行私人治理以降低正规化成本的价值，也为纾解民间金融正规化难题提供了行动路线。

（二）规制增程与协同

不过，秘鲁非正规经济改革运动的最终失败，意味着其操盘手索托，并未真正找到落实其方案的恰当行动路线。可以说，索托理论模型的有限性，在于其仅看到正规化后对非正规从业者的利好以及给予赋权的正当性，却回避了成就内部治理的管理规则和自治社团执法的软法如何被"硬化"的问题。这暗合了晚近反思性法评述方式改进的浪潮，即要求从草根层面获取的经验应经过不断改进，再经由顶层设计者的适用以更新为立法标准②。细究秘鲁彼时的立法，给予地下市场合法经营性权利的立法虽"招之即来"，但与既有治理范式的监管衔接和经营结社组织配套的"反思性法"改进始终阙如，更遑论进行前述管理规则等软法"硬化"的立法准备。

实际上，彻底解决民间金融规制对象溢出射程范围的问题，已不单纯是索托言说的"法律之外"既有软法规则的简单硬化，而在于促进软法所效力的自治体系衔接外部执行机制的问题，也就是政府和私人主体间如何发挥各自角色的不同优长，在法律与规制过程中实现"公私合作"③。换言之，这也对接起软法之治疆域的升级过程。从升级的方式来看，既包括发生在主体功能区的直接增强④，表现为由硬法中的强制性公权力介入以确保民间金融合同执行，例如最为常见的民间借贷诉讼方式，达到普适性法范式与软法之治并用的治理；也可以表现为间接的增强，由外部社会控制机制作为一种可置信的威慑，敦促游离于关系网络外的外来参与人守信履约，譬如对"老赖"施加广泛的社会道德批评、舆论监督等。

按照升级的配套要求，民间金融首先需要通过正规化以扫除"非法"的身份障碍，并借助正规化登记等方式，从债权债务关系的证据化到执行依据的规范化等方面，为对接硬法执行机制提供条件。此外，软法的硬法化，也能彻底改变处于地下状态的声誉执法强度相对羸弱的局面，转由合法性强制执行力量予以兜底。否则，动辄诉诸昂贵的私力救济而获得的威慑增程，不

---

① ［秘鲁］德·索托著，于海生译：《另一条道路》，279 页，华夏出版社，2007。

② M. C. Dorf, The Domain of Reflexive Law, *Columbia Law Review*, 103（2003），p. 384, p. 386.

③ ［美］奥利·洛贝尔，宋华琳、徐小琪译：《作为规制治理的新治理》，载冯中越主编：《社会性规制评论》，127 页，中国财政经济出版社，2014。

④ 软质之治疆域包括核心功能区、主体功能区和边缘功能区三部分，是一种在混合法结构中，通过所有法规范排列组合形成的谱系，按照硬法到道德等社会规范的强弱排列。参见罗豪才、宋功德：《软法亦法——公共治理呼唤软法之治》，400－401 页，法律出版社，2009。

但容易因其灰色性质而存在治安上的责任，也无法链接到更便捷和强势的硬法执行体系。

既然正规化不可避免，相关规制顶层设计的重建难题，就在于如何协调好软法规制与硬法规制在各自不同的规范时空下的对象排斥。例如，在民间金融交易中，如何在符合硬法的信息披露规制下发挥熟人借贷中的声誉流转效用，同时又确保软法规制所需要的熟人关系不会因司法介入而带来对人际关系的威慑而瓦解。这开启了本文所应重视的方法论基点，即应当寻求能够同时满足硬法规制与软法规制分析的统一量纲，以避免在软法与硬法的不同规范时空中逻辑推演的冲突。

四、 硬法软法规制协同下的民间金融正规化

事实上，规制民间金融的软法与硬法可以互相兼容，并互相增益。软法所提供的规制约束并不会被硬法所排斥，甚至可以上升为硬法。例如，民间借贷中常出现的流押担保方式，就是通过移转担保标的物的占有，在借贷双方间形成有效的风险均衡。同时，以汽车等动产移转占有的民间金融担保，还须完成相关的质押登记手续，以连接起硬法规制层面的强制执行力量。尽管民间融资中常用的流押担保契约难以获得既有立法的合法性评价，但因这种私人占有形成的直接控制，有效降低了民间借贷到期履约的风险，为以物抵债的私力救济提供了可能。尽管流押未得到《担保法》的认可，也未获得债权担保诉讼的支持[①]，但对于债权人而言，流押控制的是未来可供强制执行的借款人财产标的物本身，即使进入民间借贷的违约诉讼[②]，无论是诉前保全还是后续司法强制执行均有了实现债权的可能。至于最终债权实现是依担保债权抑或借贷债权，则对其借贷债权安全无实质影响。在此过程中，软法与硬法将交互发挥效力，并最终促进信贷资源的优化配置，而具备制度安排合乎义理性（Legitimacy）的正当性[③]。低成本的软法规制与可接近的司法（Access to justice）[④] 执行保障，消解了民间金融合同执行的最终风险，也在一定程度上促进了民间金融的壮大。

不过，民间金融的复杂性在于其不正规的运作，会导致无可避免的硬法评价"危机"。例如，在组织性的民间金融的缔约中，当事人之间通常不是按一对一的缔约形式进行要约与承诺，

---

① 陆青：《以房抵债协议的法理分析——最高人民法院公报载"朱俊芳案"评释》，载《法学研究》，2015（3）。

② 依据最高人民法院《关于审理民间借贷案件适用法律若干问题的规定》第二十四条第1款的规定，担保债权诉讼将被转为民间借贷诉讼，也同样可以发生针对"流押"标的物的诉前财产保全和事后强制执行。参见庄加园：《"买卖型担保"与流押条款的效力——〈民间借贷规定〉第24条的解读》，载《清华法学》，2016（3）。

③ J. Y Lin, An Economic Theory of Institutional Change：Induced and Imposed Change, *Cato Journal*, 9（1989）, pp. 1 – 33.

④ 接近司法是进入21世纪后世界范围掀起的民事司法改革浪潮，其内容除了表现为主流的替代性司法的倡导之外，强调诉讼的推进以及司法裁判的执行也是应有之义。后两者与硬法的执行保障紧密相关。参见 D A. Larson, Access to Justice, *The Liverpool Law Review*, 19（2015）, pp. 1 – 7。

而是具有"一对多"的集合融资特点①。这意味着如果要启动司法保障机制，就有可能触及吸收公众存款的红线而存在"合法性审查"之虞，并导致软硬法的交互发挥效力受阻。对此，笔者试图进一步研究解决上述受阻所需要的软硬法复合执法和叠加组织范式。

（一）横向增强：软硬法复合执行创新

为防止因信息成本与市场失灵而推高金融风险，针对民间金融的风险立法大多属于禁止性条款居多的"父爱性"立法。不过，这种刚性立法产生的硬法规制，却先天存在从标准合规到违规执法的成本与效率之觞，并易导致被监管对象的反弹。鉴于此，借助自治性行会组织提供更为成员乐于接纳的信息共享机制②，在压缩民间金融放贷人的风险控制信息成本的同时，也改善了单纯依靠事后合规性标准考察的硬法规制的被动性，由此带来的监管便利与运营成本的降低更不待言。随着信用大数据方式逐渐被传统的硬法规制所接受，打通公共部门入口所实现的交易对象征信信息共享，将会使依托行会专业信息进行风险控制的资信成本大幅降低，也有利于在更具针对性的业界范围内放大失信声誉压力后果，并作为内部执行替代机制有效遏制民间金融的主观违约。

毋庸讳言，纳入正规化的民间金融，因合规性法律要求，正式赋权所获得的利益也要部分用于合规管理、应对监管和可能的违法处罚等。作为非正规化的替代机制，如若其成本超过正规化产生的收益，则不仅意味着合规管理的低效率③，也会将民间金融驱逐出正规化领域。从影响上述收益的情况来看，主要的变量为民间金融的融资利率水平、合规运营成本与风险控制成本。其中，融资利率水平取决于硬法对利率规制；合规运营成本取决于正规化后配合硬法规制产生的登记、接受监管、信息披露等成本；而风险控制成本相对复杂，既包含了如资信甄别等违约预防成本，也包括执行合同的费用如申请司法救济的相关费用。除了这些变量所指向的直接相关的硬法规制，软法规制在资信资本和声誉流转下的执行成本优势也不可忽视，这也完全呼应了将两种规制协同整合的思路。

申言之，正规化的运营成本和风险控制问题，关键取决于软法规制如何发挥其在非正规体制低成本声誉与执行机制的作用。这需要尽可能打开有限的熟人网络，将其拓展到包括外部参与人在内的社会共同体网络。索托甚至断言，非正规经济自发形成的组织性网络，可以在同业之

---

① 如民间合会按惯例是通过会脚集中各自秘密报价的方式予以竞标，从而在每轮竞标中达成中标者与其他会员之间的集合借贷合同关系，而形成"一对多"的融资关系。

② 行业组织或者中介机构拥有行业的整体认识和信息聚合优势，可实现高效便捷的市场对接和灵活应对，有助于提供广为同业接受的规则和落实规制任务。参见 Robert Baldwin, Martin Cave & Martin Lodge（ed.），Oxford Handbook of Regulation，*Oxford University Press*，2010，p. 152。

③ Fudenberg D & Tirole J，Understanding Rent Dissipation：On the Use of Game Theory in Industrial Organization，*American Economic Review*，77（1987），pp. 176 – 183.

间形成自治的增强①。很多批评者认为这种自治的增强无法进一步延伸到交易的对象，因为自发的行业缺乏有效的组织力量，而仅能在成员之间推行交互的替代执行。然而，在民间金融的同业行会中，这种带有违约追偿的替代执行即使不够给力，但其给被执行对象造成的声誉流转压力却是显在的，并且因同业成员间对此类声誉信号尤其敏感，针对交易对象的同业交互声誉流转几乎无须动员，这也是借贷风险预防中最为重要的事前资信信息环节。在这种同业环境下，不良声誉造成的交易对象的压力甚至可以达到几何级数的扩张，而最终将交易对象驱逐出这个市场，从而较好地实现软法规制范围的增程，实际上也是其威慑力的增强。

同时，在政府介入较少的自愿性规制中，内部性自律的倡导有助于凝聚行业或产业共识，主导规则和标准的制定，形成同业间的征信和内部规制②。这也解释了为什么行会进行的从业准入监管比官方机构的行政性准入监管的效果更显著。民间借款人往往也倾向于从具有授信保障的行会成员中选择交易对象。此时的软法规制基础，就从内部熟人关系网络转变为征信资源的共享。由于征信资源的动态更新及其成员的开放性，其所获得的征信承诺和成员身份认同，有助于实现行会组织的层次结构持久性和自我增强③，并产生强者愈强的马太效应，放大上述规制增程和威慑增强的机能。

（二）纵向联结：软硬法叠加组织再造

为改善这种金融市场割裂产生的低效用资源配置，民间金融与正规金融部门出现了"纵向联结"的模式。目前较典型的范例，就是"南山苗木"模式。具体做法是"南山苗木"专业合作社借助浙江金华如得控股集团从正规金融市场获得贷款渠道，让后者将向中国银行金华分行借贷所得的500万元转贷给该合作社，之后合作社再将贷款转给入社农户④。对于放贷银行而言，通过该模式能实现信贷的优化配置，并且还有兜底责任人担保信贷风险；而对入社农户而言，其间接获得了正规金融的贷款，并结成了具有联保性质的信用组织体。申言之，这种纵向联结模式的优势在于，一方面，优质信贷客户作为正规金融首贷人和实际的偿还人，有能力接受硬法规制，从而降低了正规金融部门直接向次贷人放贷的风险；另一方面，放开转贷壁垒使得正规金融得以进入民间金融市场并吸纳软法规制，且可通过议价而获得较诸无实物担保的信贷利率优惠，会大大减少次贷人直接向正规金融借贷时可能遭遇的寻租问题。鉴于此，为确保这种纵向联结模式的有效构建与推行，在规范建设层面上，首先，需要硬法适度放开贷款用途的规制口

① ［秘鲁］德·索托著，于海生译：《另一条道路》，238 页，华夏出版社，2007。

② J. Black, Constitutionalising Self - Regulation, *Modern Law Review*, 59 (1996), pp. 24 - 55.

③ J. Pfeffer & CT. Fong, Building Organization Theory from First Principles: The Self - Enhancement Motive and Understanding Power and Influence, *Organization Science*, 16 (2005), pp. 372 - 388.

④ 史小坤：《基于二元金融结构的中国农村正规金融和非正规金融联合模式研究》，载《农村金融研究》，2010（8）。

径，准许首贷人将贷款资金用于非自营目的；其次，需要在立法层面赋予如"南山苗木"合作社等社民互保组织的合法身份，并确认组织与成员间、成员与成员间信用联保方式的法律效力；最后，在完善合作社章程、行业自律协议等软法规范的基础上，适时将这些软法内化为官方机构出台的行业性或者区域性指导意见的核心内容，以促使其得到更普适的适用。

当然，若要进一步优化纵向联结协同规制结构，则应最大程度地扁平化上述纵向联结的科层，将最终贷款人直接设置为正规金融信贷者的关系网模式。为此，在正规金融信贷主体资格方面，甚至可以允许那些依注册制缔结的民间贷款互保组织也能直接实施银行信贷行为，并进一步放松对转贷者贷款使用目的的限制。诚然，这需要进一步加强信贷风险的控制，而除了硬法层面的刚性物化担保外，软法规制中的柔性信用担保机制也不容忽视。按照 Morduch 对在亚洲多国取得成功的格莱珉银行（Grameen Bank）运营机制的分析，只要有效地运用集体信用机制，这种转贷甚至可以简化到仅通过不同贷款人之间的互助与联保的关系契约，就能实现小额贷款的社会性监管①。这实际上也完成了对民间借贷者的集体声誉资源的一种盘活，用于增强他们较为孱弱的个人信用水平，走出索托将无产权物化资产产权化改革的单一进路，而步入对熟人社区所串联的集体信用的有效挖掘利用。也许，对于习惯施行刚性规制的监管者们，应记住埃里克森关于"法律制定者如果对那些促进非正式合作的社会条件缺乏眼力，他们就可能造就一个法律更多但秩序更少的世界"的告诫②，认真对待软法以优化硬法监管，并发展出更灵动的（Smart）治理结构。

在此意义上，软硬法两种范式体现出的治理趋向，已经无限接近于新治理（New Governance）理论所提出的"灵活性"（flexibility）理念，即一种"不是将趋向治理的转变刻画为由正式法律向非正式实践的转变，而是非正式实践的正式化"③。这意味着并非"异于法"而非"劣于法"④ 的软法新势力在民间金融治理范例中获得了全面印证。基于此，软硬法协同规制也就被自然地汇聚为国际上金融软法治理浪潮中的一部分，并形塑成为表彰私人参与、合作治理与分权化的新兴社会多元化规制力量。

（责任编辑：范晓）

---

① J. Morduch, etc., The Economics of Micro – finance, *Massachusetts*：*MIT press*, 2010, pp. 12 – 15.

② ［美］罗伯特·C. 埃里克森著，苏力译：《无需法律的秩序——邻人如何解决纠纷》，354 页，中国政法大学出版社，2003。

③ ［美］奥利·洛贝尔，宋华琳、徐小琪译：《作为规制治理的新治理》，载冯中越主编：《社会性规制评论》，134 页，中国财政经济出版社，2014。

④ Claire Kilpatrick, New EU Employment Governance and Constitutionalism, Joanne Scott & Grainne De Burca (ed.), Law and New Governance in the EU and the US, *Oxford*：*Hurt Publishing*, 2006, pp. 121 – 151.

"部门货币" 之 "有产权性质的养老卡"

—— "亲和源" 养老模式的再解析

■ 余 峰*

摘要： 通过"有产权性质的养老卡"来实现预付款融资，并借助"地产上涨"和"服务输出"来实现养老产业的持续盈利，"亲和源"通过近 10 年的努力，终于登陆了国内资本市场。依托于长周期的地价上涨和服务业收费上涨，亲和源模式得以取得阶段性成功，但作为部门货币的"有产权性质的养老卡"，其"合法性"和"商业模式的可持续性"则面临着多方面的争议。以个案为依托，在精细剖析"养老卡"的同时，尝试探讨在各类型创新中"合法性"与"商业模式可持续性"之间的关系，以及政府在其中的监管偏好。

关键词： 养老卡部门货币　商业信用　买卖不破租赁　共享经济

宜华健康医疗股份有限公司（证券代码：000150，以下简称宜华健康）于 2016 年 6 月 29 日召开第六届董事会第三十三次会议，审议通过了《关于公司与相关方签订〈关于亲和源股份有限公司的股权收购协议书〉的议案》，公司董事会同意公司与上海浦东新区康桥镇集体资产管理有限公司、周星增、奚志勇、TBP Nursing Home Holdings（H. K.）Limited、上海亲和源置业有限公司（以下简称亲和源置业）、亲和源股份有限公司签订了《关于亲和源股份有限公司的股权收购协议书》，根据收购协议，公司拟以支付现金的方式购买康桥资产、周星增、TBP 合计持有的亲和源股份 116 660 000 股，占亲和源 58.33% 的股权。各方同意本次 58.33% 标的股权交易价格协商确定为 40 831 万元。

至此，亲和源登陆资本市场案，有了一个阶段性的结局。在此之前，亲和源曾一直谋求上市，但因收益率达不到创业板的要求而未能在创业板上市，也因其未能盈利而在新三板挂牌中接连失利。在"皆大欢喜"的公告中，也有两个段落的描述格外显眼。

---

* 北京大学法学院 2013 级博士研究生。

业绩承诺及保证①，奚志勇承诺，亲和源未来盈亏情况如下：2016 年亏损不超过 3 000 万元、2017 年亏损不超过 2 000 万元、2018 年亏损不超过 1 000 万元、2019 年净利润不低于 2 000万元、2020 年净利润不低于 4 000 万元、2021 年净利润不低于 6 000 万元、2022 年净利润不低于8 000 万元、2023 年净利润不低于 10 000 万元。净利润指亲和源合并报表中扣除非经常性损益后归属于所有股东的税后净利润。

本次购买资产的定价依据②，目前，亲和源尚未盈利，主要是由于亲和源旗下新项目尚在培育期，前期投入和财务费用较高。公司本次收购亲和源控股权的战略目标，在于通过整合亲和源，与公司医疗健康产业相融合，逐步构建体系完整、竞争力突出的养老产业生态圈。亲和源不但系最早一批探索商业化社区养老在我国实践的先驱企业，而且通过近十年的探索和实践已经获得市场认可的宝贵成功经验，从而总结出一套系统化的适用中国市场规律的养老体系与标准；同时，亲和源的品牌效应突出，以其品牌为依托的商业化养老社区平台已粗具规模，具有先发优势，为公司后续打造养老产业链奠定重要基础。因此，结合本公司的发展战略目标、亲和源在养老产业的优势和其创始人的业绩承诺等情况，经交易各方友好协商，确定本次拟收购的亲和源58.33% 股权的价格为 40 831 万元。

剔除资本市场运作故事的因素③，在亲和源养老社区建成近 10 年后，终于成功登陆资本市场，不失为国内养老产业（特别是养老地产）的一大亮点和幸事。但这一商业模式的创新——尤其是所谓"有产权性质的养老卡"，自其推广之初，就面临"合法性"和"可持续性"的双面质疑。在长周期的地价上涨和服务业收费上涨的背景下，"合法性"和"可持续性"的问题变得越发模糊，但"音乐终究会停止"④，一旦周期发生逆转，或许又将是一个通过资本运作，让大众投资者（普通股民）接盘的经典案例。

一、 商业模式创新—— "有产权性质的养老卡"

亲和源老年公寓构想于 2003 年，组建于 2005 年，建成于 2007 年。其坐落于上海市南汇地

---

① 具体内容可见：《宜华健康医疗股份有限公司关于签署亲和源股权收购协议的公告》，证券代码：000150，公告编号：2016 – 52，第 10 页。

② 同上注，第 13 页。

③ 2015 年 2 月，"宜华地产"（000150）发布公告更名为"宜华健康"，公司名称由原来的"宜华地产股份有限公司"变更为"宜华健康医疗股份有限公司"，从地产彻底转型医疗健康领域，在收割完地产的红利后，开始进军医疗健康市场，也才有了"亲和源上市失利，宜华健康奋勇接盘"的故事。可参见相关报道：《地产转型医疗，宜华健康 4 亿元收购亏损 5 年的亲和源》（http://www.investide.cn/news/249354）。

④ 艾伦·布林德著：《当音乐停止之后——金融危机、应对策略与未来的世界》，中国人民大学出版社，2014(16)。该书分为 5 个部分，史诗般地再现和分析了金融危机的台前幕后——美国如何遭遇了危机，怎样躲过了衰退，为什么没有完全复苏，现在还应该做些什么，以及面向未来的建议。

区（现浦东新区）康桥镇，占地面积 8.4 公顷，建筑面积 10 万平方米。总投资额近 6 亿元，委托经验丰富的日本 GLAnet 公司进行规划方案设计，是一个以会员制为主要形式，融居家养老和机构养老为一体的中、高档的养老社区。

老年公寓部分由 12 幢多层电梯楼组成，公寓设 838 套居室，可供 1 600 位左右的老年人享用。居室分为小套、中套、大套三种类型，实用面积由 45 到 90 平方米不等。每幢公寓楼都有自己的"管家"，并配有全方位配套的硬软件设施、生态型的户外环境、专业化的医疗服务，如专业护理医院、配餐中心、老年大学、标准的门球场、迷你高尔夫球场等。

其商业运作中最为有名的，就是"会员制运营模式"，或其自身宣传时所销售的"有产权性质的养老卡"。

会员卡分 A 卡（永久卡、不记名卡）和 B 卡（终身卡、记名卡）两种，都可以分三年期支付。一期购买时，需要在 2008 年年底前支付首付，分期付款的利率则参照公积金的贷款利率。房型分为大中小三种：大户型面积 120 平方米、中户型面积 72 平方米、小户型面积为 58 平方米。

A 卡（永久卡、不记名卡）：缴费金额较高的 A 卡可以继承，作为遗产留给子女（但入住需要满足年龄条件），也可以转让，转让价格自定，也可按原价委托亲和源在一个月内代为转让，入住小区后每年须根据房型大小缴纳 2.98 万到 6.98 万元不等的年费，不记名卡有效期与房屋土地使用年限相同。大中小套永久性会员卡目前均为 89 万元（2008 年一期销售时为 50 万元），年费分别为大户型 6.98 万元、中户型 3.98 万元、小户型 2.98 万元。

B 卡（终身卡、记名卡）：只限个人终身使用，终身会员卡的大户型价格为 88 万元、中户型为 55 万元、小户型为 45 万元，每年年费均为 2.98 万元，虽不可转让，但若入住未满 15 年，余额可折算后部分退还给家属。退款的计算方式为：卡费 −［卡费/180（月）×乙方实际居住时间（月）］。

购买这种会员制养老卡，无论永久或终身，均不受房产限购令的影响，唯一的限制在于，无论首次购买或转让，入住该社区的男性必须满 60 岁，女性满 55 岁，是企业和会员卡持有人之间的一种合同安排。目前，受康桥镇的房屋均价持续上涨等一系列原因的刺激[1]，各类会员制养老卡的出售及转让价格也一直攀升，其中最受追捧的 A 卡中户型和 B 卡大户型，更是一卡难求。

亲和源的会员制运营模式是不同于传统养老机构的创新之举。与传统分期收取服务费维持运营的传统养老机构相比，亲和源模式最大的不同在于一次性收取多年居住租金。

---

[1] 2009 年国务院批准撤消原南汇区，将南汇区并入浦东新区，康桥镇随即划入浦东新区版块。康桥镇地区的房屋均价，从 2007 年不到 20 000 元/平方米，一路上涨，至 2017 年 1 月，康桥镇地区待售新房价格已达 64 000 元/平方米。

从实际效果来看，会员卡的售价就足以回收房屋的建设成本，而每年所交的管理费则是长期稳定的主要利润来源。除此之外，会员资格的不断升值，也使亲和源的开发商可以分享地价上升的利好，以 A 卡为例，一位老人在 2008 年以 50 万元价格入住第一期公寓，2011 年时已涨至 89 万元，而到 2016 年则变成了一卡一价（据称最近一次 A 卡转让，价值早已过百万），管理费也逐渐增加。会员卡和管理费每年将调价两次，主要和市场销售策略有关，因此只要能不断发展新的会员，就可以实现盈利。

上海亲和源眼下的盈利模式中，除了会员费，很大一部分来源于资产本身的升值，这种双收模式被认为是一种"神奇的资产魔方"，通过出售公寓的使用权，回笼了开发成本，剩余的产权，为其赢得了增值空间，而不断增加的养老服务经验，也正在转化为人员培训和品牌服务的输出。

二、"合法性"争议

有产权性质的养老卡——从法律定性而言，去除掉"养老"的功能性修饰外，"有产权性质"和"卡"构成了两个法律范畴内的争议。

所谓"有产权性质"，"产权"一词并不是法律上的概念，其内涵和外延类似于《物权法》中，有关所有权或用益物权的定义。在经济学上，对"产权"有着更广泛的应用①。而在民众的意识中，"产权"则更接近于房管或土地部门颁发的"产权证"。由此可见，在法律命题上，"有产权性质"的争议，其本质更类似于传统意义上，我们对"小产权房"的诸多讨论。

小产权房是指在农村集体土地上建设的房屋，未缴纳土地出让金等费用，其产权证不是由国家房管部门颁发，而是由乡政府或村政府颁发，也称"乡产权房"。"小产权房"不是法律概念，是人们在社会实践中形成的一种约定俗成的称谓。该类房没有国家发放的土地使用证和预售许可证，购房合同在房地产管理部门无法给予备案。所谓产权证也不是真正合法有效的产权证。

而"有产权性质"的养老卡，则往前又走了一步，连乡政府或村政府颁发的"小产权证"都不存在，其权利基础来自合同所形成的长期租赁关系，但却因为"永久卡、终身卡、不记名卡"的功能定义和分类，使其有了经济学意义上的"流动性"，而在法律意义上存在模糊之处。

---

① 除了经济学教材中对"产权"的定义外（经济实体性、可分离性、流动具有独立性），可参读：科斯在英国《经济学》杂志发表的《企业的性质》（1937 年 11 月）一文，成为产权理论产生的重要标志，科斯发表的《社会成本问题》一文（1960 年），则是现代西方产权理论发展或逐步成熟的标志。

就"卡"而言，养老卡则在本质上与其他的"部门货币"（或称"预付卡"）更为一致①，不过从金额来看，相较于千余元（或万余元）的购物卡、公交卡、餐饮储值卡等，养老卡的预付金额则高达数十万元，也因其金额的巨大，其资金安全、发卡方的信用资质（备付金）、持卡人的实名制登记等，变得更为敏感。在法律命题上，在合法框架内，则是如何与《单用途商业预付卡管理办法》的匹配问题，但在目前的办法中②，单用途预付卡"记名卡"单张金额不得超过 5 000 元，"非记名卡"单张金额不得超过 1 000 元。而一旦跨越了相关红线（超过预付卡金额限制，违反相应管理规定），大额的养老卡若出现某种程度上的违约（在资金使用或预期承诺兑现上，违反合同的事先约定，或资金链断裂），则在法律定性上会涉嫌"非法集资行为"（不以真实消费为目的，承诺在一定期限内向购卡人返还购卡资金并支付一定利息）或"诈骗行为"（是否存在主观上恶意）。综上所述，根据具体情形不同，养老卡在"卡"的层面会涉及不同法律问题，涉及"违约—违规—违法"的边界。

产权转让行为、租赁行为，或是商业预付行为，不同行为和法律关系的定性，会产生不同的权利义务关系以及法律责任。有产权性质的养老卡，从更为基础的法律概念和关系来剖析，其合法性问题的讨论将涉及以下四个方面：

（一）土地使用权性质的转换

从亲和源项目披露的信息来看，在上海浦东新区规划和土地管理局的资料显示，亲和源养老社区所处地块于 2006 年办理土地使用权出让，土地用途为公共建筑（供特定人群使用），土地性质为工业用地，出让年限仅为 50 年。由于是以工业用地的性质出让，每亩土地的价格仅为 50 万元，远低于当时同地区住宅用地的价格，仅相当于约每平方米楼价 750 元的土地成本。

根据我国《土地管理法》的规定，政府对城市土地实行用途管制，建设在工业用地或是作为公共建筑的房地产项目依法并不能取得预售许可证，更难以为入住者办理房屋产权证。

待这些查明后，整个线条就越来越清晰。在土地用途上，当时项目在申报及获批时，土地用途为公共建筑——供特定人群使用。就真实操作来看，养老卡在首次购买或转让时，有合同义务：入住该社区的男性必须满 60 岁、女性满 55 岁；这也在一定程度上，符合了供特定人群使用的要求。而在土地性质上，因土地属于工业用地，所以该项目无法取得预售许可证，以及后续独立切割的房屋产权证。养老卡主要的争议集中在后者，即土地性质上。

就土地性质和房屋产权证的关系，以"酒店式公寓"和"公寓式酒店"为例作一个补充说

---

① 参见吴志攀教授对"部门货币"的诠释，非金融部门却发行了本部门的"货币"，称之为"部门货币"，部门货币通过发放有储值、支付、结算功能的储值卡，发卡企业获得的大量集中的资金。相关内容可见吴志攀教授的讲座：《我国金融法治研究——以部门货币为视角》、《从"部门货币"看政府与市场博弈》等。

② 《单用途商业预付卡管理办法（试行）》第八条：单张记名卡限额不得超过 5 000 元，单张不记名卡限额不得超过 1 000 元。单张单用途卡充值后资金余额不得超过前款规定的限额。

明。"酒店式公寓"严格意义上属于居住建筑，土地使用分类为住宅用地，房屋用途为居住，土地使用年限为 70 年，其特殊性仅在于酒店式的管理，但其本质上仍是住宅，在居住用地上建设，依据《土地登记办法》和《房屋登记办法》的规定，可分套销售，由当地不动产登记机关发放独立的房屋所有权证。

而"公寓式酒店"属于旅馆建筑，土地使用分类为商服用地，房屋用途为旅（宾）馆，土地使用年限为 40 年。公寓式酒店的特殊性在于按照公寓式或者单元式房型进行设计建造，但本质上仍是酒店，不属于住宅，依据《土地登记办法》和《房屋登记办法》的规定和相应细则，原则上不得分套销售①。

城市建设用地目前分为 8 大类②：居住用地 R、公共管理与公共服务设施用地 A、商业服务业设施用地 B、工业用地 M、物流仓储用地 W、道路与交通设施用地 S、公用设施用地 U、绿地与广场用地 G。

而建筑使用年限由不同的土地性质来决定，根据《中华人民共和国城镇国有土地使用权出让和转让暂行条例》第十二条规定，土地使用权出让最高年限按下列用途确定：居住用地 70 年；工业用地 50 年；教育、科技、文化、卫生、体育用地 50 年；商业、旅游、娱乐用地 40 年；综合或者其他用地 50 年。酒店式公寓为居住用地，产权为 70 年，公寓式酒店一般为商业用地，产权为 40 年。而市场上所谓的"商住两用房"，则区别于以上两类，通常在土地属性上属于综合用地，有 50 年的产权，并且根据不同地方的具体规定，可以办理独立的分割产权证，分套进行销售。除了使用年限外，不同的土地和建筑性质，在首付、契税、水电费（分民用水电和非民用水电）等方面也有差异。

亲和源养老项目，作为建设在工业用地上的具有公共建筑性质的房地产项目，不能像普通商品房一般，通过在建工程的预售，以及后续的分套销售来快速回笼资金。然而，通过"有产权性质的养老卡"的销售，特别是"永久卡"、"不记名卡"，一次性收取多年的居住租金来回收

---

① 可参考各地方细化规定的内容：武汉市房管局、国土规划等 4 部门联合下发通知（2013），对原规划设计为酒店和有明确生产用途的工业或商服旅游项目，房地产企业在取得核准或备案批复文件后，不得擅自更改项目用地性质和规划用途，未经批准不得擅自分层、分套分割转让。对于该类项目，房管部门不得分层、分套办理该类项目的预售许可证、产权登记、交易和抵押手续。一般不予受理产权分割，并在预售许可证或现售备案证上记载"该项目进行整体销售，不得分割转让"字样。

② 中华人民共和国住房和城乡建设部关于发布国家标准《城市用地分类与规划建设用地标准》的公告（第 880 号）批准《城市用地分类与规划建设用地标准》为国家标准，编号为 GB 50137—2011，自 2012 年 1 月 1 日起实施。

其中公共管理与公共服务用地 A，包括行政办公用地、文化设施用地、教育科研用地、体育用地、医疗卫生用地、社会福利用地、文物古迹用地、外事用地、宗教用地。一般政府所设的公立养老院，会通过划拨形式取得 A 类用地，而亲和源项目则是在通过工业用地 M 的出让，获得所使用土地。

成本，在效果上也确实达到了预售或分套销售的目的；"不记名卡"的转让，也间接达到了可独立转让的效果。因此尽管守住了"特定人群使用"的红线，但在一定程度上，存在转换土地性质的争议。毕竟在工业用地、商服用地、居住用地等的差异背后，在上海，每亩土地出让价格的差异是天量级的。

（二）规避限购、转让契税等规则

自 2011 年起，房地产市场的调控力度越发强烈。在个别年份和月度，局部地区的房地产市场出现了非理性过热的情绪，房价形成了加速上涨的趋势，限购令、限价令频出。

限购政策，以上海的限购令为例，其主体内容包括：上海市人民政府办公厅印发《关于本市贯彻〈国务院办公厅关于进一步做好房地产市场调控工作有关问题的通知〉实施意见的通知》，《关于进一步完善本市住房市场体系和保障体系，促进房地产市场平稳健康发展的若干意见》等。其宗旨与目的在于：坚持以居住为主、以市民消费为主、以普通商品住房为主的原则，采取税收、信贷、行政、土地、住房保障等政策措施，多管齐下，有效遏制投资投机性购房，逐步解决居民住房问题，进一步促进本市房地产市场平稳健康发展；其手段包括但不限于：首付款比例[1]、差别化信贷政策、税收措施[2]，以及购房资格[3]等。

契税，是指在中华人民共和国境内转移土地、房屋权属时向产权承受人征收的一种财产税，承受的单位和个人为契税的纳税人，应当依照《中华人民共和国契税暂行条例》的规定缴纳契税。转移土地、房屋权属是指下列行为：国有土地使用权出让；土地使用权转让，包括出售、赠予和交换；房屋的买卖、赠予、交换等，契税税率一般为 3% ~ 5%[4]。

无论是限购调控政策，还是契税征收对象，针对的都是房屋权属转让行为，包括房屋买卖、房屋赠予、房屋交换等。而在现实操作中，"有产权性质的养老卡"的销售和转让，因不涉及房屋的登记和过户，所以不受上述政策或规则的约束，但受相应政策的外部性影响。在上海限购令出台的次月，养老卡（A 卡，永久卡）短期内涨幅在 20% 以上。养老卡的流转，类似于金融交易中的场外交易市场，既不受交易所相应规则的约束，又因为场内市场监管的趋严，而放大了场

---

[1] 自 2016 年 11 月 29 日起，居民家庭购买首套住房（即居民家庭名下在上海市无住房且无商业性住房贷款记录或公积金住房贷款记录的）申请商业性个人住房贷款的，首付款比例不低于 35%。在上海市已拥有 1 套住房的，或在上海市无住房但有住房贷款记录（包括商业性或公积金住房贷款记录）的居民家庭申请商业性个人住房贷款，购买普通自住房的，首付款比例不低于 50%；购买非普通自住房的，首付款比例不低于 70%。

[2] 个人将购买不足 5 年的住房转手交易的，全额征收营业税。

[3] 2016 年《关于进一步完善本市住房市场体系和保障体系，促进房地产市场平稳健康发展的若干意见》中，提高了非上海市户籍居民家庭购房缴纳个人所得税或社保的年限，从自购房之日起算的前 3 年内在上海市累计缴纳 2 年以上，调整为自购房之日前连续缴纳满 5 年及以上。

[4] 契税的适用税率，由省、自治区、直辖市人民政府在规定的幅度内按照本地区的实际情况确定，并报财政部和国家税务总局备案。

外市场的灵活性优势，所以有关通过"有产权性质的养老卡"规避监管规定和政策的争议一直未平息。

（三）租赁协议的效力以及可继承性

亲和源的董事长奚志勇曾将这个模式解释为"买卖不破租赁"，虽然业主并未获得房屋产权，但因其订立了长期的房屋租赁合同并享有租赁合同之下的债权，即使房屋产权进行了转让，受让方也不能将租户赶走。然而，真实情况可能并非如此简单。实际上，A卡（永久卡、不记名卡）和B卡（终身卡、记名卡）都将会面临各自的争议。

对于A卡（永久卡、不记名卡），首先就是"永久"背后的租赁期限问题，《合同法》有明确规定，租赁期限不得超过20年，超过部分无效①。而在养老卡销售宣传时，亲和源方面始终强调土地的出让年限为50年（该地区2006年办理土地使用权出让），但租赁合同期限无法覆盖土地出让年限，一旦超过20年，就会因"法定更新"而变成不定期的租赁，出租人可以随时解除合同，或经"约定更新"进入再次续签的状态，而届时是否出租，以及价格为何，则取决于出租人与承租人再次博弈的结果②。

而作为"不记名卡"，其宣传的"缴费金额较高的A卡可以继承，作为遗产留给子女（但入住需要满足年龄条件），也可以转让，转让价格自定"也面对一系列的挑战。首先，租赁期限六个月以上的，应当采用书面形式③。如果只是转让卡，而未签署新的租赁（包括转租）合同，将会被视为不定期租赁。另外，其可继承性，也面临挑战，除了双方协议约定的可继承之外，从法律规定上，承租人在房屋租赁期间死亡的，与其生前共同居住的人可以按照原租赁合同租赁该房屋④。因此，一旦发生"不记名卡"的多次转让，也会面临法律规定与合同约定的冲突。更有甚者，当"不记名卡"发生遗失或陷入到遗产纠纷，以及租赁物质量不合格等不确定情况，法

---

① 《合同法》第二百一十四条：租赁期限不得超过二十年。超过二十年的，超过部分无效。租赁期限届满，当事人可以续订租赁合同，但约定的租赁期限自续订之日起不得超过二十年。

不同于日本、德国和我国台湾地区，对租赁合同的最长期限作出限制。例如，日本民法规定，租赁契约的存续期间不得超过20年，若所订租赁契约比这个期间长的，要缩短为20年。我国《合同法》虽规定超过部分无效，但可以续订。

② 根据《合同法》释义，如果租赁合同双方当事人在20年期满时，仍然希望保持租赁关系，可以采取两个办法：一是并不终止原租赁合同，承租人仍然使用租赁物，出租人也不提出任何异议。这时法律规定视为原租赁合同继续有效，但租赁期限为不定期，即双方当事人又形成了一个不定期租赁的关系，如果一方当事人想解除合同随时都可以为之，这种情况被称为合同的"法定更新"。二是双方当事人根据原合同确定的内容再续签。一个租赁合同，如果需要较长的租期，当事人仍然可以再订一个租期为20年的合同，这种情况被称为"约定更新"。

③ 《合同法》第二百一十五条：租赁期限六个月以上的，应当采用书面形式。当事人未采用书面形式的，视为不定期租赁。

④ 《合同法》第二百三十四条规定：承租人在房屋租赁期间死亡的，与其生前共同居住的人可以按照原租赁合同租赁该房屋。

律上的确权将变得更为复杂。

B卡（终身卡、记名卡）亦然，"终身"本身也并非一个期限上的确定性概念，除了租赁期限有可能超过20年外，当事人对租赁期限没有约定或者约定不明确，将视为不定期租赁，当事人可以随时解除合同[①]。从双方的约定来看，其中有一条款：如果企业因故破产，则按照国家相关的法律，由政府负责处理清算或者交给其他同类的公司继续运营。但却一直找不到国家相关法律的具体内容。

对于A/B卡的分析，还只是《合同法》在具体规则适用上的冲突，而更本质上，租赁合同是出租人将租赁物交付承租人使用、收益，承租人支付租金的合同，内容应包括租赁物的名称、数量、用途、租赁期限、租金及其支付期限和方式、租赁物维修等条款。对于"有产权性质的养老卡"，是否可以单纯地理解为一种租赁合同，其"不记名转让"是否就类似于转租，除了一次性的"卡费"外，每年还需要支付年费（且逐年上涨），一旦因年费问题产生纠纷，是否影响租赁的关系等，都无法给出一个明确的解释。

（四）大额预付卡的备案、监管规定

商务部于2012年颁布并实施了《单用途商业预付卡管理办法（试行）》。单用途商业预付卡，是企业自主发行的用于商品或服务的兑付凭证，但又兼具融资、集资等类金融属性。从事零售业、住宿和餐饮业、居民服务业的企业法人开展单用途商业预付卡业务时，应适用该办法。

该办法设专章和专条，对规模发卡企业的资质[②]、备案流程[③]、记账与发票开具[④]、资金管理、监督管理、法律责任等作了规定，并在附则作了补充，已开展单用途卡业务的发卡企业应在本办法实施之日起90日内完成备案，该办法于2012年11月1日起施行。

《单用途商业预付卡管理办法（试行）》第十三条、第十八条作出了明确的限额规定：企业可发行记名卡和不记名卡，记名卡可挂失。单张记名卡限额不得超过5 000元，单张不记名卡限

---

① 《合同法》第二百三十二条：当事人对租赁期限没有约定或者约定不明确，依照本法第六十一条的规定仍不能确定的，视为不定期租赁。当事人可以随时解除合同，但出租人解除合同应当在合理期限之前通知承租人。

② 第四条：规模发卡企业是指除集团发卡企业、品牌发卡企业之外的符合下列条件之一的企业：（一）上一会计年度年营业收入500万元以上；（二）工商注册登记不足一年、注册资本在100万元以上。商务部可以根据具体情况调整规模发卡企业标准，以公告的形式公布。

③ 第七条、第九条，其中第七条明确要求："发卡企业应在开展单用途卡业务之日起30日内按照规定办理备案"，第九条规定，应向备案机关提交下列材料：（一）经审计机构审计的上一年度财务报表（加盖公章），但工商注册登记不足一年的规模发卡企业除外；（二）实体卡样本（正反面）、虚拟卡记载的信息样本；（三）单用途卡业务、资金管理制度；（四）单用途卡购卡章程、协议；（五）资金存管账户信息和资金存管协议。

④ 第十七条：单位一次性购买单用途卡金额达5 000元（含）以上或个人一次性购卡金额达5万元（含）以上的，以及单位或个人采用非现场方式购卡的，应通过银行转账，不得使用现金，发卡企业或售卡企业应对转出、转入账户名称、账号、金额等进行逐笔登记。发卡企业和售卡企业应严格按照国家有关规定开具发票。

额不得超过 1 000 元①。并为了进一步保护持卡人的权利，特别就发卡企业终止兑付未到期单用途卡的情形作了规定②。

特别说明的是，办法中除了对发卡企业资质作基础规定外，第二十四条和第二十六条特别针对"预收资金管理"和"存管资金比例要求"作了"定性"和"定量"规定，明确要求：发卡企业应对预收资金进行严格管理。预收资金只能用于发卡企业主营业务，不得用于不动产、股权、证券等投资及借贷。同时，规模发卡企业、集团发卡企业和品牌发卡企业实行资金存管制度。规模发卡企业存管资金比例不低于上一季度预收资金余额的 20%；集团发卡企业存管资金比例不低于上一季度预收资金余额的 30%；品牌发卡企业存管资金比例不低于上一季度预收资金余额的 40%。

对于亲和源销售的"有产权性质的养老卡"，是否属于单用途商业预付卡，也存在不同的理解。亲和源自身将其定位为"会员制运营模式"下的"会员卡"，并且在金额上远远高于一般单用途预付卡的限额，但从其实际功能和法律性质来看，确实属于企业自主发行的用于商品或服务的兑付凭证，并且具有了融资、集资等类金融属性。

有一点可以明确，其发行的金额、期限、兑付规则等都远远高于单用途商业预付卡的规定，风险系数相较更高。从法理来看，应对发卡企业的资质、备案流程、发行与服务、资金管理、监督管理等，参照《单用途商业预付卡管理办法（试行）》提出更高的要求或标准。但实践中，亲和源销售的"有产权性质的养老卡"并没有在当地商务部门做相应的备案，也并没有寻求法规上的依据，亲和源与客户间完全依托于双方的协议（亲和源提供的格式文本），以及企业自身所制定的"会员卡使用规则和相关权益介绍"来规范双方的权利义务。

如前文所讨论，除了违反《单用途商业预付卡管理办法》，面临行政处罚外，一旦养老卡的发卡机构发生违约，因为没有经过登记备案，合同纠纷将根据具体情形的变化，特别是资金链的断裂（有可能只是单纯的经营现金流短缺），演变为非法集资（以购买"预付卡"、"购物卡"或"预付消费"等名义向社会公众吸收资金）或诈骗行为（主观恶意）的定罪判断。

产权转让行为、租赁行为，或是商业预付行为的模糊性，为其带来了短期内的监管空白，有了成长的空间，但也为未来的持续发展和突发事件应对，留下了隐患。

三、 商业模式的可持续性

从商业模式的可持续性来看，养老社区项目的开发投资额大、资金回收期长、盈利能力弱，

---

① 第十八条：单张记名卡限额不得超过 5 000 元，单张不记名卡限额不得超过 1 000 元。单张单用途卡充值后资金余额不得超过前款规定的限额。

② 第二十二条：发卡企业终止兑付未到期单用途卡的，发卡企业和售卡企业应向持卡人提供免费退卡服务，并在终止兑付日前至少 30 日在备案机关指定的媒体上进行公示。

是共性的问题；而亲和源"养老卡"的出现，也在一定程度上是"倒逼"出来的创新。

一个有意思的情况是，虽然50年居住权的价格折合每平方米仅8 000余元，远低于产权房，但入住小区还需支付每年2万~7万元的年费。按这个标准，一套58平方米的公寓，居住50年至少要花费195万元，并不便宜。之所以受追捧，还在于"永久卡"二级市场转让价格的不断抬升：伴随着上海房价上涨，按照A卡从2008年50万元到2011年89万元，再到近两年过百万价格的涨幅，除掉年费，不但享受了专业养老服务，还有不错的投资收益，这也算整体房地产市场为该"模式创新"营造的独特环境了。

（一）微观上，确定性（或抗风险性）是在增强还是在减弱

探讨一个商业模式的可持续性，微观来看，一个有意思的角度可能是看其从创设之初到后续的发展过程中，确定性（或抗风险性）是在增强还是在减弱。

从部门货币的本质来看，作为预付卡，其困境和成功都在于对"商业信用"的建立。就困境而言，较弱的资本实力，使其不得不用预收款模式实现融资，而硬币的反面，作为小企业，在消费者心中信用偏弱，又使得消费者不能不担心其预付款的风险。

这也印证了亲和源"养老卡"前期销售的惨淡，但其持续的服务体验和前期消费者的口碑，包括2009年国务院同意上海南汇和浦东两区合并，对地处南汇地区老年公寓的时机利好，构筑了亲和源的"强商业信用"，而对于公共设施分享，向个体收取定额管理费的养老社区业务模式，越多的客户入住，则可以在未饱和的前提下逐步提高边际效益。同时，养老服务业作为服务业的一种，除了理论的积累外，也更重视"临床"的经验。作为先行者，亲和源积累了近10年的管理经验，更为重要的，通过分包商的管理①，亲和源将养老服务的品牌积累到了自己的名下，在外看到的不再是一个个独立的服务提供商，而是"亲和源"本身所形成的养老服务平台或组合。

因此，从确定性角度来看，一旦跨过了前期最艰难的"瓶颈"（资金端和业务端），进入后续业务扩张和平稳期，商业模式的确定性和稳定性都在增强。

另一个可供比对的具体案例，可能是"共享单车"②，两者听起来相去甚远，但从商业本质来看，共享单车业务模式是短途单车业务，锁定了"解决最后几公里出行问题"的核心刚需。其主要的投放对象为一线城市：虽然一线城市的公共交通工具多而密集，但仍存在着很多现实

---

① 在亲和源养老社区中，美国爱玛克负责项目物业管理，餐饮承包给法国索迪斯，会所承包给香港美格菲健身俱乐部，社区内的医院则是由上海曙光医院负责。就服务本身而言，除了作为机构具备更为专业的选任眼光和议价能力外，有了对分包服务商的监督、评价，特别是独立撤换，使得亲和源的养老服务可以做局部的拆换调整，以优化、适应老年人群的需要。
② 共享单车是指企业在校园、地铁站点、公交站点、居民区、商业区、公共服务区等提供自行车单车共享服务，是一种分时租赁模式。

问题，如等车困难、塞车等；共享单车的业务聚焦在公共交通鞭长莫及的细小区域。而"养老卡"锁定的刚需，则是一线城市中因公立养老院不足且房价持续高涨所导致的城市人口居家养老难题，也寄希望于通过"共享服务"的模式，解决另一个维度上"最后几公里"的问题。

而在商业模式上，两者更为相似的，则是"押金＋服务收入"模式，尽管共享单车的押金极少（摩拜单车，每辆单车 299 元），租用费用极低（每半小时 0.5 元计价），但其用户规模大，以 1 000 万用户为计，押金将达 30 亿元，而使用费用（平均 1 辆单车 1 元/天收益）每天也达千万元，并有额外的广告投放收入，与养老卡"售卡收入＋养老服务收入"一致，所有的"共享经济"模式，在业务拓展前期，均会遇到一系列的瓶颈，但一旦形成规模和强商业信用后，强大的现金流本身，即可创造很好的收益。

（二）宏观大环境及周期的走势与变化

在亲和源项目 10 年运营的长周期上，同区块上海地价的持续性上涨，甚至个别年份的暴涨，都使得——通过低价出售原始养老公寓的使用权，用"原始养老卡"一次性回笼开发成本，再通过溢价出售剩余的产权"新养老卡"，获得持续的增值收益——这一现金流游戏得以一直继续。也正是因为地价的持续上涨，没有发生挤兑，才使得项目度过了最艰难的培育期，并使得养老服务本身得以不断提升、调整，走到规模经济点，并开始逐步扭亏为盈。

也依然是依托上海服务业收费水平不断上升的大周期，亲和源管理费和会员卡每年调价两次，短短几年间，管理费水平有了 3 ~ 5 倍的增长。也只是因为有上海服务业（特别是家政服务业，以及高档社区物业管理费）收费水平大幅提升作为"掩护"，才使得亲和源管理费的"过快"增长没有引来新老客户的大规模投诉（或起诉）。

对于宏观环境风险，奚志勇先生本人或其他的股东也在"巧妙"地通过资本市场，将其转嫁到普通股民身上，用股价的波动来反映人们心中的预期。所谓"巧妙"，是指在整个资本运作中，更多地将重点聚焦在"养老服务"而非具体项目上。当下，亲和源已经开始通过实践"以轻资产、输出服务方式"来盈利。万科集团在老年地产领域的试验性项目——房山"幸福汇"中的老年公寓，便是由亲和源来负责整体运营，同时，在三亚、营口、海宁等地，亲和源也不断实现着管理输出。在战略规划上，亲和源也正考虑与央企和保险公司合作，希望能逐渐淡化地产概念，未来以输出服务为主，实现自己的转型。

四、小结

很多围绕"部门货币"的讨论，最有意思的部分，都会是在结尾处：对于"合法性"与"商业模式可持续性"之间的关系，商业上的可持续性在多大程度上可以"掩盖"合法性的争论，以及在实践操作上，都是先达到商业成功后，再去寻求合法性的保护，例如对网络支付所给予的牌照①。

在一个"一放就活、一活就乱、一乱就管、一管就死"的循环往复中，去看待某个商业模式或具体项目，会变得更有方向感。尽管市场上的争议仍不绝于耳，很多的焦点都集中在亲和源主要是通过土地的增值和溢价出让来获取的"第一桶金"，而非实质上的通过养老服务来获取收益，同时质疑其在做"份额化"的类资金生意或资本运作。但本着对养老产业的充分兴趣和持久关注②，对亲和源模式还是充满着积极的期待。

亲和源项目运营近 10 年后依旧未实现盈利，却也未发生倒闭、跑路，或转型为商业房地产住宅项目，这本身就传达了一份正能量。毕竟在调研中，看到了太多养老地产项目更偏向于商业房地产开发，"养老"本身更多作为廉价拿地或宣传的名义，而后期也没有在养老服务本身上做更多的投入和积累。

当然，政府工业用地的特殊用途（养老）出让，还是一种政策性的扶植。在政策本意上，还是希望致力于福利性或公益性的养老事业，解决基层的养老问题。如果过度的商业化安排，导致养老卡的价格上涨过快，变成了投资，甚至投机标的，开发和运营商又在其中囤货居奇，攫取了暴利，整体的价值判断则会产生实质性的反转。

另一个可能的结论是，商业的成功并不意味着政策的成功。北京太阳城国际老年公寓采取"反按揭"的方法，即在征得老人同意后，由其将老人原有住房出租，以租金收入入住太阳城；或采取置换的方式，将老人的原有住房与太阳城的老年公寓进行等价换房，到老人去世之后，再将原置换的房产折价返还给其法定继承人。这都是很好的商业模式，也需要依赖"太阳城"自身的"强商业信用"。在获得政府认可后，政府作为政策提出"以房养老"并鼓励各家银行的参与，却并未获得民众的热捧，反而招致不少"不负责"的非议。好的商业模式并不一定是好的政策，两者的初衷、对象和效果都有所不同。

对于亲和源项目，政府也无须在政策上予以定性或推广。要做的就是确保"专地专用"，既然是以工业用地出让，并以公共建筑用地实行用途管制，必须供特定人群使用，那么它只能用来养老。同时，针对"不以真实消费为目的，承诺在一定期限内向购卡人返还购卡资金、预付资金并支付一定利息"，以购买"预付卡"、"购物卡"或"预付消费"等名义向社会公众吸收资金的行为，应予以坚决打击，这也是政府的责任。

---

① 根据《中华人民共和国中国人民银行法》等法律法规，中国人民银行制定了《非金融机构支付服务管理办法》，经 2010 年 5 月 19 日第 7 次行长办公会议通过，自 2010 年 9 月 1 日起施行。并于 2011 年 5 月 26 日，向第一批（17 家）企业颁发第三方支付牌照，确立合法化地位。

② 余峰、张佳慧等人主持完成的挑战杯项目：《社区模式下的养老产业·从政策指导到行业监管——"社区养老"与"养老社区"的市场化探索》（2011），获得北京大学第十九届"挑战杯"课外学术科技作品竞赛校级特等奖。

　　除此之外，还是应给民营经济更多的空间，毕竟民间和企业家更懂得在现行框架下操作，有着更多的智慧和勇气，就像越来越多的"共享经济"模式。同时，经济主体从一到多，决策由集中到分散，使得各种模式得以存在，也是市场经济的核心。

　　登陆资本市场后，会有更多股民的眼睛盯着亲和源的未来发展和募集资金用途（强化养老题材本身，或许已经超越了资金挪用所带来的收益），而奚先生也需要在未来 5 年完成自己的业绩承诺和保证，换一种方式来实现监管和激励，一切似乎要比 5 年前看得更为清晰和可靠，而 5 年后，能否完成扭亏为盈，实现业绩承诺，并逐步用好和扩大这份"强商业信用"，则是亲和源这一研究样本本身，值得人们对其展开更为长久观察和跟踪的价值了。

（责任编辑：金雪儿）

Financial Law Forum

金融法苑

2017　总第九十四辑

证券法制

风险投资中领售权条款法律问题研究

■ 张鹏飞*

摘要： 领售权条款是创业者与风险投资者控制权矛盾的产物，其背后有自由主义公司法下的良好制度环境的支撑，实现了投资效益与资金安全的平衡。一般的领售权条款通常包括权利当事人、触发事件、程序要件、转让对象等要素。美国、澳大利亚等域外国家，都对这一条款予以认可，其法院也对领售权条款的效力给予肯定。从理论上看，中国法下的领售权也是合法有效的。若领售权受领人违约，其违约金不可适用合同法中的酌减原则，且法院可以强制履行领售权。但是，由于现行法的缺陷，领售权的行使依旧面临一定风险。故，必须注重领售权条款设计，优化其适用环境。

关键词： 风险投资　领售权　合法性

一、引言

随着我国资本市场的不断发展，大批风险投资项目应运而生。而与风险投资密切相关的风险投资协议也成为人们关注的焦点，尤其是张兰从俏江南"净身出户"事件让我们认识到了风险投资协议中领售权条款的重要性。与其重要性形成对比的是，目前国内外对领售权的研究显得极其不足，相关的案例更是缺乏。总体上讲，在领售权已经在实务中广泛应用的情况下，理论研究仍旧相对落后，不能为司法裁判以及更深层的应用提供帮助。所以，研究领售权在国内外的法律规制与适用情况，汲取相关法律问题的解决思路，对于规范中国法下的领售权条款的适用就显得更加必要。

二、领售权条款概述

（一）定义

领售权（Drag－along right），一般也被称为强制随售权、拖带权、强卖权等。领售权规定，

---

* 中国社会科学院研究生院 2015 级商法方向法律硕士。

若按照股东之间的协议约定，在约定的条件下，一个或多个享有领售权的股东，在其将所持股份出售给第三方的时候，有权迫使其他股东以相同的价格、同等的条件出售其股份[①]。这些规定也可能迫使企业合并或者销售实质上所有公司的资产。

（二）产生原因

首先，领售权是创业者与风险投资者控制权矛盾的产物。创业者在引入风险投资之时，不可避免地要以一部分股权作为交换。创业者希望在吸收资金的同时，依旧能够控制公司运营，风险投资者则追求投资的安全、收益与到期后的安全退出。此时，双方的矛盾就聚焦于企业的控制权上。领售权条款的存在，让公司在以少数股权换得风险投资者注资的情况下，原有股东依旧能控制公司的经营管理。而风险投资者在保留 IPO、收购、股份回购等基本的退出方式之外，增加了领售权条款。当触发事件出现时，可行使领售权，强制其他股东一起出售股权，进而退出公司。同时，领售权也对原股东的控股权起到限制作用。如此，创业者与风险投资者实现了利益博弈的平衡。

其次，自由主义公司法为领售权提供了良好的制度环境。自由是企业的天性，而自由主义是公司法的精髓和灵魂[②]。19 世纪末 20 世纪初，以新泽西州的公司法修改为开端，其开启了美国各州修改公司法，降低公司法门槛的序幕[③]。从公司的设立、治理等方面强调公司自治，为公司股东提供了极其充分的自主性。与此同时，以公司为中心的其他金融法律的制定，为公司的生存发展提供了制度沃土。极具弹性的法律为创业者、投资者在公司权力的配置上提供了良好的空间。法官的造法功能，则可为不同投资者之间的矛盾提供事后救济。在自由主义公司法下，法律并没有直接对领售权作出限制，这就为投融资双方将其作为重要条款纳入风险投资协议提供可能。

最后，该条款实现了投资效益与资金安全的平衡。芝加哥学派的代表人物科斯在《社会成本问题》一书中，提出了科斯定理。由此得出，只有当法律对社会的调整所带来的产值大于该调整的成本时，法律才应该介入调整[④]。而对于风险投资来说，该定理同样适用。作为风险投资者，其具有资金优势，但在信息不对称的情况下，其难以从有限的信息中对企业成长作出判断，更无法对企业发展提供足够的智力支持。相比较而言，将企业交于创业者管理更能实现投资效

---

① Sanborn N L, Macleod A N, Berman B, et al. , The Enforceability and Effectiveness of Typical Shareholders Agreement Provisions, 65 Bus. Law. 1153 (2010), p. 1182.

② 施天涛：《公司法的自由主义及其法律政策——兼论我国〈公司法〉的修改》，载《环球法律评论》，2015（1）。

③ Seligman J, Brief History of Deleware's General Corporation Law of 1899, 1 Del. J. Corp. L. 249 (1976), p. 249.

④ 陈金钊编著：《法理学》，263 页，北京大学出版社，2010。

益的最大化，实现投资效率。从资金安全看，要想分散资金风险，就要增加资金的流动性①。而领售权的存在可以强制其他股东出售股份，进而实现资金退出，成功地促进资金流动，也增强了资金的安全性。此时，领售权无疑实现了投资效益与资金安全的平衡。

基于上述原因，创投双方便将领售权条款应用到风险投资协议中。领售权作为风险投资者退出目标企业的机制之一，其与一般的股权转让、IPO 等退出方式有所不同。当目标企业业绩不佳，短期内难以成功上市时，领售权为风险投资者提供了退出目标企业的新路径。在对外股权转让时，创业者基于自身利益考虑，往往以第三方的购买条件过低为由而拒绝转让。许多第三方买家也基于获得目标企业控制权，而不仅仅满足于收购风险投资者的股权。领售权则赋予风险投资者强制创业者共同出售股权的权利，成功地实现股权转让。而这一条款，也并未过多损害创业者对企业的控制权。基于此，领售权条款便在风险投资中广泛应用。

（三）领售权的行使机制

1. 一般条款。风险投资中的领售权肇始于美国，而领售权最经典的表达则出现在《美国创业风险投资示范合同》②。实务中的许多风险投资合同多是在这一版本的基础上演变而来，而关于领售权条款，经过各方的磋商，也出现各种式样。一般的条款表述为：在×条件下③，如果超过特定百分比的 A 类优先股股东④和董事会同意出售全部或部分股份给第三方，且其每股的收购价格为 Y，则该优先股股东可以要求其他股东，在同样的条件下，按照优先股股东出售股票的比例将其股份出售给该第三方。如果该行为需要经过股东会批准，则这些股东应当参加且投票支持，且在此之后不能行使异议股东权或者评估权⑤。类似的条款会被创业者和风险投资者在协议中经过不断磋商之后，加以修改运用。

2. 领售权的一般要素。尽管领售权在不同的风险协议中被表述为不同的条款，但领售权条款的行使一般都包括以下几个要素：

（1）权利当事人。一般领售权条款所约束的对象包括普通股股东（即创业者）与优先股股

---

① Milhaupt C J, The Market for Innovation in the United States and Japan: Venture Capital and the Comparative Corporate Governance Debate, 91 Nw. U. L. Rev. 865 (1996), p. 249.

② 其中一般将该条款表述为："A 序列优先股股东和创始人及［现在或未来持有多于×% 投票表决支持普通股（假定序列优先股转换，无论当时被持有或受限于期权的执行）］应与投资者订立协议，规定这些股东在视为清算事项或公司及［董事会］［和在视为转换基础上的（多数）（绝对多数）已发行序列优先股持有者50%］以上投票权转让交易的情况下予以投票赞成。"

③ 这里的×条件，在实践中一般被列为"如果未在 5 年内实现 IPO"或者"在本轮融资交割结束 5 年内"等。

④ 在后文研究的案例中，"超过特定百分比的 A 类优先股股东同意"的条件多数被设置为"超过特定百分比的表决权股东同意"。

⑤ ［美］布拉德·菲尔德、杰森·门德尔松著，桂曙光译：《风险投资交易条款清单全揭秘》，72 页，机械工业出版社，2014。

东（即风险投资者）。鉴于多轮融资的复杂程度，本文只讨论 A 轮融资情况下的领售权条款设定。同时，由于风险投资企业的形式多样，本文讨论的范围也限于有限责任公司这一公司形态下，且其所有股东均签订了含有领售权条款的风险投资协议。在领售权条款中，领售权的发起人一般是风险投资者（即 A 系列优先股股东），作为权利受领人的往往是创业者（即普通股股东）。若风险投资者发起领售权，可能强制创业者一起将其股权转让给第三方。领售条款作为股东之间协议的条款之一，目标企业本身不涉其中。需要注意的是，领售权条款并不是风险投资者的专利，在许多风险投资协议中，创业者也可设定自己为领售权的发起人，约束风险投资者。

（2）触发事件。领售权的触发条件，关乎着领售权何时被触发的问题，也是创投双方在风险投资协议谈判中重点关注的一点。协议中有的会将该条件列为"在本轮融资满 5 年后"，有的则列为"若公司在 5 年内未成功上市"，有的则列为"公司被第三方收购或者有重大资产出售"，还有部分协议只是说明在"一定条件下"，并未列明具体条件。以 2013 年美国风险投资为例，在投资金额占比方面，早期、扩张期所占百分比分别达到 57.5% 、15.5%[1]。可见，在美国这样一个风险投资已经极其成熟的国家，投资者一般都将投资时机选择在企业的初始发展期。而在企业的业绩不能达到风险投资者的预期或者企业未能成功上市之时，股权出售就成为风险投资者退出目标公司的选择之一。在企业初始发展期，领售权触发事件的设置若与企业发展业绩关联起来，便可有力地保障投资者利益。

（3）程序要件。在享有领售权的权利人发起领售权之后，其需满足一般的程序性要件，该权利才能实施。而作为权利受领人的创业者则会加入一些程序要件，防止风险投资者随意发起领售权，进而保护自身利益。这些要件一般包括要求特定比例的股东同意、董事会决议通过等。持股比例方面，一般作为领售权人的风险投资者都是少数股东的一方。以 2013 年中国风险投资机构持有的股权比例为例，在 66 个样本项目中，有 35 个项目的风险投资者持股比例不高于10%，51 个项目的持股比例不高于 30%，且没有风险投资者在一个项目中的持股比例超过50%[2]。在持股比例差异巨大的情况之下，双方都希望把同意股东的比例限制在保障自己利益的水平上。实务中，有的将特定股东同意的要件表述为"超过特定百分比的 A 类优先股股东同意"，有的表述为"超过特定百分比的表决权股东同意"。而后文的案例[3]都选择后者作为程序要件之一。在一般情况下，这一比例通常设置为 50% 或者 2/3。

至于董事会同意，则与公司的管理体系有关。在风险投资者加入领售权的同时，创业者必会

---

① 中国风险投资研究院编著：《中国风险投资年鉴 2014》，193 页，中国海关出版社，2014。
② 中国风险投资研究院编著：《中国风险投资年鉴 2014》，281 页，中国海关出版社，2014。
③ 参见后文中的 Halpin v. Riverstone National，Inc. 案件与 William McCausland v Surfing Hardware International Holdings Pty Ltd 案件。

在企业控制权上做文章，尽可能地减少风险投资者对企业运营管理的影响。其中重要的一点就是，创业者在公司为风险投资者只预留一个或者甚至不留董事会的席位。在此背景下，董事会的同意无疑成为限制风险投资者行使领售权的又一砝码。

（4）其他要素：转让对象、转让价格、支付对价等。除了以上基本的要素外，领售权条款还包括一些其他要素。一般的领售权条款，都会限制行使领售权的交易第三方。尤其是在具有竞争关系的行业，创业者极少愿意将其股份转让给曾经与之竞争的公司。同时，这些潜在的第三方也不仅仅局限于要获得风险投资者的少数股权，其更希望通过"逼迫"领售权人行使领售权进而取得目标公司的控制权。当然，也有很多领售权条款，因为迫于风险投资者的压力而不对转让对象加以限制的。

转让价格方面，出于保障自身利益，风险投资者一般会设置一个最低价格，而不会设置具体价格或者最高价格。有的约定第三方股权收购价格不得低于融资价格的数倍，有的则不作具体约定。需要注意的是，在风险投资协议中，风险投资者往往会加入清算优先权条款，在清算优先权中，优先股股东通常要求获得其投资额 2 倍或者更高的回报。如果领售权的行使同时触发了清算优先权，在转让价格低于或者等于融资价格的时候，普通股股东可能会面临着补偿优先股股东的后果①。所以，转让价格的设置必须考虑到优先清算权的存在。与转让价格相联系的还有支付对价。正常的股权转让的支付方式无非现金、股权或者其他方式。现金无疑是最具安全性的一种支付方式，而股权则要考虑许多因素。不同的第三方单位，其支付的股权的流动性、变现能力是不同的。这时候就需要综合考量以上因素，选择安全系数高、流动性强、具有增值空间的股权。

除了以上要素外，领售权的行使一般要求领售权人履行提前通知的义务，即必须在协议约定的时间内将股权要约收购的条件等悉数通知其他股东。

三、领售权的合法性分析

1946 年美国研究发展公司的成立，将风险投资引入了人们的视野。而伴随着风险投资的盛行，领售权也被广泛应用。这一条款也极大地促进了创投双方合作与目标企业发展。与此同时，领售权的效力也颇受争议。这时，就需要考察法律与司法裁判对领售权的态度。滥觞于美国的领售权，无疑在这个国家生根发芽，并在许多国家得以运用，且衍生出了许多具有借鉴意义的判例。通过对领售权在域外适用的考察，无疑对分析中国法下领售权的运用，具有重要的借鉴意义。

---

① 在风险投资中，一般公司合并、被收购、控制权变更都被视为清算事件。

（一）领售权在域外法下的合法性分析

1. 法律规制。《美国标准商事公司法》与《特拉华州公司法》都没有直接规定领售权条款的条文。但是，我们可以从这些法律的部分条文中探究美国法律对这一条款的态度。《美国标准商事公司法》第 7.32 条规定，纵然股东协议内容与本法的一条或多条其他规定存在不一致，该股东协议依旧是有效的，除非其与公共政策相抵触。而该条法律最后所列举的股东协议禁止事项也不包括限制股东转让的内容。故该法律下，股东之间是可以对股权转让作出意思自治约定的。同样，考察《特拉华州公司法》，该法的第 6 分章第 202 节规定了股权转让限制条文。第 202 节（b）款规定，公司证明文件、章程、任何数量的股东之间订立的协议或者股东与公司之间的协议，可以对股权转让作出限制性规定。同时，该节的（C）4 项也说明了限制股权转让协议的无效情况，即协议限制股权转让的条件是明显不合理的①。可见，无论是所谓的"公共政策"还是"合理"，以上两部法律都以一种极其模糊的标准来界定约束股权转让的股东协议的效力。其用意无非就是赋予股东更多的自由权利去治理公司。而领售权条款作为约束股权转让协议条款的一种，这些模糊的标准也难有效界定其效力。

与美国关于领售权的规制相类似，《澳大利亚公司法》（2001 年版）也有类似于《美国标准商事公司法》的规定。《澳大利亚公司法》第 140 条第 1 款规定，公司成员与公司间、公司与董事、公司成员之间都可以订立协议，对相关权利进行约束。同时，该法第 141 条列举了包括股权转让等在内的权利，都可以通过股东之间的协议来约定。故从法律角度看，领售权作为约束股权转让的一种条款，符合澳大利亚的法律规定。《英国公司法》第 554 条规定，公司股东的股份可以根据公司章程转让。同时，根据该法的第 17 条、第 29 条可知，英国的公司章程不仅包括狭义的公司章程，还包括公司的特殊决议、全体公司成员同意的决议和协议、同一类别股东一致同意的决议和协议等②。而领售权作为约束股权转让的一种手段，这说明英国法律没有对领售权限制的条文。同时，从股东协议角度看，有学者总结的英国股东协议可以约定的事项，其中也包括对股份转让的约定③。在风险投资发达的北美地区，最新修订的《墨西哥公司法》④ 同样对领售权加以认可⑤。

鉴于语言限制，本文只对以上国家的领售权规制情况进行研究。据研究，在法国、德国、波

---

① 卞耀武主编，左羽译：《特拉华州普通公司法》，67、68 页，法律出版社，2001。

② 葛伟军译：《英国 2006 年公司法》（2012 年修订译本），10 – 15、357 页，法律出版社，2012。

③ Reece – Thomas K, Baylis D. The Law and Practice of Shareholders' Agreements. *LexisNexis*, 2009. p. 2.

④ 2014 年 6 月 13 日，墨西哥联邦官方公报公布了对公司法的几项修订，旨在减少注册公司的成本和时间，规范公司治理，明确少数股东权利和股份转让等领域的立法。其明确了公司可以在章程中约定随售权、领售权等权利。

⑤ ADL Peña, Amendments to Mexico Corporations Law. http：//www. haynesboone. com/alerts/amendments – to – mexico – corporations – law，（Feb. 13, 2017）.

兰等欧洲国家以及日本、新加坡等亚洲国家，领售权条款都得以有效运用①。在韩国，领售权条款也可以实行，只不过需要董事会的批准，但是公司可以通过公司章程排除董事会批准的程序②。通过研究以上各国的法律规制，我们可以得出的是：各国的法律都没有直接的法律条文对领售权进行规定，但是其商事法律都为领售权的运用留足了空间。只有回归到具体的案件中，通过考察司法裁判的尺度，才能探究出法律对领售权的真实态度。

2. 相关案例。国内很多学者在领售权研究中提到的 FilmLoop 公司与 Coom Ventures 的案件，将领售权运用到实务中，但是在司法裁判的过程中并未涉及该条款的效力。美国特拉华州最高法院判决的 Minnesota Invco of RSA # 7, Inc. Vs. Midwest Wireless Communications LLC 一案③，虽然被很多学者解读为对领售权的肯定。然而，考察整个判决书，仍无直接肯定领售权条款正当性的用语④。需要注意的是，尽管判决中并未直接表述领售权条款的正当性，但其从合同的角度解读，进而支持了权利人的主张。

2015 年，特拉华州法院判决 Halpin v. Riverstone National，Inc. 一案，我们可以从中探究出特拉华州法院对领售权条款的新态度。2009 年 6 月 5 日，持有 Riverstone National 公司（以下简称 Riverstone 公司）约 9% 股份的 5 名少数股东与 Riverstone 公司订立股东协议。协议规定，当公司的其他占 91% 的多数股东行使控制权交易或合并时，这些多数股东可行使领售权。根据该条款，当公司遇到控制权变更交易时，多数股东可要求这 5 名少数股东一起出售股份，如需行使其投票权，这 5 名股东需投票支持多数股东的意见。若行使领售权，则需要提前向这 5 名股东通知。2014 年 5 月 29 日，Riverstone 公司的 91% 多数股东在未向少数股东提供任何事先通知的情况下，根据《特拉华州公司法》第 228 条，与第三方 Greystar 公司签订合并协议。合并协议约定，将 Greystar 公司及其全资附属公司合并至 Riverstone 公司。2014 年 5 月 30 日，Riverstone 公司和 Greystar 公司正式签署了"合并协议"，且协议于 2014 年 6 月 2 日生效。2014 年 6 月 9 日，Riverstone 公司向少数股东发出通知，声明多数股东将行使领售权，要求 5 名少数股股东支持此项合并。同时指出，5 名少数股股东拥有股份请求回购权，但是少数股股东若行使该项权利将违反之前的股东协议。此后，两名少数股股东行使股份请求回购权。接着，Riverstone 公司对 5 名少数股股东反诉，要求 5 名股东履行领售权。

---

① 夏小雄：《私募投资合同中"强制随售权"的法律构造分析》，载《经济法学评论》，2015（1）。

② Kim E. , Venture Capital Contracting Under the Korean Commercial Code: Adopting U. S. Techniques in South Korean Transactions, 13 Pac. Rim L. & Poly J. 439 (2004), p. 466.

③ 关于 Minnesota Invco of RSA # 7, Inc. Vs. Midwest Wireless Communications LLC 一案的具体分析，参见潘林：《美国风险投资合同与创业企业治理法律问题研究》，49－52 页，吉林大学法学院 2012 年博士学位论文，又见夏小雄：《私募投资合同中"强制随售权"的法律构造分析》，载《经济法学评论》，2015（1）。两篇论文皆对该案例进行了深刻剖析，本文不再对该案件再加以阐述。

④ 潘林：《美国风险投资合同与创业企业治理法律问题研究》，51 页，吉林大学法学院 2012 年博士论文。

案件审理中，特拉华州法院重点审查了 Riverstone 公司是否适当地行使了领售权条款，并要求少数股东同意合并协议。股东协议中，领售权条款的意图是限制少数股东的股份请求回购权，股东协议中的表达使得这种权利具有预期性质，因为它需提前将"拟议"的合并通知少数股东。鉴于领售权的行使需要提前通知，在未履行通知义务的前提下，Riverstone 公司不能行使领售权条款的具体权利，纵然如果 Riverstone 公司遵守协议，是可以强制少数股东同意合并的。故特拉华州法院驳回了 Riverstone 公司的诉讼请求。同时，虽然少数股东要求裁定他们不能放弃其股份请求回购权，在考虑股东协议的条款之后，法院认为没有必要根据法律或公共政策来决定中小股东是否可以通过合同豁免其股份请求回购权，且认为普通股股东是否可以放弃股份请求回购权的问题"更微妙"。① 尽管该案中关于股东协议中领售权的存在是否可以规避股份请求回购权的裁决并不清晰，但是该判决则明确肯定了领售权条款的正当性。在案件的分析过程中，法官多次援引股东协议中的领售权条款，并以其中的具体内容作为分析案件的重要根据。

在对领售权的研究中，国内学界现有的研究更多的是集中在仅有的美国的数个案例中，而没有关注其他地区的案例。澳大利亚新南威尔士州最高法院判决的 William McCausland v Surfing Hardware International Holdings Pty Ltd 一案②，突显出澳大利亚法院处理领售权问题时所采取的态度③。判决该案的 Slattery 法官认为，只有非股东的要约才能启动股东协议的领售权。股东协议的领售权条款明确约定只有当"股权的真实买家"作为第三方要约人要约收购公司全部股份时，才可能触发领售权④。同时，公司的行为要在公司整体利益与少数股东权益之间取得平衡，不能实施不公平地损害少数股东利益的行为。故，若作为公司股东发起股权收购，其初步要约并不能有效地触发领售权条款。由此可见，新南威尔士州最高法院同样认可领售权的效力。在英国上诉

---

① Halpin v. Riverstone National, Inc., C. A. No. 9796 – VCG（Del. Ch. Feb. 26，2015）.

② William McCausland v Surfing Hardware International Holdings Pty Ltd ACN 090 252 752〔2013〕NSWSC 902.

③ 该案件的案情为：20 世纪 80 年代初，McCausland 先生和其他两人创办一个企业。公司发展壮大以后，三人各持公司股权的 29.7%，剩余的 10.9% 由几个日本投资者持有。2002 年，两名创业伙伴从公司退出，公司引入新股东重组为 Surfing Hardware International Holdings Pty Ltd 公司（以下简称 SHI 公司）。在 SHI 公司中，Macquarie Development 公司持股 21.632%，Crescent 公司持股 22.296%，McCausland 先生及其夫人共计持股 30.495%，剩余股权由几个小投资者持有。与此同时，所有股东都签署了一份包括领售权条款的股东协议。根据该协议第 12 条的领售权条款，在公司或任何股东从真实的第三方买方收到收购公司股权的要约之后，若持有本公司股权至少 60% 表决权的股东同意，董事会可发出行使领售权的通知，要求每个股东将他们的股份转让给第三方要约人。之后，McCausland 先生和公司管理层出现分歧。公司决定寻求第三方收购 McCausland 先生的股份。多方要约邀请之后，都未实现目的。在要约期的最后一天，公司股东 Crescent 公司出价以每股 0.67 美元收购公司的所有股份。此时，SHI 公司视其为领售权触发事件，McCausland 先生的股份被强制转移到由 Crescent 公司领导的现有股东财团。McCausland 先生认为 Crescent 公司的要约收购不能触发领售权条款，且这一行为违反了股东协议。

④ 股东协议的第 12 条第 1 款将其表述为" a bona fide buyer for the Share Capital（Third Party Offeror）"。

法院 2015 年审判的 Arbuthnott v Bonnyman and others 一案中①，司法机关也对领售权的效力予以认可。

综上可知，尽管各国法律并未直接规定领售权的效力，但是相关的司法裁判已经承认领售权的合法性。只是，领售权条款不能与公共政策相悖，也不能不公平地损害股东利益，否则，领售权可能会面临被裁判无效的后果。

（二）中国法下的领售权合法性分析

领售权的合法性，在欧美诸国都得以承认，并已有相关的司法案例。当风险投资者把领售权条款引入中国之时，该条款是否一样是合法有效呢？探究目前的中国法律，同样没有直接的法律条文规制，也没有已经公布的判决可以分析。故，本文从合同与公司法角度分别展开讨论。

1. 合同角度分析。从性质上看，领售权条款实际上是一种约束股份转让的条款，其本意是通过对受领人的股份转让进行约束，为领售权人从公司退出提供路径选择。而风险投资协议作为约束创业者与投资者的协议，其本质上也只是股东协议的一种。如果其属于《中华人民共和国合同法》（以下简称《合同法》）中规定的无效合同情形之一，或者与民法的基本原则不相符合，都会面临无效的后果。但是，风险投资中的领售权条款事关协议当事人的切身利益，在协议签订之前，当事人已经能够明确知晓该条款可能带来的后果。同时，正如前文所述，领售权条款是协议双方博弈的结果，也是双方经过充分协商后订立的条款。其中极少出现违反公平正义、公序良俗等原则的条文。故，一般很少会出现因与民法基本原则不符的情形。在国外的相关案例中，在领售权条款正常设置的情况下，也没有因为违反公共秩序等而被确认无效的②。同理，结合目前《合同法》条文，其中并没有对领售权条款具有限制性的具体规定。仅从合同法角度看，只要该条款的设置符合合同的基本构成要件，即可被认定有效。而这一分析方法，也在怀特·威廉姆斯律师事务所参加的在上海的一个领售权案件③纠纷中得以运用。该案中④，作为权利受领人股东的律师认为领售权是不公平的，而法院却驳斥了这一观点，并认为：仅从条款上看，极难

①　Arbuthnott 先生以公司章程中的领售权条款经过修改为由，请求认定收购无效。上诉法院认为，领售权条款早已存在，修改公司章程的行为是为了使得该条款与股东协议更趋一致。没有证据表明存在恶意或不正当的动机，修正行为是为了公司整体的利益。故，法院认定该条款有效。

②　Halpin v. Riverstone National, Inc., C. A. No. 9796 – VCG（Del. Ch. Feb. 26, 2015）和 William McCausland v Surfing Hardware International Holdings Pty Ltd ACN 090 252 752〔2013〕NSWSC 902.

③　Chunsheng Lu, Gary P. Biehn, Private Equity in China：Enforceability of Drag – Along Rights, http：//www. whiteandwilliams. com/experience – Private – Equity – China – Drag – Along – Rights. html,（Feb. 16, 2017）.

④　该案件案情大致为，香港的一家私募股权投资机构投资一家上海公司。双方签订的股东协议中规定，该私募机构拥有领售权。此后，在该私募机构行使领售权时，原股东拒绝出售相应的股权。双方产生争议，诉至法院，并以和解结案。尽管法院并未直接判决，但法院认为，双方签订的含有领售权的股东协议，并不存在合同上的不公平。

认定领售权条款存在不公平之处。同时，在法院建议双方和解的建议中，也可以探究出：在领售权条款中不存在明显不公平时，法院对含有领售权的协议的合法性是肯定的。

2. 公司法角度分析。《公司法的经济结构》指出，公司法可以为公司提供经营运行的契约条款，可帮助公司解决一些实际问题[①]。公司法的存在，不应该增加公司的经营成本，而应该提供公司能够普遍适用且能使得公司价值最大化的规制。那么，当具体的公司契约中存在可以使公司总体价值增加的条款之时，公司法所应秉持的态度不是遏制而应该是鼓励。风险投资协议事先实现了对公司的现金流与控制权分配。Thomas Hellmann 认为，风险投资者在企业的控制权的扩大会增加企业被收购的概率，减少企业上市概率[②]。同时，需要注意的是，领售权条款在很多情况下是在企业未能成功上市的情况下，作为风险投资者提高被收购股权价格而退出的方式之一。而研究表明，风险投资企业在上市时的估值一般会高于被收购时的估值[③]。所以，领售权行使的特殊条件决定了领售权不仅可以协调创业者与投资者之间的控制权矛盾，同时可以促进投资者尽力提高效益，通过 IPO 的形式提高公司市值。这就说明，领售权的存在可以促进公司价值最大化。因此，这样一个条款，在一般意义上，公司法是不应该加以禁止的。

在国外的一些公司法中，股东协议制度的存在直接为领售权的正当性提供了法律依据。然而，现行的《中华人民共和国公司法》（以下简称《公司法》）并没有规定股东协议制度。此时，我们不妨将目光转移到也作为股东实现公司自治工具的公司章程上。尽管股东协议与公司章程在性质、法律地位、约束力等方面不同，但是公司章程中可以约定的事项同样可以在股东协议中约定[④]，公司章程在很多情况下可以更多地提供一些规则规定。

现行《公司法》第七十一条第四款规定，公司章程可以对股权转让作出规定。这就意味着，我国《公司法》对待有限公司股权转让的态度是开放性的，其允许公司自由约定。但是，需要注意的是，风险投资协议作为一种股东协议，其效力只限于股东协议签订的各方。如果在风险投资的过程中，在全体股东签订风险投资协议后，公司随即将公司章程加以修改，在章程中加入了与领售权相配套的规定，那么，领售权的正当性应该是可以肯定的。值得注意的是，2016 年 12 月，最高人民法院已经原则通过的《最高人民法院关于适用〈中华人民共和国公司法〉若干问题的规定（四）》中第二十九条规定了限制股权转让的章程条款的效力问题。该条规定，有限责任公司章程中过度限制股东转让股权，且导致股权实质上不能转让的条款，是无效的。在章程中

[①] 弗兰克 H. 伊斯特布鲁克、丹尼尔 R. 费雪、黄辉：《公司契约论》，载《清华法学》，2007（4）。

[②] Hellmann T, IPOs, Acquisitions, and the Use of Convertible Securities in Venture Capital, *81 Journal of Financial Economics*, 649（2006），p.664.

[③] 乔希·勒纳、安·利蒙、费尔达·哈迪蒙：《风险投资、私募股权与创业融资》，208 页，清华大学出版社，2015。

[④] 罗芳：《股东协议制度研究》，22 - 25 页，中国政法大学出版社，2014。

与领售权条款相配套的规定，并不存在该条规定的情况，故其效力仍应该肯定。如果领售权条款仅在风险投资协议中有所体现，全体股东并未约定于公司章程中，从合同等角度分析，其效力仍可以肯定，只是其效力限于签订风险投资协议的各方。至于出现领售权条款未规定在公司章程中，而又与公司章程冲突的情况，是否承认该条款对公司章程具有修改的效力①，则不是本文分析的内容。笔者认为应该承认其修改效力②，并认可领售权条款的效力。

四、 中国法语境下领售权条款的运用

（一）领售权与股东优先购买权

如上文所分析，领售权是约束股权转让的一种规定。其存在必然会影响到股东部分权利。当股东行使领售权之时，会强制受领人将股权出售给第三方。而根据《公司法》第七十一条的规定，股东都享有优先购买权。领售权的行使是否会与股东优先购买权形成冲突呢？

优先购买权产生之初，只是作为公司章程的一条被纳入，用来约束公司股东。后来随着公司法的兴起，公司法的规定很大程度上具有为公司提供标准章程并减少私人缔约成本的功能③。在此背景下，股东优先购买权也被列进公司法。然而，毕竟公司法条文只是一个标准条款，并不能代表股东的约定，更不能规定实践中存在的各种公司的不同要求。故在倡导契约自由与私法自治的今天，公司法已经发展为任意性规范占据主导地位，强制性规范作为辅助角色的法律。而其中关于股东优先购买权的规定，也不能代表公司章程的约定。所以，无论从优先购买权的权利起源来看，还是从私法自治角度分析，当公司章程中出现关于股权转让的约定时，章程中的约定就应该优先适用于公司法中的股东优先购买权条款，这也是目前很多国家采用的立法模式。

行文至此，便产生一个新的问题。中国现行《公司法》第七十一条第四款规定，公司章程对股权转让如果另有规定，则从其规定。在这一规定下，是意味着通过公司章程可以排除公司法中规定的股东优先购买权预设规定的适用，还是公司章程仅能明确股东优先购买权的适用呢？学界对于此问题也是观点不一，有的学者认为该款规定是任意性的规范，赋予了股东自由约定的权利④；有的学者认为，这样的立法例并没有明显的指向性，需要进一步完善⑤；还有学者认为，只要章程的约定不违反强制性法律规范，既可以约定股权对外转让不必经过其他股东同意，

---

① 罗芳：《股东协议制度研究》，222－225页，中国政法大学出版社，2014。

② 笔者认为在全体股东一致通过形成新的关于股权转让的协议时，其已经具有约束力，并形成对公司章程的修改效力。领售权条款若与公司章程不一致，在全体股东签订含有该条款的协议之后，其已经形成对股权转让的新约定，故，此时的领售权也应该是有效的。

③ Easterbrook F H, Fischel D R, Voting in Corporate Law, 26 J. L. & Econ. 395 (1983), p. 401.

④ 李昌麒：《公司法强制性规范研究》，130页，厦门大学出版社，2010。

⑤ 黄晓林、张晓东：《股东优先购买权章程自治适用问题探析》，载《中国海洋大学学报（社会科学版）》，2015（5）。

也可以约定比公司法严格的规定①；也有观点认为，该条款的规定是一种基本要求，公司章程只能作出更加严格的约定②。而笔者认为，首先，在契约自由与公司自治的时代，通过公司章程约定股权转让更能体现股东对财产的自由处理权利。其次，从已原则通过的《最高人民法院关于适用〈中华人民共和国公司法〉若干问题的规定（四）》中第二十九条的规定可以看出，法律只有对待那些完全限制股权转让的章程条款才认定无效，加以禁止。那么按照这一法律精神，立法机关与司法机关对《公司法》第七十一条第四款所持的态度应该是自由、开放的，即允许股东通过公司章程限制或者排除优先购买权的适用。

如前文所述，在订立领售权条款之后，成为目标公司股东的风险投资者会有两种选择：一种是只保留领售权于风险投资协议中，不列进公司章程，另一种是将领售权通过公司章程规定下来。如果领售权条款没有通过公司章程规定下来，若第三方向风险投资者提供股权报价，在相对合理的领售权条款中，只有在多数股东同意的情况下才能行使领售权。而优先购买权的行使同样需要一半以上的股东同意，在此情况下，二者权利行使的要件出现了重合。纵然退一步讲，若有的领售权条款未规定要求多数股东同意。此时，股东如果要行使优先购买权，其需要至少以第三方提供的价格来购买股权。而对于领售权人来说，其行使领售权的目的主要是从目标公司顺利退出，在条件相同、价格一样的情况下，不论股权收购方是现有股东还是第三方，其都可以实现从目标公司退出的目的，这并不会损害领售权人的实质利益。从这个层面看，此情况下的领售权与股东优先购买权是没有矛盾的。

如果领售权通过一定程序已经成为公司章程的一部分，同样会出现两种情形：A 情形是章程中直接排除优先购买权，B 情形是在章程中已经存在对优先购买权有约定的情况下，新加入领售权条款。在 A 情形下，该规定无疑形成了公司章程中对股权转让的限制性规定。根据《公司法》规定，股权转让时便可直接依据公司章程。在此种情况下，章程中的领售权已经排除了股东优先购买权，在行权的过程中，公司其他股东无权以优先购买权阻止领售权。在 B 情形下，领售权与优先购买权都存在，其情况与上一段分析的情形类似，在双方都行使权利的情况下，领售权与股东优先购买权也不互相排斥。

尽管在以上种种情况下，领售权的行使与优先购买权都不存在严重分歧，不可忽略的是，由于这两个权利的行使时间、程序等仍有区别，如果股东未在公司章程中直接排除股东优先购买权，给予了其他股东在触发领售权期间行使股东优先购买权的机会，这可能会增加风险投资者退出公司的成本，并延缓退出的时间。而风险投资者的资金使用时间往往具有周期性，投资时机

---

① 刘俊海：《论有限责任公司股权转让的效力》，载《法学家》，2007（6）。
② 赵万一、吴民许：《论有限公司出资转让的条件》，载王保树主编：《转型中的公司法的现代化》，230 页，社会科学文献出版社，2006。

也具有随机性，如果没有在合理的时间退出目标公司，可能会造成资金紧张、损失投资机会等。故，通过公司章程直接排除股东优先购买权的行使空间，无疑是解决这一问题的最佳选择。

（二）领售权的违约

领售权的存在赋予了权利人强制交易受领人股权的权利，在这一条款下，受领人极有可能失去公司的控制权，被迫从公司出走。面临此情况时，受领人必有所抉择，选择履行领售权条款的约定抑或选择违约。领售权条款一般都约定了高额的违约金，如果受领人违约，这些违约金是否能够适用？如果选择司法裁判，司法机关是否可以选择强制履行领售权呢？

1. 违约金的适用。通过上文分析可以看出，在中国法语境下，领售权的行使并没有实质上的障碍。然而，如果受领人不履行出售股权的义务，根据一般风险投资协议的规定，受领人要承担违约责任，随之而来的通常是高额的违约金支付。如果权利人将受领人诉至法院要求受领人承担高额违约金，那么根据我国《合同法》第一百一十四条的规定，受领人作为违约人是否享有违约金过高的情况下，请求法院适当减少的权利呢？

关于违约金，一般分为惩罚性违约金与赔偿性违约金。在 2009 年出台的《最高人民法院关于当前形势下审理民商事合同纠纷案件若干问题的指导意见》中，结合《合同法》第一百一十四条与《最高人民法院关于适用〈中华人民共和国合同法〉若干问题的解释（二）》（以下简称《合同法解释（二）》）第二十七条至第二十九条，则将该法规定的违约金认定为以补偿性为主、以惩罚性为辅的违约金性质①。在此性质上的违约金，才适用违约金酌减制度。具体到实际的司法裁判中，当遇到领售权中违约金过高的案件，由于暂无具体案件，从实例上难以有效分析，只有暂结合其他商事案件分析。以广西壮族自治区高级人民法院 2014 年 5 月 4 日作出的（2013）桂民提字第 7 号"覃泽文与黎臻明合伙协议纠纷案"民事再审判决书为例。法院在遇到涉及商事纠纷案件的情况下，在违约金判罚时，依然会在当事人申请时，依据《合同法》及其解释对数额过高违约金适当减少。所以，如果遇到领售权违约情况，其过高的违约金依然面临着被司法机关减少的风险。

然而，领售权违约中的违约金则有其特殊性，笔者认为其并无减少的理由。首先，领售权条款的设置是为了保障风险投资者从目标公司的退出权，而与之相对应的高额违约金设置同样是为了确保领售权的正常行使。其金额的设置并不是基于潜在的违约风险而产生的实际损失额，而是协议双方在充分协商的情况下，风险投资者为了惩罚在行使领售权时受领人不履行义务时

①《最高人民法院关于当前形势下审理民商事合同纠纷案件若干问题的指导意见》第六条规定：在当前企业经营状况普遍较为困难的情况下，对于违约金数额过分高于违约造成损失的，应当根据合同法规定的诚实信用原则、公平原则，坚持以补偿性为主、以惩罚性为辅的违约金性质，合理调整裁量幅度，切实防止以意思自治为由而完全放任当事人约定过高的违约金。

的一个金额。这一金额的数值，更多的是给予受领人一种心理暗示，让其提前知道违约的高额成本，以达到确保其顺利履行领售权规定的义务。故，领售权违约情况下的违约金应该被解释为惩罚性性质。其次，在签订风险协议之初，协议双方已能够认识到投资过程中可能存在的基本风险，后期的违约更侧重于受领人基于机会主义而为，其本身存在着一定过错，甚至是恶意而为。在民法中，法律应该保护公平、诚实信用等行为，而对含有过错或恶意的行为以高额违约金作出惩罚，并无不当。在此情况下，高额的违约金即使其高于实际损失，也并不存在减少的理由。最后，领售权条款作为一种舶来品，其本身有较高的法律环境要求，尤其是对商事法律的要求。在司法裁判中，对裁判者来说，这样一个商务模式，其既需考虑民法中的公平、诚实信用等原则，同时也需兼顾商事活动的特殊原则。唯有如此，方能作出相对公平合理的裁判。以德国为例，《德国商法典》中规定，商人经营其营业中所约定的违约金，不得依据民法中的违约金减少[1]。从领售权所涉及的裁判来说，要侧重于商事创新、商业活动原则的考虑，才能促进这一制度在中国法下有序运用。从这个角度看，也无减少高额违约金的必要。

不可忽略的是，有的学者提出，违约金酌减规则应当适用于惩罚性违约金[2]。也有学者认为，国家不可以对惩罚性违约金进行干预[3]。所以，关于领售权违约下的违约金适用，依旧存在不少争议，并极可能被法院适用酌减制度。以上更多的是从学理上加以分析，假如高额的违约金在司法裁判中，依据当事人诉求被法院酌情减少，根据在请求支付惩罚性违约金的同时，还能请求违约救济措施的理论[4]，领售权人是否能够请求法院强制受领人履行领售权呢？

2. 领售权的强制履行。有限公司是兼具人合性与资合性的公司，有限公司股东的股权也不仅仅是一种财产权，也是社员权的一种。由于股权是兼具两种权利的特殊权利，同时也与有限公司的人合性密切相连。有学者认为，尽管单从股权的财产性质看，其具有可转让性，看似股权也应该可以被强制执行。但是考虑到其社员权背后的因素，股权强制执行将有违公司自治与人合性特点[5]。然而，财产权利这一基本属性决定了股权在具有可转让性的同时，也意味着股权在一定条件下是可以强制执行的。从公司的人合性看，股权的强制转让并不是不考虑人合性的特点，只是要求考虑被尊重的权利[6]。强制转让的程序在兼顾有限公司的特殊情况下，不仅不会破坏其人合性，同时还能促进股权的流通。由此可见，股权可以成为强制执行的客体。

---

① 姚明斌：《违约金司法酌减的规范构成》，载《法学》，2014（1）。
② 王洪亮：《违约金酌减规则论》，载《法学家》，2015（3）。
③ 王红艳：《惩罚性违约金制度探析》，载《时代法学》，2007（2）。
④ 韩世远：《违约金的理论问题———以合同法第114条为中心的解释论》，载《法学研究》，2003（4）。
⑤ 郭小玲：《析强制执行有限公司股权的可行性与必要性》，载《人民法院报》，2013-6-8。
⑥ 尹洪茂、徐继明、周吉：《执行优先责任公司股权程序问题探讨》，载丁义军主编：《强制执行热点问题研究》，264页，人民法院出版社，2007。

从强制执行的程序上看，首先，一般情况下，有限公司股东对外转让股权需经其他半数以上股东的同意，而领售权人行使领售权时，其已经取得半数以上的股东同意。故，在强制履行领售权时，将股权对外转让已符合一般的对外转让股权程序。其次，《公司法》第七十二条规定了股权可以通过强制程序转让①。按照这一条文规定，法院需通知公司与其他股东，其他股东享有优先购买权。在行使领售权的过程中，公司股东已经知晓股权出售的价格等条件，并且正如前文分析，领售权的行使与股东优先购买权的行使并无严重分歧。强制履行领售权，通过司法权力逼迫那些不执行股权转让的股东转让股权时，不论股权被第三方直接收购，还是这些股权被行使股东优先购买权的股东收购，领售权人得到的股权价款都是一样的。只不过存在程序差别而已，故强制执行股权转让的效果同样能够得以实现。

（三）中国法语境下领售权条款的完善

通过上文的分析，领售权条款的重要性与意义已经凸显无疑。尽管我国目前的法律环境允许领售权这样一个舶来品生存，但是要想让风险投资与领售权这株异域之花在中国法的土壤下成长开花，还需从很多方面完善其生存的条件。尤其是我国商事法制在私法自治的理念下不断发展的时候，更需看到支撑领售权存在的不仅仅是相对自由、健全的法制环境，还有其背后经过长期商业投资与金融合作而堆积起来的包括风险投资框架、运作模式、裁判理念等在内的一系列经验累积。具体来说，要做到以下几点：

第一，协议各方要注重风险投资协议的整体设计与投融资实际结合，完善领售权条款的内容。来自美国的风险投资协议毕竟是在异域环境成长的花朵，而在中国，从投融资环境、法律氛围、商业理念到制度环境，都存在着极大差别。领售权条款作为风险投资协议的一条，必须根据商业实际，在双方协商安排好包括优先清算权、随售权、优先股等条款的基础上，再去具体协商领售权的规则。如此，才不至于因为特殊事件的触发，而引起这些条款的连环触发，而鼎晖投资与俏江南事件就是一个极好的反面案例。同时，在领售权的具体安排中一定要考虑整个经济环境、司法政策、改革动向等，从领售权的触发条件、时间、程序等方面入手，在谈判中获得一个相对满意的规则安排。

第二，适当约定具体领售权条件，取得主动权。从触发条件看，创业者可根据企业的发展态势、盈利情况、发展前景等决定设置具体的触发条件。如果企业业绩上升较快，则可以以公司业绩作为触发条件，如果公司在短期内可实现IPO，则可考虑以IPO作为触发条件。在程序上，创业者应尽可能约定2/3以上的股东同意，方可行使领售权。在第三方限制上，如果不希望被竞争

①　2013年修订的《公司法》第七十二条规定：人民法院依照法律规定的强制执行程序转让股东的股权时，应当通知公司及全体股东，其他股东在同等条件下有优先购买权。其他股东自人民法院通知之日起满二十日不行使优先购买权的，视为放弃优先购买权。

企业收购，则可以提前作出限制。在支付对价方面，尽量将现金作为支付方式。而对于风险投资者来说，同样可以根据以上条件，在价格、程序等方面预先约定。

第三，通过公司章程约定领售权等条款。由于中国目前还未确立股东协议制度，将领售权条款通过公司章程固定，无疑是最佳的选择。同时，为了防止领售权的行使与股东优先购买权的行使产生不必要的冲突，可以在公司章程中直接排除股东优先购买权。故，在签订含有领售权条款的风险投资协议之后，全体股东可在章程中增加与领售权配套的相关股权转让条款，并约定股权转让按照公司章程行使。如此，即实现了以公司章程肯定领售权正当性与排除股东优先购买权的目的。

第四，中国需进一步完善《公司法》与《合同法》的相关条文，为领售权的运用提供法律支持。风险投资被引入中国，并得以开展，并不意味着这片法域已经足以让其茁壮成长。中国的资本市场改革还处于一个不断探索的阶段，以《公司法》、《证券法》等为代表的法律还需要进一步优化。而与领售权条款行使相关的，就是《公司法》与《合同法》。股东协议制度的欠缺导致司法裁判对风险协议的正当性难以明确认定，必须尽早确立股东协议制度。《公司法》第七十一条关于公司章程能否直接排除股东优先购买权的规定过于原则化，有必要以司法解释等方式进一步明确其具体标准与原则。《合同法》第一百一十四条及《合同法解释（二）》所确立的违约金酌减制度，对企业经营行为中的商事合同所确定的违约金也无法适用，亟待进一步的立法改进，将民事合同中的违约金制度与企业经营行为中约定的违约金制度区别开来。

五、 结论与展望

如果说"对赌协议"第一案让我们开始重新审视风险投资下的我国商事法律状况，那么张兰从俏江南"净身出户"则让我们重新审视风险投资协议的制度安排，也让我们真正认识到了领售权条款的威力。领售权被引进中国，其所需的法律土壤让我们审视目前的《公司法》与《合同法》。缺少股东协议制度的《公司法》似乎依然有其存在依据，然而这也引发出领售权与股东优先购买权的权利争议、受领人违约等问题。

然而，一种制度的移植，也如花木移植一样，只有在新的土壤内扎根成长，才会获得再次新生，才能再次绽放美丽的花朵。这一过程可能会因原有根系的抗拒而偶感不适，也会因二次成长而经历疼痛。领售权在中国的运用也如此，我们不能因为惧怕这种不适与疼痛而拒绝新的事物，更不能因此而不作改变。一个制度的适应与成长需要时间，而这个时间正是给予我们改变旧环境的时间。这一过程中，投融资双方必须注重风险投资协议条款设计，减少制度风险。立法机关务必健全资本市场法治，完善投融资环境。唯有如此，领售权条款才能在中国法的沃土上，绽放出更加艳丽的花朵。

（责任编辑：陆琳玲）

免税重组中股权支付的边界： 以优先股支付为例

■ 吴幼铭*

摘要： 优先股能否作为免税重组中的股权支付，该问题在我国免税重组规则中没有明确的答案。为了回答这一问题，首先，需要对于免税重组背后的法理基础进行考察，进而从中选取了"股东利益连续性"要求作为判断该问题的标尺。其次，通过梳理美国法对于"股东利益连续性"要求的具体规则，不难发现优先股有无表决权对于作为免税重组中股权支付的适格性影响甚大。而目前我国优先股制度由于存在表决权的限制，因此，在我国法律语境下优先股暂时无法作为免税重组的适格对价。最后，讨论存在特别条款的优先股适格性问题，例如具有转换权或回购权的优先股，其若是满足"股东利益连续性"要求，依旧可以纳入免税重组中股权支付的范畴之中。

关键词： 优先股　59 号文　股东利益连续性

一、 引言

随着 2013 年《国务院关于开展优先股试点的指导意见》（以下简称《指导意见》）的发布，我国公司股权终于有了实践意义上的类别股概念。然而，新的制度设计还会影响到其他领域制度的运作，例如本文着重讨论的免税重组制度。在《财政部　国家税务总局关于企业重组业务企业所得税处理若干问题的通知》（以下简称 59 号文）中，对于特殊性税务处理的条件之一就是股权支付。那么，该种"股权支付"能否覆盖至优先股？即优先股是否为 59 号文第二条之下适格股权支付？上述优先股制度的引入，给予了 59 号文第二条"股权支付"之外延一定的遐想空间。

二、 免税重组的规则及其逻辑结构

在讨论上述问题之前，首先需要对于免税重组的规则内容以及其背后的法理逻辑进行一定

---

* 北京大学法学院 2016 级硕士研究生。

的阐述。

在竞争日益激烈的商业领域，并购重组这项非日常经营活动的交易，对于企业而言，重要性日趋显现。并购重组能够使得企业内部资源得到重新分配与利用，从而提高公司运作效率，使公司在市场中保持竞争优势。因此，各国对于并购重组制定了相似的税收优惠政策，鼓励并购重组交易的开展。

（一）我国免税重组规则的简介

我国免税重组规则主要规定于59号文中，该文明确了我国免税重组六种类型：企业法律形式改变、债务重组、股权收购、资产收购、合并、分立。其中，发生后四项类型的重组时，重组企业向被重组企业支付的对价形式可以是股权支付或者非股权支付。

在类型化免税重组的基础上，59号文第五条提出免税重组的要件包括：（1）合理商业目的；（2）被收购、合并或分立部分的资产或股权比例不低于50%①；（3）连续12个月内不改变重组资产原来的实质性经营活动；（4）涉及股权支付金额比例不低于85%②；（5）取得股权支付的原主要股东，在重组后连续12个月内，不得转让所取得的股权。

满足上述法定要件后，对于该重组交易中各方股权支付的部分可以适用59号文第六条的特殊性税务处理。具体而言：（1）被重组企业取得重组企业股权的计税基础，以被重组企业转让资产或股权的原有计税基础确定③；（2）重组企业取得被重组企业资产或股权的计税基础，以被转让资产或股权的原有计税基础确定。通常而言，计税基础的变动会影响企业所需缴纳的所得税税额。因此，这种特殊性税务处理通过固定计税基础的方式，重组各方企业在重组时不发生计税基础的改变，达到重组业务发生不影响企业所得税税额的效果。这就是该类重组称为"免税重组"的原因④。

（二）免税重组规则的逻辑结构：对于美国税法的借鉴

在通读59号文基础上，不难发现该文件仅仅规定了技术性规则，例如免税重组的法定要件、免税重组的税收地位等。对于该制度的原理性内容却是只字未提。不免让人产生以下问题：在重组时给予特定重组免税待遇的目的为何？如何运用具体规则实现该等目的？为了回答这些问题，不妨通过比较美国《国内收入法典》（*Internal Revenue Code*, *I. R. C.*）第368条来寻找答案。我

---

① 对于被收购、合并或分立部分的资产或股权比例进行过调整，从原先75%降低至50%。参见《财政部国家税务总局关于促进企业重组有关企业所得税处理问题的通知》（财税〔2014〕109号）第一条、第二条。

② 参见59号文第六条。

③ 所谓"计税基础"，分为资产的计税基础以及负债的计税基础。前者指代企业收回资产账面价值过程中，计算应纳税所得额时按照税法规定可以自应税经济利益中抵扣的金额。后者指代负债的账面价值减去未来期间计算应纳税所得额时按照税法规定可予抵扣的金额。参见《企业会计准则第18号——所得税》第五条、第六条。

④ 免税重组并非完全意义上的免税，准确而言，其效果为纳税递延。重组时发生的损益递延至重组后再次转让相关股权或者资产时进行确认。

国 59 号文实际上大量参照了美国《国内收入法典》第 368 条立法例进行设计。因此，探求免税重组立法目的和立法技术等规则的内在逻辑，可以参考美国已有的经验。

给予这类重组免税地位主要是基于以下三种考量：首先，该政策是为了这类重组行为在税法上获得"中性化"评价，即不产生税收利益也不产生税收负担①。其次，考虑到该类重组对价往往涉及大量的股权支付，无法支撑税收所需要的现金流，对于其征税不具有可操作性。最后，免税重组制度的核心在于"经济实质"原则的适用，即重组后企业发生的"仅仅是形式上的变化"。尽管重组导致法律形式发生了重大的变化，但是原来的投资者依旧进行着投资，而不是投资利益的实现，也就不需要进行纳税②。

为了契合以上考量中最为关键的"经济实质"原则，美国法上发展出了三个标准：（1）"股东利益连续性"（continuity of shareholder interest）；（2）"公司经营持续性"（continuity of business enterprise）；（3）"合理商业目的"（reasonable business purpose）。针对上述三个要件对于"经济实质"原则的实现，参见图 1。

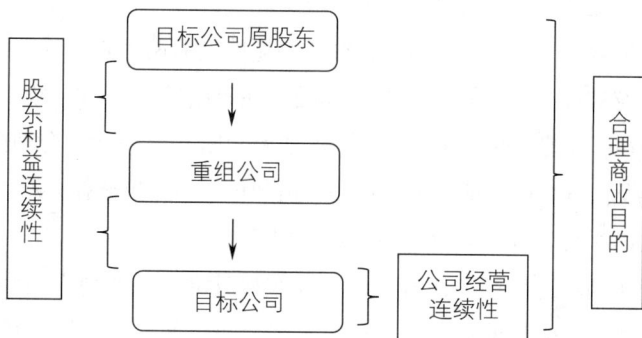

图 1　免税重组要件对于"经济实质"原则的实现

从图 1 中不难发现，"目标公司原股东与重组公司"以及"重组公司与目标公司"两种关系依靠的是"股东利益连续性"进行联结，该要件要求目标公司原股东与重组公司之间存在权益性质的关联性，重组公司与目标公司之间也存在权益性质的关联性。这就使得原投资者虽然没有直接地继续投资于目标公司，但是通过持股关系，间接持有了原公司的股权，进而达到继续投资原公司的目的。其次，"公司经营持续性"关注的是目标公司，目的是维持目标公司原来的经营状态，使得原投资者进行的投资还是原投资。上述两个持续性的要求，理论上已经如同锁链的两端，牢牢锁住了原投资者与原被投资企业，确保原投资者投资于原被投资企业的原有经

---

① Victor Thuronyi, Tax Law Design and Drafting, Volume 2. *International Monetary Fund*, 1998, Chapter 20, p. 13.
② ［美］罗伯特·C. 克拉克著，胡平、林长远等译：《公司法则》，328 页，工商出版社，1999。

营业务之中。但是，随着企业避税方式的日趋复杂，美国法院通过判例法的方式赋予了法官一定的自由裁量权限。最后，通过"合理商业目的"这一要件，综合整个重组交易的情况，判断重组交易的当事人进行重组交易的主观动因，以防止滥用税法规则。

三、 优先股制度对于免税重组中股权支付的挑战

回到我国立法现状，关于"股权支付"的规则，59 号文第二条仅仅将其笼统地定义在"股权、股份"范畴，并未进一步限定股权的范围。那么，仅仅从文义的角度出发，只要是股权、股份就可以满足我国税法上免税重组的要求。所以，优先股作为股份的一种，理应属于适格的对价形式。但是，结合上文对于免税重组立法逻辑的阐述，这个问题又会变得比较模糊。

（一） 优先股作为对价适格性的审查视角：股东利益连续性要求

正如上文所言，无论是普通股还是优先股，作为免税重组的对价形式，最终是为了实现的原有投资者继续进行原有投资的目的。因此，依旧需要回归至"股东利益连续性"、"公司经营连续性"、"合理商业目的"这三个具体维度进行讨论。

对于作为对价支付形式的优先股而言，往往不会影响到后两个要件的判断。首先，"公司经营持续性"的标准涉及被重组公司本身经营情况是否在重组前后保持一致。因此，这一标准的着眼点在于被重组公司，而非支付对价的形式。而法院判断是否符合"合理商业目的"，一般是结合整个案件情况以及法官自由心证，在合理的自由裁量权内作出选择。所以，单纯以优先股作为对价一个方面不足以评判"合理商业目的"这一要件。

但是，对于"股东利益连续性"而言，优先股作为对价与否就会影响到该标准的判断。若是优先股作为对价，那么连接被重组公司股东与重组公司之间的纽带即为优先股。一旦这一纽带断裂，那么，整个股东利益连续性的要求也就无法达成。

（二） 符合股东利益连续性的股权支付：美国法的经验

因此，什么样的股权支付形式可以满足股东利益连续性要求？这个问题的答案在我国立法上还处于空白状态。为此，不妨梳理美国立法例的经验，从而提炼出值得借鉴的规则。

在 1954 年美国《国内税法典》颁布之前，美国最高法院在 Helvering v. Minnesta Tea Co. 一案中[1]，已经明确了"股东利益持续性"的构成：一是该利益必须是明确与重大的，二是该利益必须是代表转让物价值的实质性部分。即前者着眼于"股东利益"的质量要求，只有权益性质的证券，例如普通股、优先股等，才能满足该等要求；后者则是对于"股东利益"的数量要求，收购对价的大部分必须是符合质量要求的权益性质证券[2]。

---

① Helvering v. Minnesta Tea Co., 296 U. S. 378（1935）.

② ［美］谢里尔·D. 布洛克：《公司税：案例与解析》（第 2 版），332 页，中信出版社，2003。

这样的要求似乎普通股或者优先股均可以满足，导致频繁发生本应税的重组进行避税后成为免税重组。因此，在 1954 年的美国《国内税法典》中，关于股权支付的要求进一步明确。例如，涉及股权支付的《国内收入法典》第 368 条（a）（1）（B）和（a）（1）（C）规定，B 型重组（股权收购）、C 型重组（资产收购）取得免税地位的条件之一就是对价只能是有表决权的股票（voting stock），这一要件就体现出了"股东利益连续性"的要求①。

不得不说，美国法上对于股票的质量要求在于"表决权"可谓是直指要害。在股东权益之中，最有价值的就是股利分配请求权和董事、监事的选举权，前者可以满足股东的经济需求，后者则是满足股东对于公司经营层的人事控制的需要。而这两种权利的实现均是基于股东表决权的行为为前提②。具体而言，股东表决权的意义在于：连接公司所有与对公司控制，是股东在公司背后的潜在意义上的控制权③。表决权使得股东真正参与到公司的管理之中，从选任经营者进而影响整个公司的运作风格，到公司运营之中重大事项的决策，最后分享公司经营成果，这一系列决定公司未来发展甚至是命运的事项，均有表决权的影子。难怪有学者评论表决权时感叹：如果认为有限责任是公司法的第一显著特征，那么，股东表决权则是公司法的第二显著特征④。

因此，具有"表决权"股票的目标公司原投资者可以通过影响重组公司的人事任免、重大事项的决策以及最终分享重组公司的利润，间接影响到目标公司的运作，从而间接分享目标公司业绩成长带来的利润，承担目标公司由于经营风险产生的损失。

（三）优先股与表决权的关系：优先股必然无表决权？

讨论至此，"股东利益连续性"对于股份支付的判断标志已经大致有了雏形：股份是否具有表决权。那么，优先股股东是否有表决权就自然成为关注的重点。

目前，国务院颁布的《指导意见》中对于优先股确认了两个特征：其一，较于普通股分配公司利润以及剩余财产的优先；其二，对于参与公司决策管理等权利的限制。后者列明的"参与公司决策管理"的权利最终体现在股东的表决权上，因此立法明示的限制在于优先股的表决权。同时，我国公司法学者在涉及优先股的论述之中，通常均会涉及优先股在表决权方面的限

---

① I. R. C. §368 (a) (1) (B) and §368 (a) (1) (C). ((B) the acquisition by one corporation, in exchange solely for all or a part of its voting stock; (C) the acquisition by one corporation, in exchange solely for all or a part of its voting stock.)

② 刘俊海：《股份有限公司股东权的保护》，251 页，法律出版社，2004。

③ 梁上上：《股东表决权：公司所有与公司控制的连接点》，载《中国法学》，2005（3）。

④ Frank H. Easterbrook & Daniel R. Fischel, The Economic Structure of Corporate Law, *Harvard University Press*, 1991, p. 63.

制①。当然，立法对于限制的其他种类还是进行了一定的留白处理，表明对于优先股的限制不一定仅仅是表决权。但是，这种规则的表述方式还是会给人一种优先股"有所得必有所失"的印象。那么，优先股的制度设计逻辑是否一定要将这种优先与限制进行捆绑，不可分离呢？

从设计目的而言，投资者要求存在优先股，看重的是优先分红权，或者更为实质的是这种优先分红权的阻碍作用。要求优先分红，实则会限制其他普通股股东要求公司分红的呼声，从而把更多的资本留在企业中，用于企业的后续发展②。其次，从域外法律立法例来看，优先权与限制其权利的关系，尤其是其与表决权的关系，大多数立法例均不在法律上进行明示，而是交给公司自主决定③。

同时，美国税法的司法实践也肯定了一定条件下，优先股作为支付对价，该项重组交易仍取得免税地位。例如，在 Forrest Hotel Corp. v. Fly 一案中，法院肯定了有表决权的优先股应当被认定为免税重组之中的有表决权的股票④。甚至在该判例之中，表决权并不能够在未来完全确定，法院依旧将其视为有表决权的股票⑤。

因此，优先股与普通股的分类是按照股票上的财产权益的实现顺序进行的，优先股的"优先"根本体现在优先于普通股分配股利或者剩余财产⑥。优先股与无表决权股之间是交叉关系，而非等同关系或者包含关系。因此，有表决权的优先股便可以作为免税重组的适格股权对价。

（四）优先股有关表决权特殊情形的再审视

经过上文的论述，虽然我国《指导意见》规定，在试点阶段优先股依旧会被限制表决权。但是，这并不妨碍日后试点结束，有表决权优先股的存在，甚至是存在附条件才拥有表决权的优先股，其作为支付对价时，仍然可以实现免税重组。但是，以上并没有阐述完整优先股与表决权之间关系的全貌。优先股作为类别股的一种，本身还可能存在两种涉及表决权的特殊情形：类别股表决权以及表决权恢复。这两种优先股独有的情形，是否能够满足免税重组的要求？

其一，《指导意见》第一条第五项中已经对于类别股表决权进行了规定，即在普通股股东大

---

① 施天涛：《公司法论》，184 页，法律出版社，2006；赵旭东主编：《公司法学》（第 3 版），301 页，高等教育出版社，2012；甘培忠：《企业与公司法学》（第 7 版），240 页，北京大学出版社，2014；史际春：《企业和公司法》（第 4 版），201 页，中国人民大学出版社，2014。

② 李寿双：《中国式私募股权投资：基于中国法的本土路径》，21 页，法律出版社，2008。

③ 采取授权公司决定是否限制优先股权利的立法例有：美国特拉华州《普通公司法》第 151 条、德国《股份公司法》第 12 条、韩国《商法典》第 344 条、我国台湾地区"公司法"第 356 条之七。

④ Forrest Hotel Corp. v. Fly, 112 F. Supp. 782 (S. D. Miss. 1953).

⑤ Forrest Hotel Corp. v. Fly, 112 F. Supp. 782 (S. D. Miss. 1953). (In my opinion, the answer to plaintiff's contention that both voting and nonvoting stock was issued to Maybar stockholders, is, that under the fundamental provisions of plaintiff's charter, both preferred and common were voting stocks, and which happened to be the voting stock at a particular time was incidental).

⑥ 任尔昕：《关于我国设置公司种类股的思考》，载《中国法学》，2010 (6)。

会之外的类别股股东进行表决，对于公司中的有关决议作出意思表示。从《指导意见》列明的 4 种情形可以看出这种类别股表决权的行使不体现优先股对于公司的控制权，而是对于可能损害优先股的公司决议进行消极的否定①。当然，该项还存在授权公司章程进行意思自治的空间，也就是说可能存在着"参与公司决策管理"以外事项的类别股表决权。那么，在这些情形之下优先股具有的类别股表决权能否视为免税重组之中的"表决权"股票？

这时候应当回归到"股东利益持续性"要求进行判断。主要涉及的就是该等利益"质量"要求能否满足"股东利益持续性"的问题。应当注意的是，不是所有"表决权"均能够视为免税重组之下的表决权股票，那些仅仅是拥有名义上表决权的优先股应被视为无表决权的股票②。如前所述，股东权益最重要的两个方面在于公司利润的分配以及对于经营管理层的选任，也是表决权所表决的最重要事项。而且，有学者进一步指出，在重组之中，判断"有表决权"的股票体现在该股票是否拥有选任董事的表决权③。对于经营管理层的影响力决定了股东与公司之间的利益具有了一致性，谨慎地选择勤勉、有能力的管理者对于公司进行经营，才能使得公司整体向上发展，最终通过股利等方式回报股东的投资。在此情形之下，"股东利益"才能够持续性地存续在被投资公司之中，此外的表决事项通常与公司经营关系不大，因此不满足"股东利益持续性"的要求。

由此不难看出，目前在《指导意见》下的优先股拥有类别股表决权剔除了"参与公司决策管理"的权利，使得该表决权往往无法满足"股东利益持续性"的要求，不能适用免税重组。

其二，《指导意见》第一条第六项规定了表决权的恢复。通常在发行完成优先股之后出现特定情形，使得优先股的表决权恢复至与普通股一致的表决权。这与重组之中对价支付就没有很大的关联，因此不在此过多论述。

然而，也不能排除在优先股作为对价之前，已经存在优先股表决权的恢复情形。这时，转让该种已经恢复表决权的优先股，这种表决权能否被受让人予以承继？在《指导意见》中并未说明。笔者倾向于这种因恢复而产生的表决权应当跟随优先股一同转让。首先，表决权与股权不可分割，表决权是股权"权利束"的一股。若是将两者割裂，就会导致原有股权与转让后的股权"质量"的不同。其次，"不得转让"的规制背后都有一定合理的逻辑体现，例如具有人身属性

---

① 参见《类别表决权：类别股股东保护与公司行为自由的衡平——兼评〈优先股试点管理办法〉第 10 条》，载《法学评论》，2015（1）。

② Kenneth A. Jewell, Acquisitive Reorganizations and Continuity of Interest：The Case against Preferred Stock, *Boston University Journal of Tax Law*, Vol. 9, 1991, p. 207.

③ Martin D. Ginsburg & Jack S. Levin, Mergers, Acquisitions, and Buyouts：A Transactional Analysis of the Governing Tax, Legal and Accounting Considerations, *Aspen Publisher*, 2010, 703. 3.

的权利、出于当事人之间的约定或者法律政策的考量①。对于优先股表决权恢复制度而言，其设计的目的在于保护类别股股东权利。如上所述，优先股最重要的权利就是对于公司利润的优先分配。在公司长期不支付股利的情形下，法律就会通过表决权恢复制度使得优先股股东重新参与公司的经营管理，防止其自身利益受到进一步的损害。那么，此时公司与优先股股东之间的关系就不取决于该股东人身的特殊属性，而是公司的利润分配方案一定程度上损害了优先股股东的利益②。这种经济利益的损害并不会因为优先股股东的变化而变化，因此，表决权的恢复也不会由于股东身份的改变而归于消灭。最后，比较域外立法例，关于种类股转让的规定，不难发现域外法律通常并未限制种类股之上权利的移转。例如，特拉华州《普通公司法》（General Corporate Law）对于股份转让的原则性要求是转让方转让所有股份上已经拥有的权利以及有权行使的权利③。优先股表决权的恢复虽然不是立即可以明确拥有的权利，但是这是一种有权行使的权利，也应当一同被转让。又如，《日本公司法》中股权的让渡实质是股东地位的移转，股东自益权和共益权均会随股份移转而移转④。因此，在重组之前优先股已经恢复表决权，该优先股表决权恢复的权利也应当随优先股的移转而移转。进而，该优先股作为股权支付的对价具有适格性，符合免税重组的要求。

四、 优先股的结构复杂化对于其作为对价适格性的影响

对于免税重组中股权支付的讨论，由于优先股的本身权利设计，该问题可能还可以更加复杂，这涉及优先股转换权以及回购权的引入。

（一） 可转换优先股 （convertible preferred stock）

优先股的条款设计之中可以加入可转换条款，即在一定条件之下，根据事先约定的价格或者比例将优先股转换成为普通股。为了便于讨论，这里将情形限定于无表决权的优先股可转换为有表决权的普通股。之前已经提及，单纯的无表决权的优先股往往难以满足"股东利益连续性"的要求。但是，增加了可转换条款使得这个问题又变得模棱两可起来。

美国国内税务局 （Internal Revenue Service，IRS） 在公布的裁定中，指出可转换优先股在满

---

① 例如《合同法》第七十九条，《物权法》第四十一条，《公司法》第一百四十一条等。
② 王东光：《类别股份制度研究》，123 页，法律出版社，2015。
③ 8 Del. C. 1953，§ 201. （Except as otherwise provided in this chapter，the transfer of stock and the certificates of stock which represent the stock or uncertificatedstock shall be governed by Article 8 of subtitle I of Title 6. ）；6 Del. C. 1953，§ 8 - 302 （a） . （Except as otherwise provided in subsections （b） and （c），a purchaser of a certificated or uncertificated security acquires all rights in the security that the transferor had or had power to transfer. ）
④ ［日］近藤光男著，梁爽译：《最新日本公司法》（第 7 版），69 页，法律出版社，2016。

足以下两个情形下，满足免税重组的适格股权对价要求①：（1）转换比率基于被重组公司未来业绩所编制的公式确定；（2）转化为有表决权股票的合同权利未来不可分离转让，仅能够转换为有表决权的股票。

美国税法实践这样的设计还是紧紧围绕着"股东利益连续性"的要求。在无表决权的优先股转换之前，前者的转换条件要求使得优先股股东的利益也与公司的经营状况紧密联系在一起，公司的业绩影响了日后优先股股东所能取得的普通股数量；后者的限制则是防止优先股与转换权利的分离，导致重组时对价的不适格。这里可以类比可分离可转换公司债，实则这种将权利分离的操作使得该种金融工具实质上等同于"公司债＋认股权证"。那么，若是优先股与其转换权进行分离，就会在经济实质上造成"无表决权优先股＋认股权证"的对价模式，不属于免税重组的适格对价。

（二）可赎回优先股（redeemable preferred stock）

关于优先股的条款设计之中，还存在着可赎回条款，也就是公司以事先约定的价格向持有优先股的股东回购已经发行的优先股。这就使得原本有企业经营相关表决权的优先股作为对价也难以令人信服。因为这种股东利益的"持续性"与可赎回条款的关系就非常紧密，例如以有表决权的优先股作为对价，但是约定发行优先股的公司有权在1个月内回购所有上述优先股，那么，原来的投资者往往还未能够通过表决权影响公司的经营行为，就可能面临原先投资的变现退出该投资，显然不符合免税重组的目的。

美国的实践经验告诉我们，可赎回条款通常是债务性质义务的特征。在 Estate Mixon v. United States 案中，法院考察债务与股权的区别时考虑到了固定到期日是否存在的因素②。以固定价格在特定日期强制回购的约定使得该类优先股已经脱离了未来经营状况的影响，进而缺少真正意义上的权益工具性质。此时作为对价的优先股更倾向于视为一种债务，而不是股票③。

另外，还需要考虑的是回购日与重组日之间的时间间隔是否能够满足"持续性"的要求。对于美国的税务机关而言，持续时间至少在五年以上才能认定为取得该优先股的股东满足了实

---

① Rev. Rul. 73 - 205, 1973 - 1 C. B. 188. (a contingent contractual right to receive only additional voting stock provided for in a plan of reorganization satisfies the "solely for voting stock" requirement of section 368（a）（1）（B）of the Code, where the number of additional shares to be issued is determined by a formula based upon the future earnings of the acquired corporation, and where the contingent contractual right to additional voting stock in the future is not assignable and can only ripen into additional voting stock.)

② Estate Mixon v. United States, 464 F. 2d 394.

③ Kenneth A. Jewell, Acquisitive Reorganizations and Continuity of Interest: The Case Against Preferred Stock, *B. U. J. Tax L.*, 1991, p. 207.

质意义上的股东利益连续性要求①。

从中不难看出，美国的经验可以总结出可回购条款值得关注的两个变量：（1）回购价格的确定方式；（2）回购日与重组日的时间间隔。前者可以直接学习美国的认定方式，强制固定回购价格的方式，在税法上就应当将该优先股实质上认定为一项债务。若回购的价格与企业经营依旧存在关联，则可以认定其符合"股东利益连续性"的要求。后者则是各国的政策选择，我国 59 号文其实对于股东利益的时间持续要求已经作出具体选择。59 号文第五条第五项规定，取得股权支付的原主要股东，在重组后连续 12 个月内，不得转让取得的股权。那么，如果可回购条款在回购日与重组日之间的时间间隔小于 12 个月，就可以确认不满足免税重组的要求。

小结上述讨论，可回购优先股中的不同条款设计对于免税重组的股权支付适格性影响，可以参见表 1。

表 1　可回购优先股的不同安排对于免税重组股权支付适格性的影响

优先股可回购的情形	回购价格固定	回购时间固定	回购日与重组日的时间间隔小于 1 年	免税重组的适用
1	✓	✓	✓	×
2	✓	✓	×	×
3	✓	×	✓	×
4	×	✓	✓	×
5	✓	×	×	×
6	×	✓	×	视回购价格与企业经营的关系而定
7	×	×	✓	×
8	×	×	×	视回购价格与企业经营的关系而定

在表 1 的三个变量中，"回购价格固定"、"回购日与重组日的时间间隔小于 1 年"这两个变量与可回购优先股作为免税重组的适格股权支付之间必然是互斥关系。而"回购时间固定"这一变量与免税重组中股权支付的适格性之间没有必然对应关系。在满足回购价格不固定以及回购日与重组日的时间间隔不小于 1 年的前提下，该可回购优先股是否为适格的股权支付依旧需要进一步考察回购价格条款与企业经营的关系。若两者存在较强的关联，则该可回购优先股可以作为适格的股权支付；反之，则不适格。

---

① Rev. Rul. 66 – 23, 1966 – 1 C. B. 67. （Ordinarily, the Service will treat 5 years of unrestricted rights of ownership as a sufficient period for the purpose of satisfying the continuity of interest requirements of a reorganization）.

五、 结论

在目前优先股试点的情形之下，优先股的设计依旧受到很多钳制，例如优先股目前还不能拥有与普通股相同的参与公司经营管理的权利，在其类别股表决权中也无法由公司自由约定参与公司经营的表决。因此，目前我国的优先股在免税重组的语境之下，处理极为简单：几乎都难以满足"股东利益持续性"的要求，所以通常不能成为免税重组的适格对价。

但是，这并不表示讨论有表决权的优先股、有类别股表决权的优先股、可转换优先股以及可回购优先股等问题没有意义。这是因为目前优先股依旧在试点时期，日后必然会更多尊重公司的意思自治，自主设计优先股有关条款，这就会增加优先股在免税重组之中认定的复杂性。

通过考察美国法的立法理念，不难看出优先股适格性的审查应当从"股东利益连续性"角度出发。基于此种标准，优先股适格性认定的"表面证据"应当在于有无表决权。当然，由于优先股设计日趋复杂，不仅仅是考察需要表面的表决权要件，更需要考察表决权实质指向的表决内容与公司经营管理之间的关系等因素，以实现"股东利益"的持续，即目光在要件与目的之间来回穿梭，进而更为深入理解税法背后的法理目的。

（责任编辑：梁晨）

Financial Law Forum

金融法苑

2017　总第九十四辑

互联网金融与法律

第三方支付机构非授权支付的责任承担机制研究

■ 郭琼艳[*]

摘要： 在复杂的支付环境下，非授权支付成为侵害第三方支付用户权益的重要原因。现行法律少有规定用户与支付机构间的损失分配，《非银行支付机构网络支付业务管理办法》虽有所涉及，但尚未构建一套合理而完整的制度。用户资金安全的保障需求迫在眉睫，立法者在制定非授权第三方支付责任承担规则时，可参考美国经验，引入安全程序规则，在支付机构和用户之间合理分配损失。

关键词： 第三方支付　非授权支付　支付机构　安全程序　责任承担机制

截至 2016 年 6 月，我国网上支付[①]用户达 4.55 亿人，消费者使用网上支付的比例已提升至 64.1%[②]。第三方支付作为网上支付的方式之一，因其快速、便捷、操作简单的特性，成为诸多消费者的首选支付方式。用户通过使用支付账户[③]，一定程度上缓解了交易安全和信用问题。然而，第三方支付存在的问题和风险也不可小觑，尤其是非授权支付及责任承担问题。

以支付宝为例，据支付清算协会公布的 2015 年收单机构业务排名，支付宝的交易额位列榜首[④]。作为支付行业的龙头，其安全防控体系达到业内最高标准，多维度的保护将网络支付的资损率降到十万分之一，远低于 VISA 和 PayPal[⑤]。即便如此，以支付宝为被告的诉讼仍时有耳闻，

---

* 华东政法大学国际金融法律学院 2015 级硕士研究生。

① 网上支付是指以公共互联网为基础，依托于计算机等设备，通过互联网发起支付指令的行为。按支付方式划分，网上支付可分为第三方支付平台支付和网络银行直接支付。参见任超：《网上支付金融消费者权益保护制度的完善》，载《法学》，2015（5）。

② 中国互联网络信息中心：《第 38 次中国互联网络发展状况统计报告》，资料来源：http://www.cac.gov.cn/2016－08/03/c_1119326372.htm，2017 年 1 月 16 日访问。

③ 支付账户是指获得互联网支付业务许可的支付机构，根据客户的真实意愿为其开立的，用于记录预付交易资金余额、客户凭以发起支付指令、反映支付交易明细信息的电子簿记。

④ 《2015 年中国支付清算——支付宝业务量排名榜首》，资料来源：http://news.cngold.com.cn/20160522d1903n70825341.html，2016 年 5 月 30 日访问。

⑤ 罗培新、虞磊珉：《第三方支付需建立安全程序规则》，载《法制日报》，2015－11－14（10）。

目前可搜索到和支付宝支付业务相关的裁判文书 66 份，涉及案例 60 个①。相比年交易量，涉诉案例微乎其微。除了大量已私下协商解决的纠纷，现有案例中，非授权支付纠纷引发的诉讼占比位居榜首。在 2014 年至 2015 年的 43 起诉讼案件中，利用支付宝快捷支付盗刷银行卡的案件有 11 起，利用钓鱼网站盗刷网银的案件有 5 起，非授权支付案件共 16 起（占比 37%）。

现行立法对第三方机构非授权支付行为及责任承担没有明确规定，各支付机构自行制定的安全规则乱象丛生。法院处理相关纠纷时，主要适用《中华人民共和国合同法》、《中华人民共和国侵权责任法》，忽视了效率与安全并重价值导向下第三方支付活动的特殊规则。《非银行支付机构网络支付业务管理办法》（以下简称《网络支付管理办法》）中涉及损失的分配，但浅尝辄止。相比之下，美国在非授权支付损失分担规则上，有较为成熟的制度经验。鉴于此，本文将以支付宝为研究对象，结合现有法律法规，借鉴美国经验，深入探讨非授权支付中第三方支付机构应承担的责任。

一、 非授权支付的含义及成因

新兴的非金融机构介入支付服务体系中，运用电子化手段为市场交易者提供前台支付或后台操作服务，因而被称为"第三方支付机构"②，由其提供的支付服务为"第三方支付"。在第三方支付服务中，用户最关心资金与支付行为的安全性。虽然支付机构坚称会兼顾支付效率和安全，但如施以外力的天平难以平衡，技术缺陷、用户过失或故意、第三方介入等因素都会造成效率和安全间的失衡，产生支付风险。其中，非授权支付因直接侵害用户的财产权利，且发生概率日益增加，受到广泛关注。

（一）非授权支付的含义探析

非授权支付，指非经付款人授权使用支付机构账户，通过网络发送指令实现资金转移的行为。因未取得付款人授权，非授权支付行为本质上是无权代理。第三方网上支付发生于网络平台，支付机构无法得知指令发出者的真实身份，仅在双方已有事先协议约定的情形下，借助指令是否通过密码、验证码等验证而加以推定。若通过验证，视为由用户或经用户授权发出，具有令相对人相信的权利外观。可见，非授权电子支付与广义无权代理不同，符合表见代理的构成要件。根据《合同法》第四十九条规定，表见代理行为有效，应由用户承担代理行为的后果，但可向行为人追偿。这也与目前非授权支付责任承担的司法实践相符。

（二）非授权支付的成因

非授权支付行为的产生，根据产生原因背后的行为主体不同，有如下三种情况：其一，因用

---

① 所有案例均出自中国裁判文书网，资料来源：http：//wenshu.court.gov.cn/，2016 年 3 月 20 日访问。

② 《中国人民银行有关部门负责人就〈非金融机构支付服务管理办法〉有关问题答记者问》，资料来源：http：//finance.stockstar.com/GC2010080330000201.shtml，2016 年 4 月 25 日访问。

户丢失、泄露验证信息或设备；其二，因支付机构内部人员泄露等原因造成支付宝登录密码或其他验证信息泄露；其三，第三人通过伪造、欺诈等手段获得用户姓名、身份证号码、银行卡号等信息，并在银行端预留自己的手机号，随后开设新的支付宝账户转移资产。

二、 我国第三方支付机构非授权支付的责任承担现状

第三方非授权支付的责任承担机制关系到能否合理、公平地保护用户权益，也关系到第三方支付行业的发展。下面将在明确非授权支付责任主体的基础上，结合我国现行规定及实践情况，分析第三方支付机构非授权支付的责任承担现状。

（一）非授权支付的责任主体[①]

支付行为可区分为传送支付指令与验证支付指令两个环节，第三方非授权支付牵涉用户、支付机构、银行等主体，明确各方责任需首先根据支付流程确定该方是否为非授权支付的法律关系主体。

首先，判断传送支付指令的主体需结合收付款双方是否均使用支付账户。若均使用机构提供的支付账户，则相关支付信息由支付机构传送。若一方选择支付账户，另一方选择银行账户，需根据具体情况判定指令是由哪一方发出进而明确法律关系主体。

其次，判断验证支付指令的主体，应考虑收付款双方是否使用支付账户内的预付价值余额，以及真实的货币资金是否仍停留在备付金账户内。若两者均使用账户内的预付价值余额，验证支付指令的行为应是由支付机构作出。若未使用预付价值余额，则需进一步考察指令是由关联账户的银行还是支付机构进行验证。

厘清法律关系主体有助于在发生纠纷时识别责任主体。只有当支付机构参与传送或验证支付指令的行为时，才可能对非授权支付承担法律责任。

（二）现行法律规定

我国现行法律中缺乏对非授权支付的责任分配。传统银行卡非授权支付方面无法律直接规定，若产生纠纷，法院只能适用《合同法》或《侵权责任法》[②]。近年兴起的第三方支付领域也缺乏相关立法，交易所涉主体中，商业银行尚可遵循《中华人民共和国电子签名法》第九条[③]、

---

① 罗培新、虞磊珉：《第三方支付需建立安全程序规则》，载《法制日报》，2015-11-14（10）。

② 彭冰：《银行卡非授权交易中的损失分担机制》，载《社会科学》，2013（11）。

③ 《电子签名法》第九条："数据电文有下列情形之一的，视为发件人发送：（一）经发件人授权发送的；（二）发件人的信息系统自动发送的；（三）收件人按照发件人认可的方法对数据电文进行验证后结果相符的。当事人对前款规定的事项另有约定的，从其约定。"

中国人民银行颁布的《电子支付指引（第一号）》第四十五条①以及银监会颁布的《电子银行业务管理办法》第八十九条②处理非授权支付的责任分配，针对第三方支付平台则处于立法真空状态。由中国人民银行颁布并于2016年7月1日起实施的《网络支付管理办法》在规范支付机构业务的同时，已经注意到非授权支付风险。

《网络支付管理办法》第十九条要求："支付机构应当建立健全风险准备金制度和交易赔付制度，并对不能有效证明因客户原因导致的资金损失及时先行全额赔付，保障客户合法权益。"该条款旨在防范效率和安全的严重失衡，支付机构提高效率不可以侵害客户权益为前提。该办法第二十四条进一步规定，若支付机构采用不足两类有效要素进行验证，单个客户所有支付账户单日累计金额不应超过1 000元（不包括向客户本人同名银行账户转账），支付机构应承诺无条件全额承担此类交易的风险损失赔付责任。小额支付中用户对效率的要求更高，为避免盲目追求高效而导致行业恶性发展，支付机构应承担此情况下减少甚至免除验证方式带来的责任。

虽然以上条文可适用于涉及第三方支付机构非授权支付的损失分配，但仔细研读却不免遗憾。第一，条文规定的先行赔付在哪一环节实施，是否需要用户主动申请挂失？第二，除无法证明因客户原因导致的损失，若已证明用户无过失或仅具一般过失是否可享受先行赔付？这些问题还有待完善。

（三）司法实践

交易主体与支付机构之间是委托服务合同法律关系，合同内容主要是代收代付。两者的权利义务根据合同加以明确，因缺少直接适用的法律法规，若产生纠纷，法院只能用传统合同法或侵权法原理予以处理。以支付宝为例，其涉诉的非授权支付案件中，仅有一起以支付宝败诉结案，其余均是原告撤诉或支付宝胜诉。

在杨荣林诉农业银行站西路支行、支付宝公司合同纠纷案中，原告主张其储蓄卡内资金通过支付宝被盗转，支付宝辩称支付前已向绑定手机号发送验证码且验证成功，支付在可信环境下发生。最终，法院以"既未能证明涉案转账是存款被盗的事实，也不能证明农行和支付宝对涉案转账行为存在违反合同义务或过错责任的事实"为由，驳回原告杨荣林的诉讼请求③。支付

---

① 《电子支付指引（第一号）》第四十五条："非资金所有人盗取他人存取工具发出电子支付指令，并且其身份认证和交易授权通过发起行的安全程序的，发起行应积极配合客户查找原因，尽量减少客户损失。"

② 《电子银行业务管理办法》第八十九条："金融机构在提供电子银行服务时，因电子银行系统存在安全隐患、金融机构内部违规操作和其他非客户原因等造成损失的，金融机构应当承担相应责任。因客户有意泄露交易密码，或者未按照服务协议尽到应尽的安全防范与保密义务造成损失的，金融机构可以根据服务协议的约定免于承担相应责任，但法律法规另有规定的除外。"

③ 《杨荣林与中国农业银行股份有限公司广州站西路支行、支付宝（中国）网络技术有限公司合同纠纷案一审民事判决书》，（2013）穗越法民二初字第4981号，资料来源：http://wenshu. court. gov. cn/content/content? Do-cID = ade25121 - decf - 4517 - 9be2 - e39ba2069e8f，2016年3月28日访问。

机构未违反合同义务，或原告未能证明支付机构存在过错、违反合同义务，是多数原告败诉的原因。

在张世鹏与支付宝公司、淘宝公司网络服务合同纠纷案①中，支付宝败诉。法院认为，当事人签署的《支付宝服务协议》是支付宝提供的格式合同，其中免除运营商责任的条款应属无效条款。而且被告未尽到协议要求的安全保障义务和注意义务，具有过错，应对违约行为造成的损失予以赔偿。可见，法官仍是基于《合同法》原理，并未考虑第三方支付业务中效率与安全的相对平衡。

从以上案件还可以看出，针对第三方支付机构非授权支付引发的纠纷，普遍适用过错责任原则。即支付机构对非授权支付造成的损失负有过错才承担责任，反之则由用户承担损失。

（四）市场实践

支付机构作为市场实践的参与者，早已关注非授权支付问题。为打击非授权支付，各支付平台均致力于研发具备预防与识别功能的风控系统。以支付宝为例，历时八年研发风控大脑 CTU，通过位置、行为、偏好等六大类共一万条策略对支付行为进行分析，判断交易风险②。为提供更优质、安全的服务，各平台纷纷制定了相关安全规则。支付宝主要通过《支付宝安全保障规则》（以下简称《保障规则》）③防范非授权支付风险，分担因此造成的损失。

《保障规则》第二条明确了何为"未经本人授权的支出"及"直接损失"。第三条第一款指出本规则仅适用于非授权支付造成的直接损失；第二款规定用户需在支付账户发生未授权支出后 180 天内通知支付宝，明确其他就损失享受保障服务的限制，如已通过实名认证等；第四款列举了九项不在本规则保障范围内的情况，包括因用户故意、重大过失或违法行为造成资金损失，因他人欺诈、胁迫等行为造成用户资金损失，不可抗力等。除此之外，《支付宝服务协议》第四条第（三）款规定发起支付指令时支付宝验证用户身份的途径，并强调，对于因密码、校验码等身份识别信息泄露和手机、电脑等设备产品遗失所致的任何损失，将由用户自行承担。

在立法缺失的情况下，支付机构可根据平台非授权支付情况制定安全规则。作为一方当事人，支付机构难免倾向于保护自身利益，将大部分责任转嫁至用户。以《保障规则》为例，虽然认可用户能因非授权支付获得保障，但存在适用范围小、前置程序复杂、过分强调用户对认证

---

① 《张世鹏与支付宝（中国）网络技术有限公司、浙江淘宝网络有限公司网络服务合同纠纷案一审民事判决书》，（2014）凉民初字第 2986 号，资料来源：http：//wenshu. court. gov. cn/content/content？DocID = e4c1dc59 - 048c - 44e3 - a827 - 9cc06d3ce5cd，2016 年 3 月 28 日访问。

② 《给新支付宝用户的一份安全报告》，资料来源：http：//www. wtoutiao. com/p/il9eEk. html，2016 年 1 月 22 日访问。

③ 《支付宝安全保障规则》，资料来源：https：//cshall. alipay. com/lab/help_ detail. htm？help_ id = 252759，2016 年 3 月 26 日访问。

信息的保护义务等问题。

第一，第三方支付机构存在利用合同格式条款免除自身责任之嫌。《保障规则》第三条第四款列明了九类不在保障范围内的行为，其中第一至第四项均有"经调查或经支付宝合理判断"的措辞。支付机构的判断不同于法律认定，支付宝借此免除自身责任，可能落入《合同法》第三十九条关于"格式条款"的规定，继而因"免除其责任、加重对方责任、排除对方主要权利"导致条款无效①。

第二，未区分一般过失和重大过失。若出于重大过失，比如将写有密码的纸条随意放置于他人可接触的环境中，由用户承担大部分甚至全部损失无可厚非。但任何人的谨慎程度都是有限的，用户遗失支付设备、密码等要素可能是因为第三人不怀好意，而非未尽合理注意义务。由此导致的非授权支付，若不区分用户的过失程度，将其完全纳入支付机构免责事由不太合理。

第三，未保障用户知情权。第三方支付业务中，存在多个验证环节、多道验证程序，若仅是告知密码、验证码等手段，而未确保用户已明知支付过程中需验证的环节以及验证规则，便让其承担支付行为的风险，无法充分保障用户权益。不仅是支付宝，包括财付通《财付通服务协议》、《微信公众平台服务协议》以及百度钱包《网络支付业务服务协议——用户》在内的其他第三方支付平台协议中同样存在上述情况。

三、 第三方支付机构非授权支付责任承担机制的问题

我国第三方支付中存在的非授权支付行为究竟应如何承担责任，尚未形成一套具有普遍适用性的规则。法院处理纠纷时，尊重用户与支付机构以平等民事主体身份订立的合同，却忽略了支付机构的优势地位，也未能平衡网上支付效率优先、兼顾安全的价值理念。

（一）用户与第三方支付机构的实力失衡

第三方支付用户相较于支付机构，无论是资金、信息还是技术方面都处于劣势②。首先，支付机构具有雄厚的资金实力；相比之下，大部分第三方支付用户只是经济实力一般的自然人，损失承受能力较低。其次，互联网技术是第三方支付业务存在的根本，支付机构通常拥有精通计算机、移动支付等电子技术的专业团队，了解甚至控制交易的操作流程；但多数用户对这些科学技术了解甚少。最后，用户和支付机构之间存在明显的信息不对称。支付机构通晓支付行为的操作流程、每笔交易的具体细节，而用户通常只知道己作出的行为。若产生纠纷，保有交易信息的支付机构在举证环节享有天然优势。

第三方支付用户是否适用《消费者权益保护法》（以下简称《消法》）仍有待确定。《消法》

---

① 《合同法》第四十条。
② 李俊平：《第三方支付法律制度比较研究》，108页，湖南师范大学 2012 年博士论文。

第二条规定："消费者为生活消费需要购买、使用商品或者接受服务，其权益受本法保护。"生活中，消费者使用第三方支付服务可能不是出于生活消费目的，而是为了投资获利，这不符合《消法》第二条规定。特别法的缺位，导致当事人只能通过一般民事法律规范调整权利义务，以求达到平衡。消费者权益保护是通过对经营者施加一系列义务而实现的，追求的是实质公平[1]；而一般民事法律规范，强调的是形式公平。虽然有限制格式合同[2]这类突破契约自由的条款，也无法改变一般民事法律规范的价值取向。不仅如此，民法在于确权而非限权，对经营者权利限制也是传统民法规则无法做到的。

（二）采用过错原则作为归责原则的不公平性

法院对第三方支付案件设置的案由主要有违约、侵权和不当得利。在支付宝涉诉案件中，侵权和不当得利的比例不到20%，主要还是合同违约纠纷。《合同法》第一百零七条选择将严格责任作为违约的一般性归责原则，这不意味《合同法》排斥过错责任，只不过是将过错责任作为法律规定的特别情况对待[3]。采用过错责任意味着用户除了要证明存在违约事实，还要证明支付机构具有过错才可能获赔，否则所有损失将由用户承担。

无论是支付机构的客观违约行为还是主观过错，由用户来证明都存在难度。用户对支付的具体环节、技术缺乏了解，产生纠纷时不易获得该笔非授权支付的交易信息，并且难以证明支付机构是否已尽合同约定的审查、保障义务。前述杨荣林案、陈培丽案[4]等，原告败诉的重要原因就是无法证明支付宝公司在交易中的违约行为。主观层面的过错对用户而言更是难以证明。即使存在获取证据的可能性，普通用户证明支付机构存在过错的成本也较高，当耗费的时间成本、金钱成本远高于非授权支付造成的损失时，用户只能无奈放弃。

这一矛盾也不适用"举证责任倒置"。互联网时代很难确定在电脑或手机另一端触动键盘的究竟是谁，更无法防范用户谎称遭盗刷要求支付机构赔付的道德风险。对于交易流程，支付机构在举证上有一定优势；但要证明用户并非盗刷，支付机构面临的难度不亚于用户。若想避免更多损失，或减少成为被告的次数，支付机构只能在效率和安全中不断倾向后者，研发更复杂的使用或验证程序，最终可能有碍于用户的支付体验，违背第三方支付效率优先的原始价值。

（三）第三方支付价值导向的迷失

与银行业金融机构将安全置于绝对优先位置不同，第三方支付机构更加重视支付效率，这

---

[1] 胡志光、周强：《论我国互联网金融创新中的消费者权益保护》，载《法学评论》，2014（6）。

[2] 《合同法》第三十九条、第四十条、第四十一条。

[3] 王利明：《违约责任论》，64页，中国政法大学出版社，2002。

[4] 《陈培丽与中国建设银行股份有限公司厦门松柏支行、支付宝（中国）网络技术有限公司借记卡纠纷一审民事判决书》，（2014）思民初字第6830号，资料来源：http://wenshu.court.gov.cn/content/content? DocID = f70821bb - d1a8 - 4d2d - 9eb6 - 45949448e76e，2016年3月28日访问。

必定会减少传统支付服务采用的烦琐程序，为用户提供更便利的支付条件。从用户选择看，既然愿意享受第三方支付的效率，可推测其接受某种程度上安全性的降低。在遵守底线安全的前提下，应当允许用户在效率和安全之间作出选择，甚至承担一定风险。

我国缺少该领域立法，无法窥视立法者的价值取向。司法实践层面，审判人员多倾向于依照形式公平的价值行事，未确立考量效率与价值孰轻孰重的意识，无法合理分配非授权支付损失，未建立一套双方都能接受的安全程序规则。因此，合理区分非授权支付的责任显得格外重要。

四、 第三方支付机构非授权支付责任承担机制再思考

（一）欧美立法经验

美国及欧盟地区电子支付行业起步较早，配套的责任分配制度在业务发展需求以及经营者与用户利益博弈双重助力下不断完善。发生非授权支付纠纷时，美国和欧盟倾向于保护用户权益，通过立法将大部分损失发配给支付机构[1]。

1. 美国。针对以小额支付为主的支付业务，美国《电子资金转移法》、《真实信贷法》以及相配套的 Z 条例和 E 条例[2]，对非授权支付中各方责任进行了详细规定。

用户对账户内资金的未经授权划拨承担责任，需满足三个条件：第一，支付机构使用的存取工具被用户普遍接受；第二，支付机构基于现有技术，能提供准确辨认发出指令用户的方法；第三，支付机构已向用户披露了非授权电子资金划拨的用户责任以及方法[3]。若满足上述条件，以借记卡和存款账户为基础的第三方支付受《电子资金转移法》和 E 条例保护。此类账户产生未经授权支出，用户在得知该交易后 2 个工作日内通知支付机构，则不承担责任，由支付机构实施退款机制，但支付机构可对每笔非授权支付收取不超过 50 美元的费用；若用户在 2 个至 60 个工作日通知支付机构，其承担的损失以 500 美元为限；若在 60 个工作日之后才通知或仍未通知支付机构，用户承担的责任将不设上限，直至所有损失[4]。

《真实信贷法》和 Z 条例在非授权支付问题上加重了支付机构的责任。将信用卡非授权支付作为规制对象的《真实信贷法》和 Z 条例规定，无论是否及时通知支付机构，用户承担的损失均不超过 50 美元[5]。

2. 欧盟。欧盟 2007 年《支付服务指令》可适用于第三方支付机构的非授权支付行为，这是

---

① 彭冰：《银行卡非授权交易中的损失分担机制》，载《社会科学》，2013（11）。

② Z 条例是美国联邦储备局 1968 年为执行《真实信贷法》而制定的，E 条例是美国联邦储备局 1978 年为执行《电子资金转移法》而制定的。

③ 15 U. S. C. §1693g（a）.

④ 15 U. S. C. §1693g（a）；12 C. F. R. §205. 6（b）（1）（2）.

⑤ 15 U. S. C. §1643（a）（1）；15 U. S. C. §1661i；12 C. F. R. §226. 12（b）（c）.

立法者首次就未经授权的电子支付制定损失分配规则。该指令第六十条规定，只要支付人履行了及时通知义务，支付机构就应当将非授权交易涉及的资金全额返还支付人，根据双方之间签订的合同，用户还可以进一步追究支付机构的责任[1]。第六十一条在前述条款的基础上赋予支付人更多谨慎义务，如果因支付工具遗失或者被盗导致账户内资金被划走，支付人承担的损失以150欧元为限。如果支付人在未经授权交易中存在欺诈行为；或者因故意或重大过失，未能在出现支付工具遗失、被盗等情况而出现非授权交易时及时通知支付机构，支付人应承担全部责任。反之，如果支付人没有欺诈行为；也没有因故意或重大过失，而未将支付工具遗失、被盗或已产生非授权支付的情况通知支付机构，则支付人承担的责任不超过150欧元[2]。

从美国和欧盟立法不难看出，支付机构在未经授权的第三方支付中如何承担责任，受用户行为是否属重大过失，以及是否及时挂失的影响。何谓"重大过失"，欧盟《支付服务指令》赋予法院自由裁量权，法官可根据个案进行分析。是否挂失也是影响支付机构责任的重要因素，挂失后的损失用户不需承担，一旦用户履行了通知义务，支付机构就有责任保障用户的资金安全。

（二）制度创新：安全程序规则

为更明确地划分责任承担，美国《统一商法典》第4A编创新地提出"安全程序"用于认证支付指令，并将由欺诈造成的损失在当事方之间进行分摊[3]。这一规则用于规制大额电子资金划拨，适用对象是金融机构，但对我国第三方支付立法有重要借鉴意义。

安全程序是指由用户与银行签订协议，建立用于验证支付指令真实性的程序，目的在于验证支付指令是否由客户发出，以及拦截存在错误的支付指令[4]。《统一商法典》规定，安全程序可以使用包括算法、密码、识别字符或数字、加密、回呼程序等在内的安全验证工具[5]。根据第4A-202（a）条，若接收方接收的指令经用户授权或受制于代理法，用户才受其约束。若非如此，导致的损失需由银行承担，这符合用户对因欺诈导致非授权支付行为责任分配的预期。

该编提出"安全程序规则"，作为授权支付指令的例外。即接收方与用户协议约定，若通过遵循安全程序进行的验证后，支付机构接受以用户名义签发的指令，无论指令是否获得用户的授权均视为由用户发出，损失由用户承担。该规则的适用存在诸多限制条件：第一，支付机构需事先与用户达成协议，以用户名义发出的支付指令必须经安全程序验证；第二，该安全程序必须具备商业上的合理性；第三，支付机构证明其出于善意接受支付指令；第四，支付指令已经过银

---

① Article 60, Directive 2007/64/EC.

② Article 60 (1) (2) (3), Directive 2007/64/EC.

③ 刘颖：《支付命令与安全程序——美国〈统一商法典〉第4A编的核心概念及对我国电子商务立法的启示》，载《中国法学》，2004（1）。

④ U. C. C. §4A-201.

⑤ U. C. C. §4A-201.

行认证，且认证符合安全程序，或符合用户对支付机构接受支付指令这一行为施加限制的其他书面协议和指令①。符合上述条件，即使不是经用户授权的指令，支付机构也要根据指令进行付款。四项条件中，最具不确定性的是"商业上的合理性"。《统一商法典》并未给出明确界定，仅对判断标准提出建议：参照用户向支付机构提出的要求，支付机构对用户的了解，包括支付指令的种类、金额、频率等，在类似状况下用户和支付机构通常会采用的安全程序②。虽然没有统一标准，但安全程序判断用户是否具备商业合理性，需十分注重用户情况及用户知情权，只有两方均认可的安全程序才具有可操作性。

为确保不因效率降低安全标准，《统一商法典》为经安全程序验证的支付指令又设置了如下例外：其一，通过书面协议，接收方可限制其在支付指令下有权执行的支付③。其二，若支付指令非直接或间接出下列人员发出，接收方无权执行支付指令下的支付：一是用户委任的、有权根据支付指令或安全程序行事的人；二是获得用户支付指令传送设备的人，或未经接收方授权，即从用户控制的来源获得违反安全程序信息的人，且无论来源途径以及用户是否具有过错④。

《统一商法典》第4A编通过设立一般规则、例外以及例外之例外勾画出非授权支付的损失分配机制。在保障用户知情权情况下，确认安全程序，并将该安全程序规则上升至法律层面，避免支付机构因过度依赖自身技术层面的认证而陷入侵害用户权益的境地。

（三）安全程序规则在我国的适用

安全程序规则在我国并非新鲜事物。以支付宝为例，《支付宝服务协议》类似于安全程序协议，《保障规则》则起到安全程序规则的作用。针对前述支付宝以及其他第三方支付机构在设置类安全程序规则中的不妥之处，与《统一商法典》第4A编相关规定比较，支付宝等第三方支付机构各类协议应至少进行如下完善：

第一，避免"经调查或经支付宝合理判断"等措辞出现于各类协议，减少会被用户、监管者、审判人员误解的主观判断。第二，区分用户一般过失与重大过失，在一般过失的情况下可加入适当限制，如用户需在合理时间内采取挂失等措施预防损失扩大。第三，"建立在支付机构完整披露基础之上的用户自认⑤"，即用户明确并接受支付过程中存在哪些验证环节以及验证规则，才可承担支付行为带来的风险。

上述修改仅是支付机构在市场实践层面的补救，若要完善非授权支付损失分配机制，应引入《统一商法典》中的安全程序规则，将引发争议的技术认证与责任承担上升至法律层面，为

---

① U. C. C. §4A - 202（b）.
② U. C. C. §4A - 202（c）.
③ U. C. C. §4A - 203（a）（1）.
④ U. C. C. §4A - 203（a）（2）.
⑤ 罗培新、虞磊珉：《第三方支付需建立安全程序规则》，载《法制日报》，2015 - 11 - 14（10）。

该领域设立最低验证标准。

五、 构建我国第三方支付机构非授权支付的责任承担机制

借鉴美国及欧盟成熟立法，充分考虑我国商业实践和司法裁判中的不足之处，对我国第三方支付机构非授权支付的责任承担机制具体设计如下：

（一）引入安全程序规则

为有效防范道德风险，并合理分配因欺诈产生的非授权支付损失，同时尊重以支付效率为导向的价值判断，我国应引入安全程序规则，但需注意以下两点：

第一，区分法定程序规则和约定程序规则。监管部门可以为支付机构设立最低判断标准，厘清"商业上的合理性"，并审核支付机构的安全程序规则是否符合法定标准以及是否构成无效的格式条款。同时，明确支付机构充分披露验证规则的义务，赋予用户选择接受与否的权利。若选择接受，已通过安全规则验证的非授权交易损失应由用户承担，但用户可向侵权人追偿。

第二，约定程序中区分挂失前后的责任承担。挂失后的损失由支付机构承担，除非用户存在欺诈、故意或重大过失行为。

（二）责任承担机制的完善

若支付机构和用户间未约定安全程序规则，可借鉴美国与欧盟的立法思路：

第一，用户及时通知支付机构，存在认证信息被盗用、泄露或常用设备丢失的情况（尚未产生非授权支付）。该日之后产生的所有未经授权支付，用户不承担责任。

第二，用户未通知支付机构，存在认证信息被盗用、泄露或常用设备丢失的情况。但是，当非授权支付发生后，在规定期限内通知支付机构，支付机构应尽快垫付该笔损失，并展开调查。通知后产生的非授权支付，用户不承担责任。

第三，若用户对非授权支付的产生具有过错，其应承担部分责任，责任范围应设置上限。

第四，用户未能在立法规定的期限内通知支付机构产生非授权支付，或用户有欺诈、故意或重大过失行为，其承担的责任不限于上限范围内，有必要使其承担所有损失。是否构成重大过失，需要法官结合具体规定，根据个案情况判断。

（责任编辑：旷涵潇）

网贷行业风险备用金的争议及其规范路径[*]

■ 邓建鹏[**] 黄 震[***]

摘要： 中国 P2P 网贷行业高速发展，网贷投资人面临的风险也与日俱增。为此，主流网贷平台建立了风险备用金制度，以降低客户的投资风险。但是，对风险备用金所有权归属、在风险备用金制度下平台是否具有自担保嫌疑等问题，存在较大争议。在当前网贷行业风险仍比较高的情况下，为保障投资客户权益，监管者应做到以下四点，以促进网贷行业健康发展：确立风险备用金的信托法律性质，以符合当前实践与合规性要求；规范风险备用金的管理；及时规范风险备用金信息披露制度及披露的间隔时间；规范风险备用金计提比例。

关键字： P2P 网贷 风险备用金 信托法律关系 信息披露制度

一、 网贷风险备用金的背景与机制

（一）网贷行业的风险

P2P 网络借贷是 Peer – to – Peer lending 的简称，是指"对等主体通过第三方网络平台借贷，将有闲置资金的个人投资者和有资金需求的中小企业或个人对接，实现双方资金融通的过程。"[①] P2P 网络借贷于 2005 年最早出现于英国。与英美等国相比，中国 P2P 网络借贷行业起步较晚，但发展势头异常迅猛，已成为世界 P2P 网贷行业的主要市场。根据 2017 年 4 月网贷之家研究中心发布的《P2P 网贷行业 2017 年 3 月月报》，截至 2017 年 3 月底，P2P 网贷行业历史累计成交量

---

　* 本文为基金项目：教育部哲学社会科学研究重大课题攻关项目《互联网金融的风险防范与多元化监管模式研究》（项目批准号 15JZD022）的阶段性成果。

　** 中央民族大学法学院教授，博士生导师。

　*** 中央财经大学法学院教授。

　① 黄震、邓建鹏（主编）：《P2P 网贷风云：趋势·监管·案例》，1 页，中国经济出版社，2015。

达到了 41 052.69 亿元，突破了 4 万亿元的关口，P2P 网贷行业贷款余额增至 9 209.66 亿元[①]。

中国网贷行业高速发展的同时，问题接踵而至。与传统金融机构相比，P2P 网络借贷平台具有较高风险。借款人通常为传统金融机构未接纳的客户，信用资质较低，借款违约率相对较高，投资人面临的风险较大。在当前，投资人主要面临两大风险。一是借款人违约的信用风险。在网贷关系中，借贷双方多属陌生人，相隔甚远。在征信体系不完备的情况下，易出现借款人违约的现象。由于空间阻隔，一旦发生借款人违约，投资人的维权成本（交通、时间与诉讼等成本）往往远高于最终收益，这可能使投资人放弃对债权的追索，借款人因此逃脱还款义务，从而降低了借款人的违约成本。二是平台跑路的风险。中国 P2P 网络借贷发展之初，因开办成本低[②]加之没有明确的监管，各类平台如雨后春笋般涌现，其运作也多有缺乏规范之处。2016 年 8 月 24 日，中国银监会等部委公布《网络借贷信息中介机构业务活动管理暂行办法》（银监会令〔2016〕1 号，以下简称《办法》），提了了网贷平台的行业运营门槛，大量缺乏竞争力以及违规的网贷平台将加速倒闭。据统计，截至 2017 年 3 月底，P2P 网贷行业累计平台数量达到 5 888 家，其中，累计停业及问题平台高达 3 607 家，超过一大半[③]。如果平台跑路，投资人将因此失去平台掌握的债务人的信息及其帮助，无法进行有效的债权追偿，更有甚者其存放于平台的资金也将无法追回，只能承受损失。

（二）风险备用金的运作规则

为获得投资客户信任，降低客户的出借风险，近年许多网络借贷平台设立了风险备用金[④]。风险备用金制度源于期货市场，是指"由交易所及其会员依法提取的应付风险的资金，用于为维护期货市场正常运转提供财务担保和弥补因交易所不可预见风险带来亏损。"[⑤] 网贷行业的风险备用金是网络借贷平台与借款人为取信投资人并保障其权益而设立的，其来源是按照平台与

[①] 网贷之家：《网贷累计成交量突破 4 万亿 3 月成交创历史新高》，载 http：//www.wdzj.com/news/yanjiu/82520.html，访问时间：2017 年 4 月 8 日。第一网贷则认为，网贷行业历史累计成交量突破 5 万亿元，参见《2017 年一季度全国 P2P 网贷行业大数据》，http：//www.p2p001.com/news/shownews/id/265417.html，2017 年 4 月 12 日访问。

[②] "P2P 网贷开办成本低 今年已有 27 家平台'出事'"，2014 年 4 月 18 日，资料来源：网易财经，http：//money.163.com/14/0418/01/9Q2VPT1N00253B0H.html#from=keyscan，2017 年 4 月 9 日访问。

[③] 网贷之家：《月报：3 月新增 6 家平台 借款人数环比涨 32.90%》，资料来源：http：//www.wdzj.com/news/yanjiu/82518.html，2017 年 4 月 9 日访问。

[④] 不同平台对此使用的称呼不完全一样，但其保证投资客户本息安全的功能类似。如人人贷使用的是"保证金"这样的称呼，资料来源：http：//www.we.com/help/security/security！detail.action？flag=bjbz，2016 年 5 月 9 日访问。微贷网则使用"风险保证金"这样的称呼，资料来源：https：//www.weidai.com.cn/sys/special22.html，2016 年 5 月 9 日访问。有的平台使用"风险备用金"、"风险备付金"等，但其功能均相似，为行文方便，本文统一使用"风险备用金"。

[⑤] 温观音：《论金融货币风险的法律控制》，180 页，中国政法大学博士学位论文，2007。

借款人约定，由平台从每笔出借的资金中按一定比例提取，之后汇集而成。

各家网贷平台的风险备用金运作规则略有差异，但主体内容近似。以下主要结合人人贷、宜人贷、拍拍贷等知名平台，兼及其他网贷平台进行相关介绍。人人贷是国内首家设立风险备用金制度的网贷平台，使用规则较为完善，这一做法被多家网贷平台借鉴。宜人贷于 2015 年成功在美国上市，在网贷行业中具有典范作用，其风险备用金的使用规则与人人贷等平台存在差异。拍拍贷是国内最早成立的网贷平台，被多家风险投资机构看重。

在风险备用金的运作规则中，第一是过期赔付规则。过期赔付规则是指当借款人逾期偿还债务超过一定时间要求后，由风险备用金清偿投资人债权。在实践中，平台根据自身运营状况规定了不同的启动时间。如宜人贷规定，自借款人任一期应还借款项目连续逾期达十五日，便可使用风险备用金垫付[1]。人人贷规定垫付日期从第三十日开始[2]。中瑞财富称借款人发生逾期后，担保方代偿款到位前，即刻启动风险备用金账户，垫付投资人本息[3]。

第二是时间次序规则。时间次序规则是指风险备用金账户对平台投资人的赔付顺序按照该笔债权在当期所有逾期债权中的时间先后次序进行。对不同日到期的债权，风险备用金按逾期日期先后赔付；对同一日到期的债权，则按照合同在当天签订的时间先后赔付。

第三是债权比例偿付规则。债权比例原则是当某一期风险备用金的资金数额不足以弥补当日所有符合条件的投资人损失时，按照投资人持有的债权占所有债权的比例偿付。

第四是有限赔付规则。有限赔付规则是指风险备用金以当期账户资金数额为限，保障投资客户权益。当风险备用金账户内没有资金时，投资人便得不到风险备用金的保障。这意味着风险备用金并不保证投资人的所有债权能完全得到保护，而仅是一种有限额的赔偿。有的网贷平台还限定了风险备用金赔付的时效，如宜人贷规定风险备用金对投资人逾期债权的保护时间仅在该债权满足赔付条件后的两年内，超过两年便不再赔付该债权[4]。

第五是债权转移规则。债权转移规则是指当风险备用金按照规则对符合要求的投资人赔付后，该笔债权由原债权人转移给风险备用金账户所有人。借款人日后可能归还的全部债权本金、缴纳的罚息以及其他费用也归风险备用金账户所有人，原投资人不再享有该项债权利益。有的平台直接规定债权直接转移给平台，如拍拍贷称，当逾期就赔列表的借出人享有了"风险备用

---

[1] 参见《宜人贷风险备用金服务协议》，资料来源：https：//www.yirendai.com/entry/agreement/2195.html，2016 年 2 月 18 日访问。

[2] 《什么是用户利益保障机制》，资料来源：http：//www.we.com/help/security/security！detail.action？flag＝bjbz，2016 年 2 月 18 日访问。

[3] 资料来源：https：//www.zrcaifu.com/safe/money－secure，2016 年 6 月 16 日访问。

[4] 《宜人贷风险备用金服务协议》，资料来源：https：//www.yirendai.com/entry/agreement/2195.html，2016 年 2 月 18 日访问。

金账户"对某笔逾期就赔列表按照既定规则进行的偿付后，拍拍贷即取得对应债权①。

风险备用金可以适当保障投资客户的权益，但是《办法》对此却未作任何规定。与此同时，国内对于网贷行业的风险备用金制度的相关研究非常有限②。为此，本文对风险备用金制度存在的问题进行深入探讨，并对风险备用金制度的规范化提出建议。

（三）风险备用金现状分析

我们对综合实力排名全国前三十名的网贷平台是否设立风险备用金作了相关统计，这三十家网贷平台风险备用金设置状况见表1。③

表1　主要网贷平台的风险备用金设置状况

平台名称及排序	风险备用金状况及说明
1. 陆金所	无风险备用金，其他风险保障方式
2. 宜人贷	风险备用金7.4亿元，有银行报告
3. 点融网	风险备用金数额不明，未见银行报告
4. 人人贷	风险备用金2亿元（至2016年1月8日），有银行报告
5. 微贷网	风险备用金6 100万元，有银行报告
6. 拍拍贷	风险备用金2 800万元，有银行报告
7. 搜易贷	风险备用金，数额不明，未见银行报告
8. 开鑫贷	无风险备用金，其他风险保障方式
9. 爱钱进	风险备用金1.81亿元，有银行报告
10. 有利网	风险备用金1亿元，有银行报告
11. 投哪网	风险备用金数额不明，未见银行报告

---

① 资料来源：http://www.ppdaicdn.com/download/doc/Risk_ reserve_ fund_ rules.pdf，2016年7月23日访问。

② 只有为数不多的几篇文章，例如赵玉平、胡鹏：《完善P2P网贷平台风险备付金制度的对策分析》，载《甘肃金融》2016（3）；于建颖：《国内P2P"风险备用金"走样》，载《中国证券报》，2014-09-20（007）；何廷财：《网络借贷平台的风险备用金模式及其法律性质分析》，载许多奇主编：《互联网金融法律评论》（2015年第3辑），171-178页，法律出版社，2015年。另有人从经济学角度研究风险备用金的影响，参见冯喜飞：《P2P网络借贷中风险备用金对投资者行为的作用机制研究》，中国科学技术大学硕士学位论文，2016。

其中，赵玉平、胡鹏分析了网贷平台风险备用金存在的几点欠缺，于建颖初步提出风险备用金计提的合理方法。但上述研究均比较简略。

③ 网贷平台排名由2016年6月网贷行业知名分析网站"网贷之家"提供，资料来源：http://www.wdzj.com/pingji.html，2016年7月23日访问。各网贷平台的风险备用金相关数据均参见该平台官网。由于网贷行业属于较高风险领域，该排名仅供研究之用，不构成对读者网贷投资的任何建议。另外，文中表格如未特别说明，各平台的风险备用金数据为2016年6-7月。

续表

平台名称及排序	风险备用金状况及说明
12. 易贷网	风险备用金数额不明，未见银行报告
13. 积木盒子	风险备用金 1.41 亿元（至 2016 年 4 月 29 日），有银行报告
14. 团贷网	风险备用金 7 900 万元，有银行报告
15. PPmoney	风险备用金 1.1 亿元，有银行报告
16. 翼龙贷	无风险备用金，其他风险保障方式
17. 凤凰金融	无风险备用金，其他风险保障方式
18. 红岭创投	风险备用金，数额不明，未见银行报告
19. 信融财富	风险备用金，数额不明，未见银行报告
20. 银湖网	无风险备用金，其他风险保障方式
21. 苏宁金融	无风险备用金，其他风险保障方式
22. 麻袋理财	风险备用金数额不明，未见银行报告
23. 你我贷	风险备用金数额不明，未见银行报告
24. 金宝保	无风险备用金，其他风险保障方式
25. e 路同心	风险备用金 3 000 万元，有银行报告
26. 生菜金融	风险备用金数额不明，未见银行报告
27. 抱财网	风险备用金 1 380 万元，有银行报告
28. 珠宝贷	风险备用金 5 500 万元，有银行报告
29. 和信贷	风险备用金 500 万元（至 2016 年 2 月），未见银行报告
30. 金开贷	风险备用金数额不明，未见银行报告

　　上述网贷平台是中国网贷行业的主流，其中有 23 家平台建立了风险备用金制度，占总数的 69%，说明风险备用金制度是当今主要网贷平台的主流选择。不同平台计提风险备用金的比例不同，有些根据借款人不同信誉区分计提比例，有些则以统一比例计提。区分计提比例的平台代表是人人贷，它按照借款人所提交的个人信息将借款人的危险程度分为七个层级，并依据不同的风险等级以所成交借款总金额为基数计提 0 ~ 5% 的金额放入风险备用金①。不区分风险等级的代表是宜人贷，在这家平台上所成交的借款项目无论金额大小，均以 6% 为比例从每笔借款金额中

---

① 人人贷官网：《什么是用户保障机制》，资料来源：http：//www. we. com/help/security/security！detail. action？flag = bjbz，2016 年 2 月 18 日访问。

计提风险备用金①。

而且，平台间风险备用金数额悬殊，从五百万元至七亿余元不等，其间差距百倍以上。风险备用金数额过少，可能不足以有效保障投资人的权益，数额过大，则可能增加借款人的负担。有的平台虽然公布风险备用金数额，但是迟迟未能及时更新，在官网上查不到最新数据，不利于供投资人作参考决策。

有的平台虽然声称采用了风险备用金制度，但是未在官网上出具相关银行报告，其公信力有限。银行为平台出具的风险备用金报告实际上多为以平台所属公司名义设立的单位存款证明书。此类证明书仅限于证明某平台在特定时间在该银行的存款数额。以拍拍贷为例，拍拍贷风险备用金的托管银行——中国光大银行股份有限公司上海分行在为之出具"风险备用金专项账户存管报告"时，称该资金为拍拍贷公司的自有资金，光大银行上海分行不对风险备用金使用用途的划付对象及资金进行审核，不对风险备用金账户资金划至公司基本账户后的流向进行监管，仅针对风险备用金账户资金的实际进出情况出具本报告②。招商银行海淀支行为有利网出具公司在该行的存款余额状况证明书③，网贷平台对此"专项"资金具有完全的支配权，这实际上很难说得上是公司宣称"专为"出借人设立的风险备用金。

二、 监管者的考量和风险备用金的风险

（一）考量因素

2015 年，在中国人民银行等十部门发布的《关于促进互联网金融健康发展的指导意见》中，首次正式提出，个体网络借贷机构要明确信息中介性质，主要为借贷双方的直接借贷提供信息服务，不得提供增信服务④。据此，在 2016 年中国银监会等四部门发布的《办法》中，第三条明确网络借贷信息中介机构不得提供增信服务，不承担借贷违约风险⑤。所谓增信，通常是指信用增进措施，比方第三方担保、抵（质）押担保、保险或风险准备金等。监管精神强调的是 P2P 平台自身不得提供增信。

监管者所制定的《办法》中，确立了网贷平台作为信息中介的法律地位。网贷机构为出借人和借款人提供信息搜集、信息公布、资信评估、信息交互、借贷撮合等服务。专门经营网贷业

---

① 宜人贷官网：《宜人贷风险备用金服务协议》，资料来源：https：//www. yirendai. com/entry/agreement/2195. html，2016 年 2 月 18 日访问。

② 资料来源：http：//www. ppdai. com/help/riskmarginplan，2016 年 7 月 23 日访问。

③ 资料来源：http：//www. yooli. com/static/security/，2016 年 7 月 23 日访问。

④ 《关于促进互联网金融健康发展的指导意见》，资料来源：http：//www. gov. cn/xinwen/2015 - 07/18/content_ 2899360. htm，2017 年 4 月 13 日访问。

⑤ 《网络借贷信息中介机构业务活动管理暂行办法》，资料来源：http：//www. cbrc. gov. cn/chinese/home/docDOC_ ReadView/D934AAE7E05849D185CD497936D767CF. html，2017 年 4 月 13 日访问。

务的金融信息服务中介机构，其本质是信息中介而非信用中介，因此不得自身为出借人提供任何形式的担保、承诺保本保息或者其他增信措施等。

《办法》对网贷平台信息中介的定位，使得对网贷业务的监管，重点在于业务基本规则的制定完善，而非机构和业务的准入审批。故而，正是这种网贷平台信息中介而非信用中介的法律定性，方能免去传统金融机构那种牌照申请的要求。监管者忧虑的是，在过去若干年，许多网贷机构背离了信息中介的定性，承诺担保增信等，已由信息中介异化为信用中介。为此，《办法》重点对此类行为进行规范，要求网贷机构回归到信息中介的本质①。

自 2016 年下半年以来，一些媒体视风险备用金的安排为平台自担保行为，加上制度上的空白，使有的知名网贷平台迫于舆论压力以及对监管风险的担忧，将其官网上的"风险备用金"名称改为"质量保障服务"。② 但这种换汤不换药的行为，并未改变风险备用金的实质，反而因媒体的误导与机构的行为，给行业发展带来更多的不安定因素。

（二）存在的风险

随着网贷行业高速发展以及规范的缺失，风险备用金制度在实践中暴露的风险逐渐增多。

第一，备用金风险保障能力不足的风险。如前所述，风险备用金在不同平台中，金额相差甚大，金额过少，恐怕未必能完全覆盖坏账。风险备用金是否能够覆盖平台坏账率对应的金额，需要网贷平台准确测算其现在及将来可能出现的坏账率，根据坏账率设定每笔借款计提风险备用金的合理比例。一旦真实的坏账数额大于风险备用金，投资客户的权益恐难以得到保障。

第二，风险备用金存在被网贷平台挪用或者转移的风险。如前所述，风险备用金大多是网贷平台以活期账户形式存储于商业银行，并以普通存款方式保管。作为普通银行存款，开户人可以自由支取资金，这意味着平台可以将风险备用金挪用或者转移。已经跑路的 P2P 网络借贷平台"里外贷"，曾对外宣称其在银行存有 2000 多万元的风险备用金。2015 年 1 月 22 日，里外贷平台停止运营，待收金额高达 9 亿元，其风险备用金也不翼而飞③。类似问题，也出现于 2016 年另一跑路的网贷平台"当天金融"。④ 宜人贷于 2017 年初动用 6.5 亿元风险备用金购买银行理财产品⑤，引起业界巨大争议。

---

① 《〈网络借贷信息中介机构业务活动管理暂行办法〉答记者问》，资料来源：http://www.cbrc.gov.cn/chinese/home/docView/63095C65646F4C85902F0CC10D6F6935.html，2017 年 4 月 12 日访问。

② 《宜人贷质量保障服务协议》，资料来源：https://www.yirendai.com/entry/agreement/2195.html，2017 年 4 月 9 日访问。

③ 《里外贷央视介入：2000 万风险备用金不翼而飞》，资料来源：http://www.cccity.cc/loan/2015/0124/41139.html，2016 年 5 月 9 日访问。

④ 《当天金融人去楼空，警方尚未介入》，资料来源：http://www.wd315.cn/news/8072/，2016 年 7 月 23 日访问。

⑤ 《宜人贷风险准备金突减 6.5 亿背后的真相》，资料来源：http://www.wdzj.com/news/yybb/63471.html，2017 年 4 月 11 日访问。

第三，风险备用金信息不明的风险。目前各家 P2P 网络借贷平台对风险备用金的信息披露内容甚少。只有少部分平台会每个月定期发布商业银行出具的风险备用金数额证明。在前述三十家知名网贷平台列表中，采用风险备用金的平台为 23 家，但其中 11 家平台没有出具银行（或第三方机构）的正式官方证明文件，风险备用金数额不明，平台关于风险备用金的公信力有限。而平台对风险备用金的信息披露仅是对其金额的简单罗列，其他关键信息，诸如每一时段用于偿付逾期本息的风险备用金数额等内容，则基本处于缺失状态。此种信息不明的境况，一方面不利于平台进行自我约束，风险备用金制度难以成为投资客户选择平台的有效指引，另一方面也为平台可能的暗中挪用风险备用金提供隐蔽条件，平台甚至可能误导或者诱骗投资者。

三、 风险备用金的法律争议和思考

（一）法律争议的核心

风险备用金涉及不少法律争议，其中最核心的莫过于风险备用金是否属于增信手段，涉嫌平台自身给借贷关系提供担保，以致与监管的基本精神和规范背离[1]。不同人士对此存在争议，我们在与监管机构的官员交流时，发现一些监管者对此也存在疑虑。对这个问题的不同回答，直接涉及对风险备用金制度的存废。

有观点认为，由于风险备用金对投资人的赔付金额以其账户总额为限，因此风险备用金并非担保性质，而是一种投资者保护计划[2]。也有的观点认为平台向借款人计提风险备用金，并用这笔资金对投资人进行赔付的行为，就是平台利用自有资金向投资人提供的担保。"一旦平台收取风险备用金，此笔款项就归属于平台，用风险备用金对平台的逾期债权赔付就违背了'不得担保'的禁令。"[3] 风险备用金被认为是平台的一种变相自担保，只不过鉴于目前的行业发展需要来看，风险备用金是保障平台用户权益的较好方式，将其保留下来并加以规范，能够起到更大的作用，因此才做出妥协。

（二）平台自担保的法律界定

对此争议，我们首先需要界定平台自担保（或变相担保）的法律内涵。根据《中华人民共和国担保法》（以下简称《担保法》）的基本规定，担保主要是指担保人和债权人约定，当债务

① 中国银监会在 2016 年 8 月 24 日会同其他三部委公布《网络借贷信息中介机构业务活动管理暂行办法》，该监管办法第十条明确禁止网贷平台直接或变相向出借人提供担保或者承诺保本保息，资料来源：http://www.cbrc.gov.cn/chinese/home/docDOC_ ReadView/D934AAE7E05849D185CD497936D767CF.html，2016 年 9 月 20 日访问。

② 杨东：《P2P 网络借贷平台的异化及其规制》，载《社会科学》，2015（8）。

③ 郭锋：《P2P 平台风险备用金到底能不能玩》，资料来源：http://www.weiyangx.com/160076.html，2016 年 2 月 16 日访问。

人不履行债务时，担保人按照约定履行债务。网贷平台担保或变相自担保，是指网贷平台对投资人（也即债权人）作出当债务人不履行债务（偿还到期本金和利息）时，由平台履行债务（代偿本息）的承诺，以保证其投资不会亏损。如前所述，平台自担保模式表面上看似保障投资人的利益，实则将所有借贷风险集聚在平台上，平台因此异化为信用中介，背离了《办法》对网贷平台的信息中介定位，故为《办法》所禁止。

提供自担保的网贷平台是作为担保人与借款人捆绑在一起，承担着借款人违约的风险。这实际上是以保本保息的承诺来吸引投资者。当出现大面积坏账时，网贷平台需要动用大额自有资金对借款人债务进行偿付，最终可能导致平台因担保不能而跑路的情形，无法保障投资人的权益。

网贷平台宣称为资金出借方提供保本保息时，容易误导投资人，投资人在盲目追求高利润的同时，掉入不法分子编织的陷阱。那么，网贷行业的风险备用金是否为平台自担保的形式之一？

（三）风险备用金是否构成自担保的法律分析

根据《担保法》，法定的担保方式有如下几种：保证、抵押、质押、留置和定金，其中，抵押、质押、留置和定金担保方式均与风险备用金的特性相距甚大。试析如下：首先，抵押是指债务人或者第三人不转移财产的占有，将该财产作为债权的担保。风险备用金以货币形态表示，是一般种类物，不属于实践中常见的不动产抵押品或交通运输工具、生产设备等其他可抵押的动产，与抵押的定性无关。其次，如果是动产质押，则需要债务人或者第三人将货币（即风险备用金）移交债权人占有，将之作为债权的担保。但是，根据当前风险备用金使用规则与实践，其并未移交给网络借贷关系中的债权人（也即投资人）占有，因此风险备用金不具有质押的法律性质。再次，所谓留置，主要适用于因保管合同、运输合同、加工承揽合同发生的债权的担保形式。风险备用金与留置无关。最后，风险备用金也不属于定金性质，此处不再详述①。

以上四种担保形式属于物保，《担保法》中的保证则属于人保，显然与风险备用金不同。综上所述，风险备用金与动产质押稍有近似，但是风险备用金始终在网贷平台控制之下，与动产质押有异。当前网贷行业风险备用金无法纳入到《担保法》所属的五种担保形式。因此，风险备用金的设置并不意味着网贷平台向投资人提供了自担保，且据其规则，也不意味着网贷平台承诺保本保息。

---

① 可参考《最高人民法院关于适用〈中华人民共和国担保法〉若干问题的解释》第一百一十八条的规定：当事人交付留置金、担保金、保证金、订约金、押金或者定金等，但没有约定定金性质的，当事人主张定金权利的，人民法院不予支持。2000 年 9 月 29 日最高人民法院审判委员会第 1133 次会议通过，法释〔2000〕44 号。

（四）风险备用金的法律关系

笔者认为，风险备用金在借款人、网贷平台和投资人之间，其法律关系可以用信托关系（集合资金信托）来进行解释。据《中华人民共和国信托法》（以下简称《信托法》）第二条，所谓信托是指委托人基于对受托人的信任，将其财产权委托给受托人，由受托人按委托人的意愿以自己的名义，为受益人的利益或者特定目的，进行管理或者处分的行为。名义上，受托人取得信托财产权；但在实质上，受托人行使管理、运用或处分权，必须受信托目的约束。在信托法律关系中，委托人可以指示受托人，但不直接管理、运用和处分信托财产，受托人对财产的管理和对信托事务的处理等方面，具有广泛的权限。

在涉及风险备用金的信托法律关系中，信托是委托人（借款人）根据约定，基于对受托人（网贷平台）的信任，为受益人（投资人）的利益而委托网贷平台按照约定的意愿（代偿逾期本息），以受托人的名义对信托财产（每笔借款按比例的计提）进行管理、运用或者处分的财产管理制度。风险备用金符合信托财产的法律性质。总而言之，根据《信托法》，借款人为委托人，网贷平台为受托人，投资人（放贷人）为受益人，借款人和投资人均不得对作为信托财产的风险备用金进行处分，网贷平台根据约定的风险备用金运作规则对备用金进行管理和处分。

以信托财产的法律关系理解风险备用金，其益处在于，我国《信托法》对信托财产的所有权予以回避，避免了网贷平台自身为投资人提供增信措施或演化成平台自担保的违规嫌疑。同时，《信托法》规定"受托人因承诺信托而取得的财产是信托财产"，暗含了受托人（网贷平台）对风险备用金拥有事实上的所有权，这符合目前风险备用金权利归属的现状和事实[1]。因此，视风险备用金具有信托财产法律属性，符合风险备用金当前实践及其合规性要求。

对此，国外经验也可资借鉴。诞生于 2005 年的英国 Zopa 公司是全球 P2P 网络借贷平台的鼻祖，网贷行业的风险备用金制度由其首创。Zopa 的风险备用金英文名称为 Safeguard fund（以下简称安全守卫基金），其设立目的和功能与中国风险备用金制度大致一样。但 Zopa 的安全守卫基金管理与目前中国的实践存在显著差异。安全守卫基金由 Zopa 公司负责提取，并以信托方式将资金交给一家专门成立的独立的非营利机构管理[2]。

中国 P2P 网络借贷行业可借鉴 Zopa 的做法。但是，上述方式需要另外寻求合作的信托公司，运营比较复杂，对大量"草根型"网贷平台而言，难度太大。因此，可以考虑另外一个选择：

---

[1]　笔者调研大部分网贷平台高管时发现，风险备用金来源于他们对每笔借款的计提，这部分资金亦被视作平台的收入。

[2]　Zopa 官方网站："About Zopa Safeguard"，http://help.zopa.com/customer/portal/articles/1587207，2016 年 3 月 24 日访问。

委托法律关系，即借款人以其借款额度，按照某一比例计提金额，共同委托网贷平台代管，为投资人将来的逾期出借款提供有限度的偿付服务。但在实践操作中，这笔计提的金额往往是以支付给借贷网络平台的部分手续费来体现的，如果将风险备用金转定性为上述法律关系，则网贷平台与借款人的协议必须做较大相应调整。

对于一些规模较小的网贷平台，有基于此，可以考虑一种简便方式，即网贷平台自每一笔借款计提一定比例的金额后，通过委托协议，代表借款人向保险公司购买履约保证保险或履约保证险（也称履约责任保险）。该险种是指保险公司向履约保证保险的受益人（即投资人）承诺，如果投保人（即借款人）不按照合同约定或法律的规定履行义务，则由该保险公司承担赔偿责任的保险形式。目前该险种应用范围已开始逐渐拓展至个别网贷机构。在这种方式尚未普遍推广之时，监管机构可以在未来的规章中，要求网贷机构将风险备用金经由银行专项监管，并且与平台自有资金有效隔离，其具体规范路径见下文分析。

四、 风险备用金的规范路径

（一） 明确风险备用金的法律地位

风险备用金有其存在的价值，基于网贷行业的现实以及国际经验的考虑，允诺风险备用金制度，一方面有利于增加投资人的信心，另一方面由于逾期债权需要动用平台的风险备用金，此机制有助于强化网贷平台做好风控工作的动力。目前风险备用金在已经出台的网贷监管规则中，法律地位不明，同时因为某些不明媒体或学者称其具有网贷平台自担保嫌疑，当前一些网贷机构对是否保留风险备用金制度，犹豫不决，对行业产生一定的负面影响。监管部门在未来修订监管规则时，可以考虑明确风险备用金的信托财产法律地位，并规定风险备用金仅用于垫付逾期债权，一旦该笔债权得到兑付，应以现金形式充入至风险备用金账户[①]。

（二） 规范风险备用金管理

正如学者认为，信托财产的独立性不仅要求信托财产与委托人财产的分离，还要求信托财产与受托人和受益人固有财产的分离，而且从某种程度上说，信托财产与受托人固有财产的分离是实现信托财产独立性的关键[②]。如前所述，目前风险备用金主要储存于 P2P 网络借贷平台或其关联公司在银行开设的账户，与平台自有资金未作有效隔离，易发生企业挪用风险备用金的情况。笔者建议，未来监管者应要求网贷平台将风备用金账户设为专户以及实行专门监管，网贷

---

① 目前已有类似实践值得参考，如宜人贷称，其代出借人追讨债权，所得回款优先弥补风险备用金垫付的本息支出，参见《宜人贷质量保障服务协议》，资料来源：https://www.yirendai.com/entry/agreement/2195.html，2016 年 7 月 23 日访问。

② 楼建波：《信托财产分别管理与信托财产独立性的关系——兼论〈信托法〉第 29 条的理解和适用》，载《广东社会科学》，2016（4）。

平台仅能按信托目的划转风险备用金，同时应约定风险备用金存管银行的权利义务，尤其是与风险备用金划转的有关条款。

（三）规范风险备用金信息披露内容

中国 P2P 网络借贷平台对风险备用金的信息披露少之又少。虽然有一些网贷平台定期公告相关信息，但是公告披露的内容仅限于风险备用金账户金额的增减。当用户无法从平台披露的信息中了解诸如特定时间内用以弥补投资客户本息损失的风险备用金具体金额等详情时①，平台披露的信息参考价值有限。模糊的信息披露不利于平台客户对风险备用金的监督，也制约了行业的良性发展。

风险备用金账户的资金数额多少是平台保障能力的一种体现，充足的风险备用金数额更是平台吸引投资人的关键。但当前网贷平台仅披露账户资金数额，难以体现特定平台风险备用金保障能力的增强或弱化。由于无需对资金来源及去向说明，平台不仅可以在必要时悄悄利用自有资金充实风险备用金，以不切实际的所谓"巨额"风险备用金欺骗投资者，甚至可能在完成营销推广需求后，将资金转回平台自身账户。这种行为实质上是误导甚至欺骗投资客户，侵犯客户权益，将投资客户置于高风险处境。因此，为保障风险备用金制度的透明度与真实性，必须将风险备用金的资金来源以及流向，包括对每一笔逾期债务的偿付，作为信息披露制度的重要内容，以此实现对风险备用金的监督，保障网贷平台客户的知情权。

为此，将来修订网贷监管规则时，笔者认为应当涉及以下内容：披露风险备用金账户的资金来源，包括定期披露风险备用金账户的资金流入、去向以及风险备用金账户资金金额变动。

（四）规范风险备用金信息披露时间

现今中国网贷平台对风险备用金的披露时间间隔各有千秋。间隔时间过长，不能有效和及时披露风险备用金的信息。众所周知，大部分 P2P 网络借贷平台的交易数额巨大，平台交易额时刻变化，短短数秒间，交易金额就可能出现数十万元甚至数千万元的变动，根据平台借款计提的风险备用金的数额、相应可能产生的逾期本息数额自然也跟着变化。因此，有必要缩减每次信息披露的时间间隔。风险备用金以日为计时单位，对遭遇损失的投资人进行赔付，因此日报的方式能够最准确地呈现风险备用金的使用情况，让平台投资客户及时了解平台风险变化，预估风险，作出理智的投资决策。实时披露风险备用金信息的要求增大了平台编造信息的难度和成本，能更有效地防止平台编造虚假信息的可能。在当前网贷行业监管办法对风险备用金未作规范的前提下，风险备用金信息披露指引可先由中国互联网金融协会制定。

---

① 在综合实力排名前三十的网贷平台中，我们仅见易贷网注明了 2016 年 4—6 月每月风险备用金垫付金额，为同行中少见，资料来源：http：//www.yidai.com/fengxianjin/index.html，2016 年 7 月 25 日访问。

（五）规范风险备用金计提比例

平台在计提风险备用金之前，应根据该平台的过往逾期率或坏账率等记录以及当前未偿还贷款余额等，估算出将来投资客户可能遭遇的本息损失数额。将这个金额与风险备用金的余额进行对比，计算出当前风险备用金的风险保障能力大小，并测算出合理的风险备用金规模。再根据借款人的信用等级，向每一笔借款作出有区分度的风险备用金计提比例。

（责任编辑：金雪儿）

以 e 租宝事件为视角探讨我国互联网
金融消费者权益保护体系的完善

■ 姚　军* 　马云飞** 　张小莉***

摘要： e 租宝事件表明我国互联网金融消费者权益保护存在对互联网金融平台监管不足、互联网金融机构信息披露规则无具体标准、互联网金融平台违规行为法律责任不明确等问题，要改变这种现状，构建我国互联网金融消费者权益保护体系应从三个方面入手：在监管方面，应强化互联网金融消费者保护、审慎监管的理念，在机构监管基础上引入功能监管，加强对互联网金融的行为监管和过程监管；在信息披露方面，应设立、细化并落实信息披露义务规则，强化风险提示；在法律责任方面，应在已有刑事法律责任的基础之上，加强互联网金融企业违反相关规定的行政、民事法律责任。

关键词： e 租宝事件　互联网金融　互联网金融消费者权益保护

一、 导言

随着中国金融业深度发展尤其是互联网技术在金融领域的创新，"互联网金融"理念应运而生，互联网金融的产品和服务也进入寻常百姓家。技术发展和金融平民化是互联网金融创新发展之初的动力，但是随着金融参与意识泛化和金融风险意识钝化，互联网金融在其发展过程中天然酝酿着风险和危机，e 租宝事件就是这种风险和危机的强烈信号。

e 租宝事件虽然已成为往事，其非法集资的行为也有了很明确的定性，然而它造成的影响却是深远的。在国家大力发展普惠金融、互联网金融的背景下，很有必要溯本追源，避免下一个风险事件的发生。正所谓"前事不忘，后事之师"，本文在互联网金融消费者权益保护的视角下重新梳理 e 租宝事件的始末，深入挖掘其存在的问题，结合目前理论界在这方面的研究，再次探讨

---

　 * 中国平安保险（集团）股份有限公司首席律师，法学博士。
　** 中国平安保险（集团）股份有限公司法律合规部互联网金融律师，法学硕士。
*** 中国平安保险（集团）股份有限公司法律合规部互联网金融律师，法学硕士。

互联网金融消费者权益保护问题，并提出相应的完善建议。

二、 e 租宝事件回顾

e 租宝是由一家名为金易融（北京）网络科技有限公司运营的互联网金融平台，于 2014 年 7 月正式上线，注册资本金 1 亿元，业务模式为 A2P（Asset to Peer），即互联网金融 + 融资租赁模式。在这一业务模式中其关联公司钰诚租赁与承租人首先签订融资租赁合同，再向供货商购买设备直租给承租人，然后将获得的融资租赁债权在 e 租宝上进行转让，投资人通过 e 租宝进行投资后受让债权，承租人通过 e 租宝平台向投资者定期还款，投资期满后，投资人收回本金和利息。e 租宝为了让投资人消除资金安全顾虑，宣称对产品设计了多重担保机制。2015 年底有关部门发现 e 租宝经营存在异常后，对其展开调查。据最高人民检察院官网转载的《"e 租宝"非法集资真相调查》显示，e 租宝以高额利息为诱饵，虚构融资租赁项目，持续采用借新还旧、自我担保等方式大量非法吸收公众资金，累计交易额达 700 多亿元，涉及投资人约 90 万名①。根据公安、检察机关、媒体等的调查结果，e 租宝的确存在多方面问题，如虚构融资人、融资租赁项目②；设立资金池③；自融自保④；信息不透明⑤；违规宣传⑥等。

e 租宝通过虚构融资人和投资标的，以所谓的"融资租赁债权"转让为幌子，大量吸纳投资者资金，实则是以互联网金融平台为名，行非法吸收公众存款之实。

三、 从 e 租宝事件看我国互联网金融消费者权益保护的不足

e 租宝事件的发生，表明我国在大力发展互联网金融的同时存在一些不良平台以互联网金融创新为名行诈骗之实，致使互联网金融消费者合法权益受到极大的损害。这些风险事件一方面折射出互联网金融消费者在接受互联网金融服务时缺乏足够的保护，另一方面也说明现阶段普

---

① 资料来源：http://www.spp.gov.cn/zdgz/201602/t20160201_111982.shtml，2016 年 5 月 17 日访问。

② 调查显示 e 租宝上的部分借款企业并不存在，是其为上线融资项目虚构的；另外一些企业尽管是真实存在的，但 e 租宝通过支付一定比例的"好处费"借用其名义，或者直接用融资金额的 1.5% ~ 2% 购买企业工商登记信息，直接用这些公司的信息虚构融资租赁项目；此外，e 租宝还大肆收购或者新注册公司，并通过大幅度增加企业注册资本金等方式进行包装，然后再用这些公司制作虚假项目。

③ e 租宝以高息利诱，持续采用借新还旧的方式吸收投资者资金，且 e 租宝在投资人注册、投资过程中并没有要求投资人另外注册第三方支付账号，在绑定银行卡后的充值环节，投资款项直接充到 e 租宝的账户。

④ 承诺为 e 租宝平台上的项目提供担保的三家担保公司（五河县中小企业融资担保有限公司、固镇县中小企业融资担保有限公司和蚌埠市龙子湖中小企业融资担保有限公司）的管理层基本来自钰诚集团，其经营受钰诚集团所控制，结合其通过关联方钰诚租赁虚构融资人和融资项目，已构成"自融自保"。

⑤ 从上线项目公布的信息来看，信息披露严重缺失、不真实，既没有公布融资企业名称，也没有公布融资租赁机构名称，也没有公布承担担保责任的担保公司和保理公司的名称，相关信息一概缺失。

⑥ e 租宝在宣传过程中违反《广告法》第二十五条规定，不但许以高额回报，还许诺保本付息。

通大众对互联网金融等相关概念模糊不清，从而导致无法采取有效的手段保护自己的合法权益。因此，在探讨互联网金融消费者保护的问题时，首先需要厘清互联网金融和互联网金融消费者的概念。

关于什么是互联网金融，学界目前没有形成统一的意见，但较为一致的观点认为，从互联网金融参与的主体看，基本可以分成三个大类：一是传统金融机构以互联网为渠道开展金融业，包括网上银行、证券网上交易、网络保险产品等；二是掌握有一定客户和数据的互联网企业向金融领域扩展，以 BAT 为代表；三是第三方利用互联网平台介入金融服务，如 P2P、众筹、互联网理财平台等[①]。这些不同参与主体的各种创新模式构成了互联网金融的生态版图。从功能上看，这些创新并没有改变金融的功能，只是在交易技术、交易渠道、交易方式和服务主体等方面进行了创新，改变了实现原有功能的模式，其功能仍然是融资、投资、理财、支付、结算和转嫁风险等[②]。从互联网金融的交易对象来看，这些创新模式（如第三方支付、余额宝和众筹等）的交易对象仍是已有的金融产品[③]。因此，互联网金融是互联网与金融的结合，是传统金融机构与互联网企业利用互联网技术和信息通信技术实现资金融通、支付、投资和信息中介服务的新型金融业务模式，离不开金融的本质。

综上所述，互联网金融离不开金融的本质，因此，互联网金融消费者从内涵上看仍然是金融消费者的概念衍生，在互联网金融消费者的界定上应参照金融消费者的定义[④]。纵观各种关于金融消费者的定义，核心内容是购买金融产品或服务，故成为互联网金融消费者的必要前提也是购买互联网金融产品或服务。从目前互联网金融发展的业态来看，互联网银行、网络证券、网络保险、P2P、众筹以及第三方支付等均被纳入互联网金融的范畴，购买这些产品或服务的消费者自然也就成为互联网金融消费者。因此，从外延上看，互联网金融拓宽了消费者特别是金融消费者的范围。

e 租宝开展的网络借贷业务属于互联网金融的一种业态。尽管《关于促进互联网金融健康发展的指导意见》（以下简称《指导意见》）以及相关监管规则均明确规定互联网金融企业不得虚构融资项目、自融自保、设立资金池、违规宣传承诺本息，要如实披露相关信息等，然而 e 租宝明目张胆地践踏相关法律底线及监管红线，短短时间内发展到 700 多亿元的交易额，使近百万投

---

① 陈勇主编：《中国互联网金融研究报告》，28 页，中国经济出版社，2015；潘斯华：《互联网金融消费者权益的法律保护》，载《消费经济》，2014（5）；尹海员、王盼盼：《我国互联网金融监管现状及体系构建》，载《财经科学》，2015（9）。

② 李爱君：《互联网金融的本质与监管》，载《中国政法大学学报》，2016（2）；张晓朴：《互联网金融监管的原则：探索新金融监管范式》，载《中国银行业监督管理委员会工作论文》，2014（1）。

③ 王国刚、张扬：《互联网金融之辨析》，载《财贸经济》，2015（1）。

④ 姚军、苏战超：《互联网金融视角下的消费者权益保护》，载《金融法苑》，2014（2）。

资者受害。e租宝事件凸显出我国对互联网金融消费者权益保护的不足。

（一）监管缺位

e租宝平台的业务规模、投资利率、投资期限、广告宣传等从开始运作到危机爆发都明显暴露出很多不符合市场规律的异常现象。在宏观经济不景气的情况下，e租宝贷款高速持续的增长能力一直备受质疑，2015年6月6日融360网贷评级课题组曾发布"e租宝为C－级平台的风险提示"①；同样，正常情况下借款的利率与期限一般成正比，即期限越长利率越高，而e租宝借款项目的利率与期限分布却完全相反，借款期限最长的平均利率反而最低。投资者难以发现e租宝的问题情有可原，但作为金融秩序捍卫者的监管部门却迟迟没有发现实属不该。如果监管部门能够多加关注，便可以轻易发现e租宝利用互联网金融的幌子进行非法集资的事实，就可以及时止损；e租宝也不至于像滚雪球一样让近百万的投资者、700多亿元的投资款血本无归。因此，从一定程度上来说，正是因为监管缺位才导致e租宝事件未被及时发现和制止。而监管缺失的根源在于立法的缺失，由于法的滞后性，相关法律法规来不及对新兴的互联网金融作出相应的调整，致使其游离于金融监管体系之外，如P2P、众筹等。

（二）信息披露规则无具体标准

尽管《指导意见》原则性地规定了"从业机构应当对客户进行充分的信息披露，及时向投资者公布其经营活动和财务状况的相关信息……应当向各参与方详细说明交易模式、参与方的权利和义务，并进行充分的风险提示"，但由于法的滞后性，信息披露规则缺少具体的操作细则以及监督机制。e租宝利用信息披露规则中的漏洞，在其上线的项目中，既未披露借款企业名称、融资租赁机构名称，也未披露担保公司和保理公司的名称，还在各大媒体、电台、网络等进行大规模宣传，仅强调高额收益，对风险只字不提。e租宝信息披露的缺失侵害了互联网金融消费者的知情权，妨碍了互联网金融消费者对投资以及相关风险评估等作出正确决策。

（三）违规行为的法律责任不明确

违规互联网金融平台的刑事责任认定困难。事实上，诸如e租宝之类的问题平台，往往在经营过程中就越过了法律底线及监管红线，而其定性、处置却一般要等到资金链断裂、平台跑路时才会被认定为非法集资。这跟近年来我国处置非法集资的政策有一定的关系，非法吸收或变相吸收公众存款只有达到一定的程度才被追究刑事责任②。然而由于法律法规对非法集资的两个关键因素（集资性和公众性）的界定不够明确③，实践中对非法集资的性质认识不清。平台即使开展诸如虚构融资项目、自融自保等违反监管规定的业务，在演化为刑事责任前很难被追责。

---

① 资料来源：http://www.rong360.com/gl/2015/06/06/72855.html，2016年5月19日访问。
② 最高人民法院《关于审理非法集资刑事案件具体应用法律若干问题的解释》。
③ 彭冰：《非法集资行为的界定》，载《法学家》，2011（6）。

互联网金融平台的民事责任体系不完善，导致金融消费者请求民事赔偿异常艰难。传统的金融法律法规翔实规定了金融机构应承担的义务，但其中很大一部分是金融机构向相应的监管机构履行的，如有违反，其所接受的乃是监管机构的处罚，并不因违反该义务而向受损害的金融消费者承担民事法律责任①。在这种情况下，金融消费者的合法权益遭到侵害很难向金融机构请求承担损害赔偿责任。

当然，上述并未完全揭露我国互联网金融消费者保护方面的全部不足，除此之外还存在其他问题，诸如资金存管、信息安全②、争议处理难③、征信体系不完善等。这一系列问题确实对互联网金融消费者权益保护工作带来极大的困难和挑战，但也意味着此项工作还有很大的改进和提升空间。

四、 完善我国互联网金融消费者权益保护体系的思考

互联网金融本质上仍属于金融，与传统金融一样也面临信用、市场、操作、声誉、流动性等一切常规金融风险问题④。同时，互联网金融扩大了金融消费者的群体，使得一些不具有风险辨别和承受能力的普通大众成为投资者，这部分群体的金融知识、风险辨别和承担能力相对欠缺，一旦利益受损更有可能产生一些不"理性"的行为。另外，如果互联网金融消费者的权益屡屡被侵犯，必然会使其减少对互联网金融服务的需求，甚至退出市场，从而不利于互联网金融的健康发展。因此，为维护整个互联网金融市场稳健发展，需要对互联网金融消费者进行专门的、特殊的保护。事实上，在 e 租宝事件爆发前监管层已经陆续出台了一些互联网金融方面的监管文件，如《指导意见》、《互联网保险业务监管暂行办法》等。e 租宝事件爆发后，一系列法律法规及行业自律规则也相继出台或生效，如《中华人民共和国网络安全法》、《网络借贷信息中介机构业务活动管理暂行办法》（以下简称《网络借贷暂行办法》）、《非银行支付机构网络支付业务管理办法》、《互联网广告管理暂行办法》以及《中国互联网金融协会自律惩戒管理办法》、《互联网金融信息披露 个体网络借贷》、《中国互联网金融协会信息披露自律管理规范》等。国务院更是于 2017 年 4 月组织 17 个部委启动为期一年的互联网金融领域专项整治，涉及网络借贷、股权众筹、通过互联网开展资管及跨界从事金融业务、第三方支付、互联网保险等多种业

---

① 杨东、王伟：《我国金融产品销售法律规制研究——以说明义务和适合性原则为中心》，载《经济法论丛》，2014（1）。

② 如近日"借贷宝"陷入的个人信息泄露风波，资料来源：http：//www.wdzx.com/article-17133-1.html，2016 年 12 月 14 日访问。

③ 互联网交易的无纸化特点，决定了交易过程只能以电子信息的形式存储于计算机数据库，消费者无法获得与传统金融企业交易一样的纸质凭证，也不能进行盖章和签字，这使得其在发生纠纷时收集证据变得极为困难。见尹优平：《互联网金融消费者权益保护》，载《中国金融》，2014（12）。

④ 谢平、邹传伟、刘海二：《互联网金融监管的必要性与核心原则》，载《国际金融研究》，2014（8）。

态。这些措施意味着互联网金融法律体系的不断完善，对规范整个互联网金融行业发展、维护互联网金融稳定起到重要作用，也在保护互联网金融消费者权益方面起到一定的作用。

对于如何保护互联网金融消费者权益，境外已有一些比较先进的经验。例如，在立法方面，美国通过修订原有的金融法律规范，以应对互联网金融发展所导致的规则滞后。P2P 网络借贷于 2008 年被 SEC 认定为发放证券而被纳入 SEC 的监管体系之中；众筹则被 2012 年的"JOBS 法案"允许以股权形式融资，同样受到监管①。美国完善的金融监管法律体系为互联网金融消费者保护奠定了制度基础。在监管机构方面，澳大利亚根据英国经济学家 Michael Taylor 提出的"双峰"监管理论②，设置澳大利亚审慎监管局（Australian Prudential Regulatory Authority，APRA）和澳大利亚证券和投资委员会（Australian Securities and Investments Commission，ASIC）两个监督机构。ASIC 负责制定各种关于金融服务和信息披露等的法律，其监管目的是保证各种金融产品在信息披露方面的一致性和可比性③。另外，美国 2010 年成立的消费者金融保护署（Consumer Financial Protection Bureau，CFPB），英国 2013 年成立的金融行为准则局（Financial Conduct Authority，FCA）等，均承担金融消费者保护的监管职责。在救济金融消费者权益途径方面，英、美国家和欧盟的一些国家、亚洲的日本、韩国以及中国香港地区、中国台湾地区等均开始建立独立的金融仲裁、调解和申诉机构，比如建立各种形式的 FOS（Financial Ombudsman Service）机制，以保障金融消费者的权益获得简便、快捷的救济。

通过对境外一些国家金融消费者保护实践的分析，不难发现国外保护金融消费者的做法可大致总结如下：其一为完善的立法；其二为有效的监管；其三为简便、快捷的救济途径。在此基础上，我国理论界也有很多比较完善的建议，如建立互联网金融法律体系，修改现有的金融法律法规④；制定专门的《金融消费者权益保护法》，明确互联网金融的内涵和外延⑤；改革监管组织架构，建立跨部门跨行业的金融消费者权益保护局⑥；构建互联网金融纠纷解决机制⑦等。

然而，e 租宝事件后，互联网金融平台跑路事件仍频繁发生，这表明上述措施仍存在不足，

---

① 汪振江、张驰：《互联网金融创新与法律监管》，载《兰州大学学报（社会科学版）》，2014（9）。
② "双峰"理论认为在金融监管中存在两个并行目标：一是审慎监管目标；二是保护消费者权利的目标，应分设"金融稳定委员会"与"消费者保护委员会"两个监管机构，前者从维护金融机构的稳健经营和金融体系的稳定角度进行监管，如监测商业银行的资本充足率及准备金充足率等指标、保险公司的偿付能力指标；后者是从规范金融机构经营活动角度进行监管，以此保障金融消费者利益在金融交易活动中免受侵害。详见 MichaelTaylor，Twin Peaks：A Regulatory Structure for the New Century，*Center for study of Financial Innovation*，London（1995）。
③ 黄辉：《金融监管现代化：英美法系的经验与教训》，183 页，载《广东社会科学》，2009（1）。
④ 潘斯华：《互联网金融消费者权益的法律保护》，载《消费经济》，2014（5）。
⑤ 尹优平：《互联网金融消费者权益保护》，载《中国金融》，2014（12）。
⑥ 姚军、苏战超：《互联网金融视角下的消费者权益保护》，载《金融法苑》，2014（2）。
⑦ 杨东：《互联网金融监管的五个维度：以金融消费者保护为核心》，载《清华金融评论》，2014（10）。

还需要进一步探讨、改进和完善。诚然，互联网金融的不同业态决定了每种业态都应有相应的监管规则，但不同的互联网金融业态存在共性，因此，探讨互联网金融消费者权益保护问题应综合互联网金融的共性和个性。这样做的意义在于一方面维护互联网金融行业的稳定，另一方面使互联网金融消费者免于欺诈、非法集资之扰。笔者认为可以从以下角度对我国互联网金融消费者权益保护体系进行完善。

（一）构建完善的互联网金融监管体系，强化监管

e 租宝事件折射出的互联网金融领域的监管缺位与我国现行的金融分业监管体制息息相关。2003 年中国银监会的组建标志着我国正式确立了分业经营、分业监管的金融监管体制，而这种监管格局又因为法律对跨业经营的否定而得到强化，于是分业监管实际上变成了机构监管①。在机构监管模式下，监管权限的划分是依据金融机构的类型，而不是金融机构的业务或产品②。随着金融市场的发展，金融机构纷纷进行多元化经营，各类金融产品交叉，这种交叉性在互联网金融中表现得尤为明显，各类金融产品的嵌套随处可见。嵌套产生的根源在于不同监管部门对某一具体行为的监管规则和标准可能不一致甚至冲突，从而形成监管真空③，给被监管者制造了规避法律、监管的机会和可能，这种监管套利的行为又极有可能以降低投资者的利益保护为代价。为此，笔者提出以下建议。

首先，互联网金融的监管应在机构监管基础上引入功能监管。与机构监管对一家金融机构从生到死的全程纵向监管相比，功能监管是一种"横向的监管，是在混业经营环境中，对不同类型金融机构开展的相同或类似业务进行的标准统一或相对统一的监管"。④ 在功能监管模式下，互联网金融企业所经营的任何一种业务都有相对应的监管部门，而不论该互联网金融企业本身是由哪个监管部门进行监管，从而可以避免混业经营所产生的监管真空、重叠和监管套利。

功能监管有效发挥作用的前提是明确的监管主体及职责分工。尽管互联网金融每一种业态对应的监管主体在《指导意见》中已有明确，但具体的实施细则尚未出台，各监管部门在自己的职责范围内具体做什么还是未知的。除此之外还有一些如互联网理财平台等尚无归口监管部门，同时地方金融管理部门（金融办）在互联网金融监管中的职责也不是特别清晰。鉴于目前的混乱状态，国务院在 2016 年 4 月开始组织 17 部委在全国范围内启动为期一年的互联网金融领

---

① 《证券法》第六条规定，除国家另有规定之外，"证券业和银行业、信托业、保险业实行分业经营、分业管理，证券公司与银行、信托、保险业务机构分别设立"。参见赵渊、罗培新：《论互联网金融监管》，载《法学评论》，2014（6）。

② 黄韬：《我国金融市场从"机构监管"到"功能监管"的法律路径》，载《法学》，2011（7）。

③ 王兆星：《机构监管与功能监管的变革》，载《中国金融》，2015（3）。

④ 王兆星：《机构监管与功能监管的变革》，载《中国金融》，2015（3）。

域专项整治，并于10月正式下发相关整治方案。整治方案明确了每一互联网金融业态对应的监管部门的具体职责，同时要求采取穿透式监管方法，根据业务实质认定业务属性。整治方案的内容在一定程度上体现了功能监管的思想。然而在具体整治过程中以及未来的监管中，各部门能否真正做到按照"穿透"的原则辨别业务本质，再根据业务功能和法律属性明确监管规则，还有待观察。另外，由于互联网金融行业混业经营较为严重，各种产品交叉、运行机制复杂、产品创新快，甚至有些创新难以判断其界限。因此，建议建立互联网金融监管的协调机制，明确某个监管当局专门负责或者牵头协调某一具体监管事件，这样可以充分发挥不同监管部门之间以及中央和地方之间的监管协调作用，形成监管合力①。

其次，互联网金融的监管需强化审慎监管理念，维护互联网金融体系的稳定。如何审慎，是严格准入。既然要提供互联网金融服务，就应该有一个准入门槛，哪些机构可以提供、这些机构应该具备什么入门条件等应该有明确的标准。正如《网络借贷暂行办法》规定的设立网络借贷信息中介机构的条件一样，成立其他类型的互联网金融企业也应有一定的门槛。二是设定相关监管指标。金融监管机关对传统的金融机构都会制定符合其风险承受能力的审慎性监管指标，如银行资本充足率、保险公司偿付能力率等。因此，提供相同服务的企业，应该有相同的责任承担能力，从企业角度，公平竞争一视同仁，从金融消费者角度，能得到同等的权益保护。

此外，应加强对互联网金融的行为监管和过程监管，确保监管规则得以有效落地。e租宝事件后出台的一系列监管规定，如《网络借贷暂行办法》《私募投资基金信息披露管理办法》《证券期货经营机构私募资产管理业务运作管理暂行规定》《私募投资基金募集行为管理办法》等，明确规定了互联网金融机构应遵循的行为。为确保这些规则能得到有效遵守，监管部门在日常监管过程中应加强对互联网金融机构"应为"和"禁止性行为"的监管，并建立一定比例的抽查机制。对在抽查中发现的问题，监管部门要采取进一步的措施查明问题以及影响程度的大小，要求被抽查对象作出解释说明或派驻专项检查小组深入调查。行为监管和过程监管，能及时、有效地发现并遏制风险的发生和扩大，防范和打击以互联网金融旗号从事非法集资犯罪的违法行为。

最后，互联网金融的监管还应改变传统金融监管不以保护公众投资者利益为重心的监管模式，强化互联网金融消费者保护的理念。监管的目的是保证互联网金融的稳定，而稳定的目的之一必然也是为了保护互联网金融消费者的权益，因为他们是互联网金融行业的基础。因此，监管重点应落脚于加强对互联网金融消费者权益的全方位保护上，比如要求互联网金融企业严格落

---

① 李爱君：《互联网金融的本质与监管》，载《中国政法大学学报》，2016（2）。

实 KYC 原则①，将不同的投资者根据其资产状况、投资经验、风险承受能力、投资偏好、投资预期、专业知识水平等划分为不同的类别，对不同类别的投资者规定不同的投资对象及不同的投资额度②，确保那些不适合参与互联网金融产品的投资者远离不能承受的风险。还可以参照人身险的犹豫期制度，设置互联网金融产品的冷静期，在冷静期内投资者除支付相关的手续费和工本费外可以无条件申请退款。

以上是笔者建议的互联网金融监管框架。除了应对互联网金融机构进行全程纵向监管，提高互联网金融机构稳健经营水平，还应引入功能监管的理念，实现对单一或类似业务大体相当的监管，减少监管重叠、真空和套利空间，维护市场效率和公平竞争，并在监管过程中注重审慎监管、行为监管、过程监管和互联网金融消费者权益保护，形成在纵向上的机构监管、横向上的功能监管以及动态的过程监管相结合的综合性监管。然而，监管不意味着压抑创新。监管的目的是要实现规范与发展并举，在规范的同时促进发展，在创新过程中防范风险，创新与防范风险并举。因此，监管部门对互联网金融在实施监管的过程中不应过严，以免压制其活力和效率，不利于互联网金融的创新，"应对出现的一些问题适当保持一定的容忍度和弹性……避免'一管就死，一放就乱'的现象，在保障金融系统性风险安全可控的前提下，支持金融创新，促进互联网金融的稳步发展"。③

（二）设立并落实信息披露义务规则，强化风险提示

"在市场交易中，商品的购买者有义务了解自己购买的商品并依据自己的判断作出决定。"④但是在互联网金融领域，由于产品日益增长的专业性、复杂性和互联网金融机构与普通投资者之间力量的悬殊差异，投资者在购买互联网金融产品时对相关信息的了解存在不少问题。此外，由于互联网技术的"虚拟化"效果，很多交易过程发生在线上，完全是通过数据交互的方式来完成，难以掌握交易主体以及资金流向等信息⑤。e租宝事件折射出来的一个事实就是，信息披露缺失使得投资者不知自己所投的是虚假项目。与互联网金融相比，传统金融对于信息披露方面有翔实的规定，如《中华人民共和国保险法》、《中华人民共和国商业银行法》、《商业银行个人理财业务管理暂行办法》、《中华人民共和国证券法》等皆规定信息披露的主体、内容、披露的时间以及违反义务的后果等。但由于互联网金融的特点，这些传统的金融法律法规并不能完

---

① KYC 原则，Know your customer，即充分了解你的客户，对账户持有人的强化审查原则。
② 杨东：《互联网金融风险规制路径》，载《中国法学》，2015（3）。
③ 李有星、陈飞、金幼芳：《互联网金融监管的探析》，载《浙江大学学报（人文社会科学版）》，2014（7）。
④ 杨东、王伟：《我国金融产品销售法律规制研究——以说明义务和适合性原则为中心》，载《经济法论丛》，2014（1）。
⑤ 赵渊、罗培新：《论互联网金融监管》，载《法学评论》，2014（6）。

全适用，特别是对于一些新型的业务模式。

因此，互联网金融企业在信息披露方面的义务应更加严格。信息披露的核心价值在于，当互联网金融消费者作出缔约决策时，对其有实质性影响的交易条款及信息（如交易对象、交易模式、合同权益、违约处理等资讯）能准确地展现出来。而信息披露另一核心价值在于让互联网金融消费者充分了解所购买的是什么东西①。因此包括 P2P 网络借贷在内的互联网金融产品的名称应与其投资属性和法律关系相一致，不能笼统使用投资产品、理财产品等名称，应对产品的本质进行明确说明，避免误导和迷惑普通投资者。另外，由于互联网金融产品具有很强的专业性，而互联网金融消费者又往往不具备相应的知识背景，因此披露规则应贯彻可理解性要求，尽量不用晦涩难懂的专业术语，而选择简单易懂的表述加以说明。且互联网金融机构的信息披露义务不应仅仅限于项目上线的时候，更应贯穿于合同订立、履行的全过程，如果项目期间可能影响相对人决策的信息发生重大变化，应当及时通知金融消费者并向其作出解释。总的来说，互联网金融企业应确保披露信息的真实、准确、全面、完整、及时，使互联网金融消费者能通过相关披露的信息全面了解投资标的并评估相应的风险。

e 租宝事件后陆续出台的一些关于信息披露方面的监管规则，如《网络借贷暂行办法》、《私募投资基金信息披露管理办法》、《互联网金融信息披露　个体网络借贷》、《中国互联网金融协会信息披露自律管理规范》等，在各自领域内为从业机构设立了信息披露义务，从一定程度上缓解了因信息披露不真实而造成的互联网金融消费者知情权的损害。然而这种依靠从业机构进行信息披露的做法有着明显的缺陷②，因为处于信息优势地位的互联网金融机构往往为了自身利益最大化而刻意进行不完全的信息披露。因此，信息披露规则的落实仍很大程度上取决于监管机构，监管机构应根据上述的建议加强对从业机构的监管。

除了信息披露要求之外，还应强化互联网金融企业对于投资者的风险提示义务③。互联网金融企业应对互联网金融产品各种可能的风险做出专门的、通俗易懂的提示，风险提示应充分、清晰、准确，确保客户能准确理解风险揭示内容。同时，风险提示还应以加粗加黑或其他足以引起注意的方式进行，确保互联网金融消费者明确知悉该等风险。

（三）明确相关法律责任，提高违法成本

"无责任则无义务，无救济则无权利"，这一古老的法律格言告诉我们，如果公民享有的

---

① 杨东：《互联网金融监管的五个维度：以金融消费者保护为核心》，载《清华金融评论》，2014（10）。

② 其一，对于未按照要求提供信息的融资人，平台固然可以拒绝提供服务，阻断其融资的渠道，但敢于坚持严格的信息披露要求的平台无疑将面临残酷的竞争压力，因为融资者很可能会流向要求更宽容的平台；其二，针对融资人在提供信息过程中的隐瞒或误导行为，平台本身并不像监管部门那样享有处罚权，仅能基于与融资人订立的服务合同采取行动（比如单方终止合同），这样的约束显然缺少强制力。参见赵渊、罗培新：《论互联网金融监管》，载《法学评论》，2014（6）。

③ 尹优平：《互联网金融消费者权益保护》，载《中国金融》，2014（12）。

法律权利受到侵犯之后无法获得有效的法律救济，这些法律上的权利将成为一纸空文。因此，在构建互联网金融消费者保护规则时，为确保互联网金融各参与方在互联网金融消费者权益保护方面应履行的职责能得以有效落实，应明确规定各方每一行为所对应的行为后果及法律责任。

因为互联网开放性的特征，互联网金融活动很容易演化成非法集资，因此各监管部门在日常的监管活动中应加大对非法集资的关注力度，同时与公安司法机关进行紧密协作，对于从事非法集资的互联网金融企业及其从业人员应根据《刑法》以及《最高人民法院 最高人民检察院 公安部关于办理非法集资刑事案件适用法律若干问题的意见》等相关法律法规及时进行刑事处罚，对后来者形成强有力的震慑。在已有的刑事法律责任的基础之上，还应加强互联网金融企业违反规定的行政、民事法律责任。行政责任方面，在互联网金融企业违反禁止规定开展业务、尚未达到非法集资刑事犯罪界限的，监管部门可以区分不同情形采取限期改正、罚款、吊销营业执照、列入黑名单等相应行政处罚。民事责任方面，互联网金融企业因不履行相应义务，如因超额担保、信息披露不真实、不准确等给投资者造成损失的，应要求其承担相应的民事赔偿责任。但面对经济实力雄厚且专业化程度高的互联网金融机构，单个互联网金融消费者由于地位上的不平等在遭受侵害时往往申诉无门。对于大多数互联网金融消费者来说，能最简便地解决纠纷，对其至关重要。特别是对于涉案金额不大的情况，如需花费大量精力处理，消费者往往为了避免耗时费力而选择放弃，从而使互联网金融机构变本加厉。为保障互联网金融消费者在权益受损时获得救济，并考虑到互联网金融产品的复杂性、互联网金融稳定以及社会和谐的要求，建议探索诉讼外的纠纷解决机制，此种机制至少应具有如下两项要求：其一是程序简单、便捷、高效；其二是互联网金融消费者投入成本低，裁决具有法律效力。

同时，为确保各监管部门在互联网金融监管以及互联网金融消费者权益保护中能够积极、主动、正确地履行相应的监管职责，应在分工明确的基础上明确其不履行职责的不利后果，使得监管能更有效地发挥作用。

五、 总结

金融创新的目的之一就是为金融消费者提供更加快捷、高效的金融服务，金融创新应以不损害金融消费者的合法权益为底线。互联网金融的兴起与繁荣给金融消费者带来了更多的选择和便利，使很多原先对传统金融投资望而却步的普通大众也得以参与其中，但其在发展中带来了很多问题。在发展互联网金融的同时如何保护互联网金融消费者权益，是当今热议的话题之一。国内对互联网金融消费者的保护已踏上了起跑线，如何切实将互联网金融消费者权益的保护落到实处任务艰巨。在探索这一道路的过程中，法制的健全是基本前提，不能做到有法可依，对互联网金融消费者给予特殊保护将无从谈起；监管机构对互联网金融的监管，是互联网金融消费者保护的基础；互联网金融消费者不断提高自身对金融产品的风险防范意识、进行依法维权是自我保护的重要手段。总之，创建我国互联网金融消费者权益全方位保障体系，推动我国互联网金融持续健康发展必须经各参与方不断地努力。

（责任编辑：范晓）

Financial Law Forum

金融法苑

2017 总第九十四辑

海外传真

后危机时代美国 **SIFIs** 反垄断规制分析与启示[*]

■ 阳建勋[**]

摘要： 在本次全球金融危机之后，金融消费者保护理念和金融稳定理念的强化，促使美国加强 SIFIs 反垄断规制，以保护金融消费者权益，防范和化解 SIFIs "大而不倒"所致的道德风险，弥补全球金融治理体系的缺陷。同时，金融霸权主义是美国加强 SIFIs 反垄断规制的现实诱因。由于 SIFIs 所处金融行业的特殊性，美国 SIFIs 反垄断中的相关市场呈现出地理市场扩大化、全球化，产品组合市场与差异化产品市场并行的特征。在金融全球化时代，我国金融市场与全球金融市场紧密相连，国内已经发生了 SIFIs 反垄断案件，故 SIFIs 反垄断规制是我国面临的现实难题。为了弥补金融业反垄断制度供给的不足，可以从理念和具体规则上借鉴美国 SIFIs 反垄断规制的经验。

关键词： 系统重要性金融机构　大而不倒　反垄断规制　相关市场

一、 后危机时代美国 SIFIs 反垄断规制的强化及其理念剖析

（一）后危机时代美国 SIFIs 反垄断规制的强化

系统重要性金融机构（Systemically Important Financial Institutions，SIFIs）是 2008 年全球金融危机之后国际社会出现的一个新概念。其业务规模巨大、业务复杂程度高而且对全球金融体系具有举足轻重的影响。在 2008 年全球金融危机之后，美国加强了对 SIFIs 的反垄断规制，反垄断法已经成为规制 SIFIs 的重要法律武器。美国自 2010 年起调查伦敦同业拆借利率（Libor）操纵案[①]。调查结果表明，自 2005 年到 2009 年期间，巴克莱银行的交易员先后 257 次向 Libor 报价员

---

* 本文为基金项目：中国法学会部级法学研究课题"系统重要性金融机构规制的法律问题研究"，课题编号：CLS（2015）D095；中央高校基本科研业务费专项资金资助项目（20720151284/20720151038）的阶段性成果。
** 厦门大学法学院副教授。
① Libor 是伦敦金融市场的银行间相互拆借资金时计息使用的一种利率，拆借资金包括英镑、欧洲美元及其他欧洲货币资金。Libor 对全球金融市场具有重要的影响，是国际金融市场大多数浮动利率计算的基础利率，对于全球金融衍生品定价具有直接影响，而且对于各国央行的货币政策具有明显影响。

请求人为更改利率，通过人为抬高或降低利率估值，以增加其在衍生品交易中的利润或降低交易损失。2012 年 6 月 27 日，美国商品期货交易委员会决定对巴克莱银行处以 2 亿美元的罚款；美国司法部对巴克莱银行处以 1.6 亿美元的罚款①。

美国司法部和美国联邦储备银行调查了巴克莱银行、花旗银行、摩根大通、苏格兰皇家银行、瑞士银行和美国银行六家银行操纵美元兑欧元汇率案。这些银行外汇交易员，在 2007 年 12 月到 2013 年 1 月期间，在名为"卡特尔"的即时通讯聊天室里，每天定时使用专业术语和暗号交换信息，操纵了总值达 5 万亿美元以上的货币市场，以牟取非法利益②。美国司法部认为，这六家银行"长期如此行事且反竞争行为十分恶劣"，应当予以重罚。2015 年 5 月 20 日与美国司法部达成和解协议，创下"史上最大反垄断罚单"，对六家银行的罚款与罚金合计超过了 58 亿美元③。此外，美国司法部和商品期货交易委员会对高盛、摩根大通、瑞士银行和汇丰控股等十家银行涉嫌操纵铂金与钯金等贵金属定价进行反垄断调查。

（二）后危机时代美国强化 SIFIs 反垄断规制的理念剖析

在后危机时代，美国在改革金融监管的同时，加强对 SIFIs 的反垄断规制，折射出美国在金融业反垄断规制时秉承的理念。

1. 金融消费者保护理念促进美国强化 SIFIs 反垄断规制。消费者利益保护是反垄断法的重要价值目标之一。在美国司法部诉 Visa 和 MasterCard 反垄断案件中，法庭判决认为，"被告的排他性规则限制了网络之间的竞争，并因此减少了创新性和多样化的产品而损害了消费者利益。"④美国巡回法院法官约翰·P. 库尔在否决地区法院认定维萨卡公司负有责任的裁定时所言："《谢尔曼法》最终是要保护竞争，而不是竞争者，如果我们抹杀这种区别，那么我们将会削弱其保护消费者福祉的持续的生命力。"⑤ 亚当·斯密指出，"垄断者使市场存货经常不足，从而使有效需求永远得不到充分供给。"⑥ 斯蒂格利茨分析了垄断导致低经济效率的四个原因，其中一个就是产出受到限制，因为垄断厂商可以通过限制产量提高价格，而这种高于市场均衡状态的价

---

① 王玉婷、赵泽皓：《Libor 操纵案及对中国的启示》，载《银行家》，2013（3）。

② Plea Agreement in United States of America v. Barclays PLC. https：//www. justice. gov/sites/default/files/criminal – fraud/legacy/2015/05/22/barclays – plea – agreement. pdf，2016 – 06 – 27.

③ 杨明：《美国罚六大银行 58 亿美元 开出史上最大反垄断罚单》，载《环球时报》，2015 – 05 – 23（2）。

④ ［美］罗伯特·S. 平狄克：《管理层、发卡限制与支付卡网络竞争：美国政府诉维萨（Visa）和万事达卡（MasterCard）案》，载［美］J. E. 克伍卡、L. J. 怀特，林平、臧旭恒等译：《反托拉斯革命：经济学、竞争与政策》，516 页，经济科学出版社，2014。

⑤ ［美］罗伯特·S. 平狄克：《管理层、发卡限制与支付卡网络竞争：美国政府诉维萨（Visa）和万事达卡（MasterCard）案》，载［美］J. E. 克伍卡、L. J. 怀特，林平、臧旭恒等译：《反托拉斯革命：经济学、竞争与政策》，106 页，经济科学出版社，2014。

⑥ ［英］亚当·斯密著，郭大力、王亚南译：《国民财富的性质和原因的研究》（上卷），56 页，商务印书馆，1972。

格——垄断价格会减少一部分消费者剩余，相当于是将收入从消费者转移到了垄断厂商①。这两位经济学家的论述指出了垄断损害消费者利益的本质特征，反证了反垄断法保护消费者利益的法益追求。

本次全球金融危机凸显了金融领域消费者保护的重要性，金融消费者保护的不足是引发本次全球金融危机的重要原因之一。加强金融消费者保护成为欧美各国金融监管制度变革所追求的一个重要价值目标。美国在 2010 年制定了《多德—弗兰克华尔街改革与消费者保护法案》，成立了专门的金融消费者保护机构——消费者金融保护局。金融消费者保护理念的强化不仅推动了金融监管法制变革，也促进美国加强对金融业的反垄断规制。金融消费者保护不仅是金融监管法追求的价值目标，也是反垄断法的价值目标。如美国反垄断执法机构对上述 SIFIs 操纵贵金属案件、操控伦敦同业拆借利率及汇率案件的查处，就是要保护金融消费者利益，以维护金融市场的公平竞争。

2. 金融稳定理念促使美国加强 SIFIs 反垄断以防范"大而不倒"的道德风险。本次全球金融危机凸显了金融稳定的重要性，金融稳定成为危机后欧美国家金融法治变革的重要价值目标之一。为了保障金融稳定，在国际层面上出现了金融稳定委员会这一新的国际金融组织；在国内层面上，宏观审慎监管成为金融监管的重要内容。美国 2010 年《多德—弗兰克华尔街改革与消费者保护法案》就赋予了美国联邦储备银行以宏观审慎监管职能，将总资产 500 亿美元以上的大型金融机构，即 SIFIs 全面纳入了美国联邦储备银行的监管，因为危机已经证实 SIFIs "大而不倒"的道德风险对于金融稳定具有至关重要的影响力。危机之后，美国银行业形成了由花旗集团、高盛集团、摩根大通、富国银行、美国银行及摩根士丹利六家大型银行主导的格局。合并之后的银行，其经营规模进一步扩大，都是全球系统重要性金融机构，对于美国金融市场体系乃至全球金融体系都具有举足轻重的影响。可见，金融危机之后的"大而不倒"问题较之于危机之前更加突出。

如何防范 SIFIs "大而不倒"的道德风险，成为后危机时代的重大现实问题。适用一般企业市场退出的破产机制难以对 SIFIs 产生真正的威慑力，而反垄断法对具有市场支配地位的经营者的强大威慑力已经在危机之前得到了印证。如在 1911 年美国对约翰·D. 洛克菲勒的标准石油公司的诉讼中，法院最终判决将这家公司直接解散，分拆成 37 家地区性石油公司；在 1911 年的美国烟草公司案中，该公司被分拆为 3 个公司；在 1937 年美国铝业公司案中，法院判令剥离美国铝业公司在加拿大的联营公司——铝业有限公司；1984 年美国电报电话公司被联邦地区法院认

---

① 另外三个原因分别是厂商缺乏竞争压力导致管理松懈、研究与开发费用的减缩及寻租活动。所谓寻租，是指厂商将资源用于获得或维持垄断地位的行为。参见［美］斯蒂格利茨著，梁小民、黄险峰译：《经济学》（上册），359－363 页，中国人民大学出版社，2000。

定垄断电话业务违反谢尔曼法第2条，该公司被分拆①。就金融业而言，在20世纪的"大萧条"时期，罗斯福"以强硬的立场面对垄断的金融势力，正如他对待产业垄断势力一样"，"罗斯福新政在20世纪初通过《格拉斯—斯蒂格尔法案》禁止银行同时经营投行业务和商业银行业务，成功分拆了摩根集团以及其他的货币托拉斯。"② 既然市场约束机制难以真正克服"大而不倒"地位所致的道德风险，那么消除这些风险的有效办法就是消除风险的源头——"大而不倒"的地位。反垄断法对于具有市场支配地位的经营者的严格规制，尤其是反垄断法独具的企业分拆，恰好是解决"大而不倒"现象的有力武器；反垄断法上的企业合并制度，对于控制金融业的集中程度，防范金融机构形成"大而不倒"的地位等无疑具有重要的现实意义。

在美国《多德—弗兰克华尔街改革与消费者保护法案》制定过程中，麻省理工学院的西蒙·约翰逊教授和斯蒂格利茨教授坚持认为应当拆分人银行，约翰逊教授认为，商业银行的规模不应超过美国GDP的4%，投资银行的规模不应超过美国GDP的2%，因为监管机构对于大型银行难以进行有效的管理，从而会扭曲金融市场秩序③。戴维·斯基尔将这种观点称为"布兰代斯主义"或"路易斯主义"，因为布兰代斯在20世纪初就一直提倡分拆大型银行。该法案有两个条文对金融机构的规模进行了限制。总之，美国在危机后加强对SIFIs的反垄断规制，是为了防范和化解SIFIs"大而不倒"所致的道德风险，维护美国金融稳定。

从国际层面上看，现行全球金融治理体系在维护全球金融稳定方面存在缺陷。如它忽视了大型跨国金融机构对于全球金融金融稳定的重要性，对于SIFIs等金融机构的跨国反竞争行为无能为力，毕竟现行全球金融治理体系是一个金融监管为核心的治理体系，是通过加强对SIFIs金融监管的国际合作来维护全球金融稳定。金融监管固然是维护金融稳定的重要手段，但不应当是唯一的手段。金融监管部门对于SIFIs，一方面像对待其他金融机构一样进行合规性监管和风险监管，另一方面针对其"大而不倒"的地位提高监管指标要求，尤其是对其经营行为可能造成的区域性或系统性风险进行严格监管，SIFIs的跨国反竞争行为往往不是监管的重点。以巴克莱银行等六家银行操控伦敦同业拆借利率及汇率案为例，六家银行的职员就是在名为"卡特尔"的聊天室里实施操控行为，事实上达成了一个国际卡特尔。这只不过是SIFIs从事的反竞争行为的一个缩影。SIFIs所从事的反竞争行为，诸如滥用市场优势地位操纵金融市场价格、组成国际卡特尔在国际金融市场上固定价格或者划分市场等，会实质性限制或排除国际金融市场竞争，会极大地扭曲国际金融市场价格机制，造成国际金融市场的剧烈波动，从而给全球金融市场带

---

① ［美］理查德·A. 波斯纳，孙秋宁译：《反托拉斯法》，126 – 129 页，中国政法大学出版社，2003。

② ［美］戴维·斯基尔著，丁志杰、张红地等译：《金融新政：解读〈多德—弗兰克法案及其影响〉》，77 页，中国金融出版社，2012。

③ ［美］戴维·斯基尔著，丁志杰、张红地等译：《金融新政：解读〈多德—弗兰克法案及其影响〉》，77 – 78 页，中国金融出版社，2012。

来新的风险或不稳定因素。在金融全球化时代，SIFIs 所从事的高风险投机行为及不公平竞争行为所致的金融风险，会借助全球金融体系向世界蔓延。因此，SIFIs 的跨国反竞争行为是影响国际金融市场稳定的重要隐患，必须要加强对这些行为的反垄断规制。反垄断法上的域外适用制度为规制国际金融市场存在的国际卡特尔等跨国反竞争行为提供了法律依据，有助于弥补全球金融治理体系对国际金融卡特尔等反竞争行为规制不足的缺陷。

3. 金融霸权主义是美国强化 SIFIs 反垄断规制的现实诱因。本次全球金融危机凸显了全球金融治理体系中存在的美国霸权及其危害。有学者指出，全球金融治理体系中的美国霸权主要表现在三个方面：美元在国际货币体系中的霸权地位，美元是主要的国际储备货币；美国在国际货币基金组织、世界银行、经济合作与发展组织等国际金融机构中具有绝对话语权；美国在国际金融事务中的单边主义[①]。在危机后的全球金融治理变革中，发展中国家与发达国家之间的矛盾、欧美日等发达国家之间的矛盾更加突出。美国在全球金融治理体系中的霸权地位则是这些矛盾的焦点所在。面对以中国为代表的发展中国家与新兴经济体重建全球金融治理体系的呼声及利益诉求，美国不但不会自动放弃其霸权地位，反而会想方设法通过各种手段维护甚至加强其霸权地位。如美国在本次危机发生之后全力致力于经济复苏，推行"再工业化战略"，引导制造业回流美国本土，以为其金融霸权地位奠定坚实的实体经济基础。

除此之外，需要特别注意的是，反垄断是美国维护其在全球金融体系中的霸权地位的重要手段。我国著名反垄断法专家王晓晔早就指出，美国在反托拉斯法的域外适用方面存在霸权主义。首先，美国法院往往依据效果原则确定案件管辖权，该原则考虑的是发生在美国域外的限制竞争行为是否对美国市场产生了不良影响，主要考虑的是美国的利益，置其他国家利益于不顾。其次，美国在查处国际卡特尔案件方面所获得的收益最大，而且相当大的一部分来自外国企业。"美国司法部反托拉斯局 1997 年与 1998 年所征收罚金的 90% 以上及 1999 年征收的全部罚金都是来自国际卡特尔案件，且大额罚金都来自外国企业。"[②] 危机后美国针对六家 SIFIs 开出的高达 58 亿美元的"史上最大反垄断罚单"，其中一半以上来自外国银行，仅巴克莱银行就需要支付高达 19.5 亿美元的罚款。显然，美国首创的依据效果原则所实施的反垄断法域外适用，本身就是基于美国在全世界中的经济霸权而采取的单边主义行为。金融霸权主义是美国在本次全球金融危机后强化 SIFIs 反垄断规制的现实诱因。

---

① 胡海峰、倪淑慧：《后危机时代美国霸权在全球金融治理体系的发展趋势展望》，载《教学与研究》，2015 (2)。

② 王晓晔：《反垄断法》，403 页，法律出版社，2011。

二、 后危机时代美国 SIFIs 反垄断案件中的相关市场界定及其特征

（一） 美国 SIFIs 反垄断案件中的相关市场界定

在巴克莱银行与美国司法部就操纵汇率案达成的认罪协议中，美国司法部将该案的相关产品市场界定为"即期外汇市场"（Foreign Currency Exchange Spot Market，FX Spot Market）。"即期外汇市场是一个货币交易的全球性市场。在这个市场上，货币被成对地进行相互交易，该市场每日的交易量达到约 2 万亿美元。其中，'欧元/美元'这对货币是交易量最大的，每日全世界交易量超过 5 000 亿美元。"① 该市场是一个分散化的场外交易市场，金融机构作为经纪人在该市场上代为买卖货币。如巴克莱银行与其合谋的其他金融机构，自 2007 年 12 月到 2013 年 1 月这一期间，在全球雇佣了 5 000 名以上的人员作为经纪人，在美国及全球其他各地外汇交易现货市场上买卖外汇。

认罪协议的上述内容表明，该案的相关产品市场是即期外汇市场。即期外汇市场与远期外汇市场相对应，也就是从事即期外汇交易活动的场所。即期外汇交易与远期外汇交易相对，是指"在外汇市场上外汇买卖成交后，交易双方于当天或两个交易日内办理交割手续的一种交易行为"，"既可以满足买方临时性的付款需要，又可以帮助买卖双方调整外汇头寸的货币比例，以避免外汇汇率风险。"② 远期外汇交易也叫期汇交易，其特点在于"交易双方在成交后并不立即办理交割，而是事先约定币种、金额、汇率、交割时间等交易条件，到期才进行实际交割。"③ 美国司法部认为，本案的相关产品市场局限于即期外汇交易，没有将远期外汇交易、外汇掉期交易、外汇期货与外汇期权等其他外汇产品纳入相关市场。

（二） 美国 SIFIs 反垄断案件中相关市场界定的特征

1. 相关地理市场扩大化、全球化。美国司法部与联邦贸易委员会 2010 年《横向合并指南》第 4 节的相关规定指出，"地域市场的范围经常取决于运输成本。诸如语言、规制、关税及非关税贸易壁垒、习俗及熟悉度、信誉、服务可用性等其他因素也可以阻止远距离或国际贸易。" 这说明，相关地理市场从国内地方性区域扩展至整个国家直至国外，受到多种因素的制约。这些制约因素对相关地理市场的影响会随着社会生活的变化而变化。"当产品以一个国家为其销售区域而且运输成本相对不重要时，法院经常把该产品的地理市场界定为整个国家。"④ 在美国司法部

---

① Plea Agreement in United States of America v. Barclays PLC. https：//www.justice.gov/sites/default/files/criminal－fraud/legacy/2015/05/22/barclays－plea－agreement.pdf，2016－06－27.

② 杨明基：《经济金融词典》，405 页，中国金融出版社，2015。

③ 杨明基：《经济金融词典》，1024 页，中国金融出版社，2015。

④ ［美］欧内斯特·盖尔霍恩、威廉姆·科瓦契奇、斯蒂芬·卡尔金斯著，邓志松、尹建平译：《反垄断法与经济学》，90 页，法律出版社，2009。

诉巴克莱银行案中，司法部认定的相关地理市场是全球市场。这显然突破了在美国诉费城国民银行案中所界定的几个县的狭窄地域范围，也不像在美国诉维萨及万事达案那样将地理范围局限于美国本土。这表明在经济全球化时代，诸如运输成本、消费者便利及服务可用性等传统制约因素对 SIFIs 相关地理市场的影响趋于式微。在经济全球化时代，许多产品是以全球作为其销售区域。对于金融业而言，金融全球化使得全球金融市场连为一体，计算机技术与互联网在金融业中的广泛运用，大大突破了以前金融机构提供金融服务所面临的地域限制，地理位置是否方便对于市场竞争效果的影响已经大大减弱。"以前人们办理银行业务必须亲自到银行办理，而现在往往只需通过电话、邮寄、ATM 或计算机网络就可完成交易，导致人们使用银行服务时的地区依赖性不断下降，物理界限不断被打破。"① SIFIs 正是利用现代计算机技术、互联网技术，借助于金融全球化实现了在全球范围内的经营。尽管"一个企业的基础经营区域范围是全国还是地方并不能确定它的地理市场"，② 但是地理市场毕竟是在企业的经营区域范围内界定。换言之，企业经营区域范围的扩大至少为地理市场的扩大提供了可能。经济全球化条件下 SIFIs 的经营区域范围在全球范围之内的不断拓展，就是在反垄断法规制 SIFIs 时其相关地理市场呈现出扩大化、全球化趋势的直接原因。

2. 产品组合市场与差异化产品市场并行。产品组合市场或集群市场自在美国诉费城国民银行案中提出以来，就在金融业反垄断的相关市场界定中发挥着重要作用。"产品组合市场的概念在美国、欧盟和德国的执法实践中均有多次运用，例如医院、食品零售、银行服务与电信服务领域。"③ 如果将产品组合中的每个组成元素界定为一个单独的市场，就会使得相关市场界定过于狭隘。产品组合市场恰恰能够克服该缺陷，也符合需求方希望一起采购具有交易补偿性的产品或服务组合的现实。在 SIFIs 反垄断中，产品组合市场理论仍有较大的适用价值。因为 SIFIs 大都实行的是混业经营，银行、证券及保险等不同类型的金融产品被一起供给，能够同时满足消费者的多种金融需求，这些金融产品对于消费者而言具有交易补偿性。同时，经营多种类型的金融产品，对于 SIFIs 而言具有范围经济效应。即使 SIFIs 严格依照分业经营的原则仅仅从事单一类型的金融业务，如只从事银行业务，但美国诉费城国民银行——案早已表明，商业银行是由系列信贷产品和服务（如账户结算与信托管理）构成的产品与服务群，这一点对于从事商业银行业务的

---

① Dean F Amel, Timothy H Hannan, Defining Banking Markets According to Principles Recommended in the Merger Guidelines, *Antitrust Bulletin*, Fall, 2000. 转引自饶粤红：《论反垄断视野下美国银行业相关市场的界定——兼评美国的经验、反思及启示》，载《国际经贸探索》，2009（6）。

② ［德］乌尔里希·施瓦尔贝、丹尼尔·齐默尔著，顾一泉、刘旭译：《卡特尔法与经济学》，103 页，法律出版社，2014。

③ ［德］乌尔里希·施瓦尔贝、丹尼尔·齐默尔著，顾一泉、刘旭译：《卡特尔法与经济学》，110 页，法律出版社，2014。

SIFIs 同样适用。不过,产品组合市场理论在 SIFIs 反垄断中也面临着较大的挑战。挑战来自两个方面:一方面,产品组合市场概念具有自身的局限性,它将不具有需求替代性或供给替代性的产品和服务组合在一起,使得相关产品市场的认定显得过于简单,尤其是当其中的部分产品在供给方面限制或制约了竞争时,将会提高整个组合产品的供给方的定价能力,如果再以产品组合市场的整个供给方的定价自由度认定其市场支配地位,就可能导致错误的评估①。质言之,就会低估产品组合市场整个供给方的定价能力。另一方面的挑战来自 SIFIs 的金融创新。金融创新是20 世纪 80 年代以来金融业的一大发展趋势。金融创新使得"金融机构之间的传统壁垒逐渐消失,出现了大量新的金融产品和金融工具"。② 这些新的金融产品在很大程度上是以往金融产品或工具进行组合或分解的结果。大量出现的创新型金融产品扩大了金融市场产品之间的差异性。这使得反垄断法规制 SIFIs 时,面临着一个差异化产品市场,而差异性较大的金融产品在交易上不具有交易补偿性,也缺乏有效的替代性。故不宜将差异性较大的金融产品组合在一起界定为一个相关市场。例如,在美国诉巴克莱银行案中,为什么将相关产品市场局限于即期外汇交易,没有将远期外汇交易、外汇掉期交易、外汇期货与外汇期权等其他外汇产品纳入相关市场呢? 笔者认为,这是因为由各种外汇交易产品构成的外汇市场是一个差异化产品市场,各种外汇交易产品之间存在较大差异,相互之间缺乏有效的替代性。对于差异化产品情形下的市场界定,应当"根据需求市场分析方法,按照使用功能上的替代可能性、设计用途、物理性质和价位可比性等标准"③ 进一步细分市场。即期外汇交易与其他外汇交易产品在使用功能上显然不具有可替代性,在满足市场需求方面也存在明显不同的定位,前者主要在于满足购买方的临时性付款需求,后者主要是为了应对外汇汇率风险。因此,按照上述标准,即期外汇交易应当被界定为一个单独的相关市场。

综上所述,美国反垄断法规制 SIFIs 时,在相关产品市场界定方面存在产品组合市场与差异化产品市场并存的趋势。

三、 我国 SIFIs 反垄断规制的必要性与现状分析

(一) 我国 SIFIs 反垄断规制的必要性分析

美国 SIFIs 反垄断规制的强化,对于我国金融业发展与金融法治无疑带来了新的重大挑战。

---

① [德] 乌尔里希·施瓦尔贝、丹尼尔·齐默尔著,顾一泉、刘旭译:《卡特尔法与经济学》,110 页,法律出版社,2014。

② [英] 菲利普·莫利纽克斯、尼达尔·沙姆洛克著,冯健、杨娟等译:《金融创新》,5 页,中国人民大学出版社,2003。

③ [德] 乌尔里希·施瓦尔贝、丹尼尔·齐默尔著,顾一泉、刘旭译:《卡特尔法与经济学》,105 页,法律出版社,2014。

众所周知，本次全球金融危机并没有改变金融全球化的趋势，SIFIs 在金融全球化中的重要地位与影响不减反增，SIFIs 在全球范围内的金融活动必然会将其伴随的金融风险扩展到活动所在地的东道国。为了全面防范和化解 SIFIs 的金融风险，一国对 SIFIs 的规制势必会超出该国领域范围内的 SIFIs 经营活动，对该国领域范围之外的 SIFIs 的经营活动予以规制。因此，美国对 SIFIs 反垄断规制的强化，必然会影响到已经入选了全球系统重要性金融机构名单的我国大型金融机构在境内外的经营活动。质言之，中国银行、中国工商银行等我国的 SIFIs 会受到美国反垄断法的规制。事实上，在美国 2015 年调查的十大银行操纵贵金属市场案中，就涉及中国工商银行控股的南非标准银行，中国工商银行拥有南非标准银行 60% 的股份。可见，美国强化 SIFIs 反垄断规制必将对我国金融机构利益产生重大现实影响。另一方面，欧美国家入选了全球系统重要性金融机构名单的 SIFIs 在我国境内已经开展了大量的经营活动，其在中国境外的经营活动也会对我国金融市场产生重大影响。为了维护我国金融市场的稳定，保护金融消费者合法权益，应当运用反垄断法规制国外 SIFIs 在我国国内金融市场乃至境外金融市场的竞争行为。因此，加强对 SIFIs 的规制已经成为一个迫切的重大现实问题。

（二）我国 SIFIs 反垄断规制的现状分析

2008 年 9 月，我国发生了银行业反垄断第一案——重庆西部破产清算公司诉建设银行垄断案，也是我国 SIFIs 反垄断第一案。在该案中，原告诉称中国建设银行重庆分行"拒绝交易、强制收取账户管理费、涉嫌强制收取服务费"。[①] 2012 年 5 月，北京两名律师向国家发展和改革委员会提交了举报信，举报中国工商银行、中国农业银行、中国银行、中国建设银行、交通银行五大银行与中国邮政储蓄银行的收费项目和标准存在许多相同和一致，属于价格垄断行为，要求国家发展和改革委员会依法查处[②]。第一个案件争议的焦点是建设银行的行为是否涉嫌构成滥用市场支配地位，第二个案件争议的焦点是六大银行的行为是否构成垄断协议。滥用市场支配地位与垄断协议是我国《反垄断法》规定的经济性垄断，经济性垄断的主体是经营者。依据我国《反垄断法》第十二条规定，经营者是从事商品生产、经营或提供服务的自然人、法人和其他组织。银行向客户提供金融服务，当属于经营者，其排除或限制市场竞争的行为自应适用我国《反垄断法》。此点从《国务院关于经营者集中申报标准的规定》也可以明确。该规定第二条规定："营业额的计算，应当考虑银行、保险、证券、期货等特殊行业、领域的实际情况。"这说明我国《反垄断法》并未将金融业作为适用除外的行业。因此，我国《反垄断法》有关经济性

---

① 中国证券网：《建行坐上中国银行业反垄断第一案被告席》，资料来源：http://www.cnstock.com/zxbb/bwkx/2008 −09/12/content_ 3664029. htm，2017 年 3 月 6 日访问。

② 黄倩蔚、黄妙贤：《六家银行收费协同涉嫌价格垄断？律师一纸举报信告至发改委》，载《南方日报》，2012 −05 −25（15）。这六家银行的前四大行在 2015 年就全部进入了金融稳定委员会公布的全球系统重要性金融机构名单。

垄断的规定是我国 SIFIs 反垄断规制的法律依据。

然而，我国《反垄断法》在规制 SIFIs 不公平竞争行为方面存在着一些缺陷。其一，未能明确反垄断主管部门与行业监管部门在规制 SIFIs 不公平竞争行为方面的分工与合作。以上述两个案件为例，就事关中国银监会与国家发展改革委在规制银行不公平竞争行为方面的分工与合作。其二，SIFIs 反垄断规制的具体实施规则阙如。众所周知，相关市场界定在反垄断规制中具有十分重要的意义，而金融业反垄断案件中的相关市场界定又有其特殊性。反观我国国务院反垄断委员会的《关于相关市场界定的指南》，虽然考虑到了知识产权反垄断中相关市场界定的特殊性，但是没有顾及金融业反垄断中相关市场界定的特殊性。这些缺陷是导致上述两个案件后来均"无疾而终"的重要原因之一。这表明我国 SIFIs 反垄断规制的制度供给不足，应当借鉴域外经验加以完善。美国在本次全球金融危机后强化 SIFIs 规制的实践为之提供了可供借鉴的经验。

四、 美国 SIFIs 反垄断规制对我国的借鉴意义

（一）强化金融消费者保护理念，明确反垄断主管部门与金融监管部门之间的职责分配，完善 SIFIs 反垄断规则，充分发挥反垄断法保护金融消费者权益的功能

我国银行业反垄断案件的发生，从另一个侧面反映出银行监管在金融消费者保护方面存在着诸多不足。银行消费者企图借助反垄断法维护自身的合法权益。遗憾的是，我国金融业反垄断制度供给的不足使其目的无法实现。如前文所言，美国在本次全球金融危机后加强对 SIFIs 反垄断的一个重要原因，是加强金融消费者保护。此点对于我国当下具有非常现实的借鉴意义。我国应当在反垄断法实施中强化金融消费者保护理念，充分发挥反垄断法保护金融消费者权益的制度功能。具体而言，可以从以下两个方面落实。

其一，明确反垄断主管部门与金融监管部门之间的职责分配。在反垄断主管部门与行业监管部门之间的职权配置上，有以美国为代表的并行适用模式，还有除外适用、补充适用及统一适用等模式。以银行业为例，在美国银行业反垄断的职权配置上，美国司法部、联邦贸易委员会等联邦反垄断机构和美国联邦储备银行、美国联邦存款保险公司及货币监理署等银行业监管机构，对于银行业金融机构的垄断行为均有管辖权。就理论分析而言，并行模式下的美国金融业反垄断规制涉及很多部门，似乎很容易造成各部门之间的冲突和低效率。然而，这种模式恰恰符合了美国具有分权传统的国情，"非常契合美国已有的机构的配置，同时也适应了较为复杂和难度较大的美国银行业垄断的监管。"[①] 除外适用实质上就是将特定行业排除适用反垄断法，该行业只受行业监管机构的管辖，不受反垄断执法机构的管辖；补充适用是指以反垄断法适用于行业限

---

① 杨斌：《银行业反垄断主管机构研究》，34 页，中南大学法学院 2008 年硕士论文。

制竞争行为的规制为前提，行业监管制度补充适用；统一适用则是将特定行业整体上作为竞争性行业，对于该行业内的限制竞争行为，由反垄断法统一规制，行业监管部门不享有管辖权。如澳大利亚、新西兰等国家就是采取统一适用模式①。这些特定行业往往是自然垄断行业。尽管金融业是不是自然垄断行业在理论上存在争议，但是金融业曾经在大多数国家是反垄断豁免的行业，此点与自然垄断行业的反垄断规制历史如出一辙。因此上述有关自然垄断行业的反垄断管辖权配置模式的总结，同样适用于金融业的反垄断管辖权配置。当然，随着科学技术的进步，自然垄断的神话被打破，日本早就在铁路、邮政等传统自然垄断行业打破了禁忌②。美国在危机后强化对 SIFIs 反垄断规制表明，在秉承金融自由化理念的金融全球化时代，金融业不再是反垄断豁免的行业，除外适用模式已经不合时宜。

美国金融业反垄断规制模式的借鉴意义是，应当立足于我国实际情况确立 SIFIs 反垄断规制模式，协调反垄断执法部门与金融监管部门之间的关系，以充分发挥反垄断法保护金融消费者，维护金融公平竞争的功能。首先，我国不能采取统一模式，因为已经成立的众多行业监管机构不会轻易放弃监管权，从制度变迁的视角看，成立新的统一监管机构取代原来众多的行业监管机构，社会成本极高；从比较视角看，我国是世界第二大经济体，经济规模非实行统一模式的新西兰、澳大利亚可比，依据统一模式设置的监管机构会过于庞大，不便管理③。其次，补充适用模式以反垄断为主，以行业监管制度的适用为补充，能够发挥反垄断与行业监管制度的各自优势，但也存在协调两类机构权限的困难与成本④。最后，并行适用模式存在与补充适用模式相同的问题，而且反垄断执法部门与行业监管机构对金融业的限制竞争行为享有同等的规制权，因此，协调的困难与成本甚至会更大。这或许是我国现行《反垄断法》既未将金融业纳入反垄断豁免行业，也未就反垄断执法部门与金融监管机构之间的分工与协调留下只言片语的现实原因。笔者认为，我国应当采取补充适用模式。既然金融业反垄断规制的对象是金融业的限制竞争行为，那么问题的关键是判断金融机构的行为是否会排除、限制金融市场竞争。反垄断执法部门在处理该问题上显然要比金融业监管部门具有专业优势。鉴于金融业的特殊性，涉及金融市场竞争的特殊性问题，反垄断执法部门应当向金融业监管部门征询。

其二，完善 SIFIs 反垄断的具体规则。如在相关市场界定方面，可以借鉴美国 SIFIs 反垄断案件中的相关市场界定经验，借鉴产品组合市场理论和差异化产品市场理论，完善金融业反垄断中的相关市场界定规则。

---

① 王先林主编：《中国反垄断实施热点问题》，295－300 页，法律出版社，2011。
② 陈云良：《打破自然垄断的神话》，载《检察日报》，2006－05－15（3）。
③ 王晓晔：《反垄断法》，251 页，法律出版社，2011。
④ 王先林主编：《中国反垄断实施热点问题》，298－299 页，法律出版社，2011。

（二）强化金融稳定理念，完善金融业经营者集中制度，防范 SIFIs "大而不倒" 所致的道德风险，维护我国金融稳定

美国在本次全球金融危机之后运用反垄断法加强了对 SIFIs 的规模控制，以维护美国金融稳定。这也给予我们以下启示：在我国 SIFIs 反垄断规制中，应当重视反垄断法在维护金融稳定方面的重要作用。因此，在我国 SIFIs 反垄断立法、执法与司法等各个方面，应当强化金融稳定理念，完善金融业经营者集中制度，防范 SIFIs "大而不倒" 所致的道德风险。

《国务院关于经营者集中申报标准的规定》第三条第（二）款规定："营业额的计算，应当考虑银行、保险、证券、期货等特殊行业、领域的实际情况，具体办法由国务院商务主管部门会同国务院有关部门制定。"《金融业经营者集中申报营业额计算办法》分别针对银行、证券公司、基金公司、期货公司及保险公司规定了营业额的构成要素及计算方式。且不说上述金融业经营者集中申报标准的科学性如何，对于符合以上申报标准的金融业经营者集中，反垄断执法部就面临着审查的难题。尽管反垄断执法部门可以依据《反垄断法》第二十七条规定的诸如参与集中的经营者的市场份额、相关市场的市场集中度等因素进行审查，但是缺乏控制金融业市场集中度的具体规定，很容易为 SIFIs 的经营者集中活动打开方便之门，不利于防范 "大而不倒" 所致的道德风险。美国在危机后的立法中，针对 SIFIs 进一步加强和完善了防范和控制金融业集中程度的规定，设定市场集中度的最高限制。此点对于我国的 SIFIs 反垄断规制具有非常重要的借鉴意义。

（三）完善反垄断法域外适用制度，以反垄断提升我国在全球金融治理中的地位

面对国际金融领域发生的国际金融卡特尔等限制竞争行为，国际社会至今尚未有统一的竞争政策或立法。危机后美国对一些 SIFIs 的反垄断调查，是借助于美国反托拉斯法上的域外适用制度。尽管开创了反垄断域外适用的 1945 年美国铝公司案及该案裁判确立的 "效果原则" 当时遭到了其他国家的坚决反对，但是其他国家又纷纷效仿美国的做法，在本国的反垄断法中相继规定了该制度。如德国 1957 年《反对限制竞争法》第 98 条第 2 款规定："本法适用于本法管辖范围内产生效果的所有限制竞争行为，即使这些行为发生于本法适用的领域范围之外亦同。"我国《反垄断法》第二条借鉴国际经验规定了域外适用制度。这为我国反垄断执法部门规制 SIFIs 的境外限制竞争行为提供了法律依据。

不过，该条规定的 "效果原则" 即使在美国也已经受到了一定的限制，国际礼让原则要求美国反垄断法域外适用时，应当考虑他国的利益①。一方面，我国应当利用反垄断法域外适用制

---

① 为了缓和效果原则所引起的紧张局面，在 1976 年 Timberlane Lumber 诉美洲银行案中，法官 Choy 指出，在美国反托拉斯法域外适用时应当考虑 "国际礼让" 问题。其言下之意是，只有当美国在相关案件中的利益明显超过其他国家的利益时，美国法院才有管辖权。参见王晓晔：《反垄断法》，388 – 393 页，法律出版社，2011。

度，对我国金融市场产生排除、限制竞争影响的境外 SIFIs 的行为予以规制，以维护我国金融市场的公平竞争。为此，应当保留"效果原则"作为反垄断法域外适用的主要原则。另一方面，面对美国在危机后强化对 SIFIs 反垄断规制的现实趋势，我国要对美国以反垄断维护其在全球金融治理体系中的霸权地位的动机保持清醒的认识，要善于利用反垄断提升我国在全球金融治理中的地位。如果我国仅仅依据"效果原则"确定对 SIFIs 限制竞争行为的管辖，就会像美国当初一样被其他国家广为诟病，陷入单边主义的困境。这显然不利于我国在全球金融治理体系变革中与其他国家的国际金融合作，不利于提升我国在全球金融治理中的地位。因此，建议我国修改《反垄断法》，完善反垄断域外适用制度。

（责任编辑：陆琳玲）

欧盟构建资本市场联盟的法律透视

■ 薛志华*

摘要：欧盟力图通过构建资本市场联盟推进资本市场一体化，提升金融体系配置资源的能力和水平。资本市场联盟的建设涵盖了拓宽融资渠道、降低市场准入门槛、鼓励投资等内容，同时也引发了金融监管、证券、基金发行等领域的法律修改。展望资本市场联盟的建设前景，欧盟需要处理好三个议题：一是资本市场发展与监管之间的关系；二是新规则与旧规则之间的关系；三是脱欧后的英国与欧盟的法律关系。在处理好这三个议题的基础上，通过与成员国的协调与合作，进一步破除欧盟资本市场一体化的障碍，推进欧盟资本市场的发展。

关键词：市场准入　跨境资本流动　资本市场联盟　资本市场一体化

欧盟在其 2015 年发布的《构建资本市场联盟绿皮书》（*Building a Capital Markets Union*）中指出："拓展企业融资渠道，加强基础设施领域投资是重振欧洲经济，实现欧洲发展的关键内容"。[1] 欧盟通过资本市场联盟构建单一资本市场，既可以作为银行融资渠道之外的重要补充，也可以拓宽中小企业的融资渠道，吸引外来投资，保持欧洲金融市场的稳定。考察资本市场联盟的建设将有助于加深对于欧盟推进共同市场的认识，同时也可以基于行动举措以及法律修改探究欧盟建立资本市场联盟的影响与前景。

一、 欧盟构建资本市场联盟的原因、 目的及行动计划

国际金融危机与欧洲主权债务危机组成了欧盟建立资本市场联盟的时代背景。缓慢的经济增长率和居高不下的失业率呼唤金融市场流动性和资源配置效率的提升。欧盟意欲通过资本市场联盟的建设拓展商业经营活动的融资渠道、增强资金来源的多样性，提升资本市场的运转

---

* 武汉大学国际问题研究院博士研究生，仁真国际发展研究院研究员。

① Commission Launches Work on Establishing A Capital Markets Union，资料来源：http：// europa. eu/ rapid/ press – release_ IP – 15 – 3800_ en. htm，2016 年 9 月 28 日访问。

效率①。

（一）欧盟构建资本市场联盟的原因

资本市场联盟的建立是完善欧盟经济货币联盟所迈出的重要一步，同时也是为弥补金融危机中欧盟金融系统暴露出的短板所迈出的重要一步。欧盟建立资本市场联盟的原因具体可以分为以下三点：

第一，融资与经济增长过度依靠银行业。欧盟企业的融资多依赖于银行贷款，资本市场在企业融资中发挥的作用偏低。与美国相比，欧盟中小企业通过资本市场获得的融资仅仅是美国的五分之一。如果欧盟的风险资本市场获得发展，其在2009—2014年可以为欧盟的企业提供至少900亿欧元的资金②。由于金融危机后银行业务的收紧以及银行业自身的危机，欧盟银行业对于经济的贡献作用远不及危机爆发之前，这使得过度依赖银行业的欧盟经济恢复缓慢。

第二，金融危机后欧盟金融系统的碎片化趋势。金融危机爆发之前，欧盟地区的跨境银行业务迅猛发展，以西欧国家为母国的银行业催生了中东欧金融业的发展③。而欧盟跨境银行间流动所催生的信贷泡沫成为金融危机中威胁金融安全的重要因素。这使得金融危机后欧盟银行业的跨境业务明显下降，进而导致企业依靠银行进行跨境融资的难度上升。此外，欧盟成员国对于金融服务业的管理制度各异，使得欧盟金融系统缺乏整体协调，应对金融市场波动的能力较差④。

第三，资本流动性差。欧洲的股票市场多掌握在银行或者其他金融机构手中，股票的流动性相对较差。保守的投资文化使得欧洲的储户很少将资金投入到风险较高的股票市场，从而导致欧盟的资本市场规模偏小。成员国对于风险资本的征税较高，同时设定了严格的准入和监管条件，使得跨境资本流动受到多重限制⑤。

（二）欧盟构建资本市场联盟的行动计划

改变过度依赖银行借贷的融资模式、丰富融资来源、促进资本流动是建立资本市场联盟的重要目的。构建资本市场联盟的行动计划也将改善欧盟资本市场的融资、投资、市场准入等问题作为核心内容。

---

① Capital Markets Union，资料来源：http：//ec. europa. eu/finance/capital – markets – union/docs/cmu – factsheet_ en. pdf，2016 年 10 月 3 日访问。

② Action Plan on Building a Capital Markets Union，资料来源：http：//eur – lex. europa. eu/legal – content/EN/TXT/PDF/？ uri = CELEX：52015DC0468&from = EN，2016 年 10 月 1 日访问。

③ 胡琨、刘东民：《欧债危机下欧盟银行规制与监管体系的转型与创新》，载《欧洲研究》，2013（3）。

④ Building a Capital Markets Union，资料来源：http：//eur – lex. europa. eu/legal – content/EN/TXT/PDF/？ uri = COM：2015：63：FIN&from = EN，2016 年 10 月 1 日访问。

⑤ A Capital Markets for Union，资料来源：http：//ec. europa. eu/priorities/sites/beta – political/files/cmu – 1 year_ en. pdf，2016 年 10 月 1 日访问。

1. 促进投融资双方信息交换便利化。行动计划将融资的需求主体设定为中小企业、创业公司、创新型企业三类。一方面，行动计划鼓励新的投融资方式如众筹、风险投资、私募的发展，另一方面，行动计划致力于收集整合欧盟范围内中小企业金融与信誉信息，为中小企业和投资者之间的信息交换创造便利①。具体而言，行动计划提出加强欧盟与欧洲央行、成员国央行在整合中小企业信誉信息层面的合作，共同推进泛欧洲信息系统的建立（Span – Europe information system），同时欧盟力图整合目前成员国国内现有的中小企业信誉联盟（credit union），探索在欧盟范围内建立统一的信誉联盟的可能性。这些举措的顺利实施，将为企业融资和投资者甄选投资对象创造便利，减少信息不对称引发的风险。

2. 破除针对中小企业的市场准入门槛。中小企业进入资本市场的门槛较高，成为制约其通过资本市场融资的障碍。这 障碍主要体现在两个层面：一是欧盟目前关于企业进入公开市场的规定制约了中小型企业通过公开市场募集资本的积极性。基于法国财政部长拉加德发布的一份报告指出，企业的规模与企业上市所花费的成本成反比，即规模越小的企业其上市成本的花费越高②。二是内容复杂、程序烦琐的招股说明书催生了中小企业的制作成本，增加了中小企业制作的难度，而内容繁杂的招股说明书也使得投资者难以以此为依据找到合适的投资对象。为破除企业进入公开市场的障碍，欧盟委员会在行动计划中致力于更新招股说明书指令，简化和明确招股说明书所展示的信息，同时理顺审批过程，提高中小企业准入能力。

3. 推进投资类型与投资主体的多元化。资本市场联盟计划通过盘活资本与投资的关系，实现资本来源的多元化。从投资类型来看，资本市场联盟计划将投资分为长期投资、基础设施投资、可持续投资，从投资主体看，资本市场联盟计划重点关注个体投资和机构投资。

在推进长期投资、基础设施投资和可持续投资问题上，行动计划希望发挥欧盟投资银行与欧盟投资咨询中心的专业性作用，为投资公司获得资金支持提供科学的指导，并通过发行绿色债券的形式促使企业在投资过程中保护环境，实现可持续性的投资。

在推进个体投资和机构投资问题上，行动计划明确指出欧盟委员会将出台关于如何增加个人投资产品种类、竞争和跨境供应的绿皮书，同时通过立法手段加强对于个人投资产品特点的介绍（如成本、回报率、风险等），以增强产品透明度，并通过完善税收制度、投资备案制度，破除机构投资的跨境投资障碍。

---

① Action Plan on Building a Capital Markets Union，资料来源：http：//eur – lex. europa. eu/legal – content/EN/TXT/PDF/? uri = CELEX：52015DC0468&from = EN，2016 年 10 月 3 日访问。

② An EU – listing Small Business Act，资料来源：http：//www. mazars. com/Home/News/Latest – News3/Report – calling – for – an – EU – listing – SBA，2016 年 10 月 4 日访问。

二、 欧盟构建资本市场联盟引发的法律修改及其影响

（一）欧盟构建资本市场联盟引发的法律修改

欧盟目前的法律修改主要体现在证券发行、基金发行、金融监管等法律规定的变化①。这些法律规定的变化是对原有欧盟金融法律规范的新发展，同时也更改了原有法律与建立资本市场联盟不相适应的内容。

1. 修改《招股说明书指令》。招股说明书是证券发行者进入资本市场的门户②。在资本市场联盟行动计划中，招股说明书规则的改革扮演着关键的角色。《招股说明书指令》的修改涉及以下内容：第一，解除对于发行金额的限制。指令删除了原指令中对于证券发行需满足特定金额（500万欧元以上）的规定③。第二，简化审批程序。依据原指令，证券市场的发行者需要提供通用注册文件（universal registration document）所需要的债务或者股权信息。修正后的指令为发行者提供更加迅捷的审批通道，监管部门在发行者提交通用注册文件5天之内应作出审批决定。第三，要求欧盟证券和市场管理局提供所有审批获得通过企业的招股说明书在线网络检索功能，为投资者寻找投资目标企业提供便利。

2. 修改《欧洲风险资本基金条例》和《欧洲社会创业基金条例》。2013年，欧盟出台《欧洲风险资本基金条例》和《欧洲社会创业基金条例》（以下简称《条例》）以期促进风险投资和社会投资的发展，拓宽欧洲企业的融资渠道④。但在《条例》实施过程中，仍存在不足之处。欧盟委员会的提案对于上述《条例》的修改包括以下内容：第一，确认另类投资基金管理人（alternative investment fund managers）管理风险资本基金和社会创业基金的资格，要求基金管理人满足必要的投资条件以及对于投资者的信息披露和备案。第二，对于风险资本投资项下的组合投资业务设置了新的人数限制。从事此项业务的非上市公司的雇员数量限制由250人以上提升至400人以上。第三，明确基金管理人登记流程。由各成员国在基金管理人提出申请后的两个月内告知管理人是否完成登记，同时避免在基金条例与基金管理人指令项下的双重登记。第四，规定

---

① Wolf – Gorge, Ringe, Capital Markets Union for Europe: a commitment to the Single Market of 28, 9 *Law and Financial Markets Review* 1 (2015), p. 6.

② Building a Capital Markets Union or designing a financial system for the euro area? 资料来源：https://www.ceps.eu/system/files/Capital%20Markets%20Union.pdf，2016年10月8日访问。

③ Proposal for a Regulation of the European Parliament and of the Council on the prospectus to be published when securities are offered to the public or admitted to trading，资料来源：http://eur – lex.europa.eu/resource.html? uri = cellar: 036c16c7 – 9763 – 11e5 – 983e – 01aa75ed71a1.0006.02/DOC_ 1&format =PDF，2016年10月10日访问。

④ Amending the EuSEF and EuVECA Regulations—European Commission publishes its proposals，资料来源：http://www.elexica.com/en/legal – topics/asset – management/19 – amending – the – eusef – and – euveca – regulations—european – commission – publishes – its – proposals，2016年10月6日访问。

成员国国内的有权机构不得对跨境资金收取费用或者要求其支付对价。

3. 修改《偿付能力监管 II 号指令》。《偿付能力监管 II 号指令》（以下简称《指令》）是以偿付能力为核心的全面风险监管体系，包括对于资本的定量要求、定性的监管审查和信息披露要求[1]。但是，该《指令》缺乏针对基础设施投资和长期投资的规定，这为《指令》的修改提供了空间。具体的修改内容包括两个方面：一是增加关于适格的基础设施投资标准（qualifying infrastructure investment）的规定。法案增加对于投资基础设施的实体承担投资风险能力与拥有充足现金流的规定。二是修正关于欧盟长期投资基金投资方法的规定[2]。在偿付资本能力要求项下，将持有长期投资基金的股权视为一类股，以吸引更多的潜在交易。

（二）欧盟构建资本市场联盟产生的影响

金融体系可以不受时间和空间限制更有效率地分配资源，资金可以通过金融机构的中介作用投入到回报最大的项目中[3]。欧盟的资本市场作为全球金融体系的一部分，其推出的资本市场联盟计划将影响全球金融业的发展[4]，也将影响欧盟资本市场一体化进程。

从全球层面看，金融危机后，全球金融业形势面临着金融全球化趋势放缓、金融保护主义抬头的问题。金融保护主义使得金融规则呈现出碎片化的态势。金融规则的碎片化阻碍了国际金融监管协调的难度，也增加了利用规则漏洞进行套利交易的风险。此外，跨境金融业务的萎缩使得资本的流动性受到限制，同时也降低了市场分配资源和分散风险的能力[5]。欧盟建立资本市场联盟的目的就是从市场准入、税收多个环节，破除跨境投资的障碍，解决中小企业融资难的问题。欧盟的这一行动无疑是对目前国际金融业融资难问题的有力回应，对于增强流动性、提升资本配置效率具有积极意义。

从欧盟层面看，单一护照制度、相互承认原则、最低协调原则和母国监管原则构成欧盟金融市场准入与经营的法律框架和基石[6]。这些制度与原则为调整欧盟与成员国金融市场，实现金融市场的统一设定了总体的框架。资本联盟行动计划的实施则是在原有框架的基础之上，更加深入地关注欧盟与成员国在资本市场管理与法律规制中的缺陷与滞后之处，通过对于不足之处的修改，矫正原有框架下阻碍资本市场发展的因素，推进资本市场的一体化。此外，行动计划中确

---

① 江时学：《欧盟偿付能力 II 对完善我国偿付能力监管制度的启示》，载《中国金融》，2010（23）。

② Commission Implementing Regulation（EU）2016/869，资料来源：http://eur - lex. europa. eu/legal - content/EN/TXT/PDF/? uri = CELEX：32016R0869&from = EN，2016 年 10 月 7 日访问。

③ 周仲飞：《提高金融包容：一个银行法的视角》，载《法律科学》，2013（3）。

④ Defining Europe's Capital Markets Union，资料来源：http://bruegel. org/wp - ontent/uploads/imported/publi-cations/pc_ 2014_ 12_ cmu. pdf，2016 年 10 月 10 日访问。

⑤ Global Economic Prospect 2016，资料来源：https://openknowledge. worldbank. org/bitstream/handle/10986/24319/9781464807770. pdf? sequence = 6，2016 年 10 月 12 日访问。

⑥ 程卫东、李靖堃：《欧盟法律创新》，120 页，社会科学文献出版社，2008。

认了国际投资对于欧盟资本市场发展的重要性，并致力于通过降低跨境投资的法律和管理成本提升欧盟资本市场对于国际投资者的吸引力①。这也为国际投资者赴欧投资创造了便利条件。

三、 资本市场联盟引发的讨论及其前景展望

资本市场联盟是欧盟为推进资本市场一体化所出台的重要举措。学界肯定了这一举措在推进资本市场一体化中的作用，也对这一联盟的构建方式以及英国脱欧后的建设进程进行了讨论。具体而言，主要包括以下三点内容：

第一，肯定资本市场联盟对于欧盟资本市场一体化的作用。这一作用具体可以分为金融体系层面、法律层面两部分：从金融体系层面看，银行业联盟可以与资本市场联盟在信息交换、融资服务等领域相互配合。资本市场与银行业二者之中任何一方的发展均可以带动对方的发展。鉴于以银行借贷为核心的金融体系成为引发金融风险的源泉，融资渠道的拓展以及跨境投资的发展有利于分散金融体系中的系统性风险，维护金融稳定②。从法律层面看，资本市场联盟的建设使得欧盟资本供求不平衡问题得到缓解。从供应的角度看，欧盟委员会提案确立的简单、透明、标准化的证券业务标准以及对于《风险资本基金条例》和《鼓励社会创业基金条例》的修正，有助于重塑投资者对于资本市场的信心，释放与银行资产负债表相关的能力，从而为企业融资创造良好的条件③。从需求的角度看，修改后的《招股说明书指令》简化了招股说明书的具体内容，降低了企业进入公开市场的门槛④，并通过招股说明书检索功能搭建起投资者与目标投资企业之间的桥梁。

第二，质疑欧盟构建资本市场联盟所遵循的"自下而上"的方式。"自下而上"的方式是指依靠市场的作用推进行动举措的实施，通过逐一破除发展障碍、强化资本市场主体自律的方式，实现资本市场联盟的最终建立⑤。但是，降低市场准入、推进投资多元化以及相关法律修改等行动仍然以欧盟力推为核心特征⑥。德国和法国也试图通过这一过程将本国的法律规定转化为欧盟

---

① Capital Markets Union – Accelerating Reform，资料来源：http：//ec. europa. eu/finance/capital – markets – u-nion/docs/20160913 – cmu – accelerating – reform_ en. pdf，2016 年 10 月 16 日访问。

② Ismali Erturk. Challenges of Financialised Firm Behaviour for Capital Markets Union，9 *Law and Financial Markets Review* 3（2015），p. 200.

③ Capital Markets Union – Accelerating Reform，资料来源：http：//ec. europa. eu/finance/capital – markets – u-nion/docs/20160913 – cmu – accelerating – reform_ en. pdf，2016 年 10 月 16 日访问。

④ Dieter Pesendorfer, Capital Markets Union and Ending Short – termism：Lessons From the European Commission's Public Consultation，9 *Law and Financial Markets Review* 3（2015），p. 206.

⑤ Building a Capital Markets Union，资料来源：http：//eur – lex. europa. eu/legal – content/EN/TXT/PDF/？uri = COM：2015：63：FIN&from = EN，2016 年 10 月 16 日访问。

⑥ Wolf – Georg Ringe，Capital Markets Union for Europe：A Commitment to the Single Market of 28，9 *Law and Financial Markets Review* 1（2015），p. 8.

的规则，从而达到影响欧盟立法的目的①。欧盟及欧盟主导国的力推与欧盟倡导的"自下而上"构建资本市场联盟的方式相背离，这种背离是欧盟在特殊法律条件及市场环境下作出的无奈选择。从法律条件上看，资本市场联盟的建设属于欧盟与成员国共享权能的事项，成员国仍然享有立法权，这就为成员国寻求特殊性的立法创造了条件。一旦成员国以本国利益优先，而忽视了共同体的利益，则极有可能造成法律差异以及市场壁垒的出现，从而影响单一市场的推进。从市场环境上看，欧盟的经济发展过度依赖银行业，银行贷款是融资的主要资金来源。在资本市场尚未充分发展的当下，仅仅依靠市场的作用来推进资本市场的整合与发展难度较大。金融危机后，为防范投资风险，投资者的投资取向呈现出明显的本土偏好，跨境投资的意愿不强，这种情况也使得资本市场的活跃度降低，市场的推动作用更是无从发挥。欧盟及欧盟主导国的力推有助于为单一市场建设提供指引，使成员国在制定本国的国内立法和政策时紧紧跟随资本市场一体化的大方向，防范由于各成员国国内资本市场发展状况的不同，出现政策法律相互冲突的情况。

第三，讨论英国脱欧对于资本市场联盟建设的影响。资本市场联盟旨在激活新的金融形态，拓宽融资渠道。英国伦敦作为世界上资金穿梭最频繁的地方，是资本市场联盟建设依托的重点区域。伦敦的区位优势体现在悠久的金融发展历史、轻触式的金融监管体系、优良的基础设施上，这为资本市场的发展创造了优越的制度与法律环境。伴随脱欧程序的启动，英国与欧盟的法律关系需要重新定位，这也为资本市场联盟的建设蒙上了一层阴影。伦敦替代性金融业的发展水平占到了欧盟总量的60%②，其优越的金融基础设施和金融监管体系也是欧盟其他地区不可比拟的。缺少了欧盟"金融护照"的伦敦，其资本进入成员国市场的难度和成本也将上升，对于投资者和金融科技企业如转账公司、众筹平台、互联网金融等企业的吸引力将会下降，这就有可能引发金融科技企业的搬迁③。此外，英国脱欧程序的启动可能给金融市场带来不确定性，造成投资者心理恐慌，引发金融波动。如何通过适宜的法律安排实现英国与欧盟双边法律关系的稳定，防范因规则变动引发的金融风险，最大限度地降低人员、企业、成员国面临的不确定性，将是亟须处理的问题④。

欧盟委员会提出要在2019年建成资本市场联盟。考虑到英国脱欧这一"黑天鹅"事件的发

---

① Response to the EC's Public Consultation on the CMU Mid-term Review 2017, 资料来源：http：//www. finance-watch. org/our-work/publications/1349，2017 年 3 月 31 日访问。

② Ondrej Dusílek, The Future Position of Equity Crowdfunding in the European Capital Market Union，资料来源：https：//cityoflondonalumniforum2014. files. wordpress. com/2016/03/research_ equity-crowdfunding_ dusilek_ fellowship_ 2015_ final. pdf，2016 年 10 月 18 日访问。

③ 高波：《英国脱欧对英国及欧洲金融市场影响》，载《中国银行业》，2016（5）。

④ Statement by the European Council（Art. 50）on the UK Notification，资料来源：http：//www. consilium. europa. eu/en/press/press-releases/2017/03/29-euco-50-statement-uk-notification/，2017 年 4 月 2 日访问。

生，是否能在预期的时间内建成难以预料。展望资本市场联盟的建设前景，欧盟需要处理好三个议题。

一是资本市场发展与监管之间的关系。缓慢的经济增长增加了企业的经营风险和银行的信贷风险。为破除企业融资难的问题，欧盟力图通过催生企业股票价格，鼓励更多的社会资金进入资本市场，让企业在资本结构上增加股权融资的比重、减少债务占比，并通过发展金融细分市场的方式，让更多资金进入各类股权市场，建立起包括私募、风险投资、股票、债券在内的直接融资体系。在促进资本市场发展的过程中，欧盟也重视防范流动性风险，监管资本市场漏洞。欧盟敦促金融市场主体，尤其是企业和基金管理人构建风险管控约束机制，强化信息披露义务，并通过保险、信用评级等手段提升增信水平。对资本市场进行监管是为了防范风险，推进其健康稳定发展。而在监管资本市场的过程中，如果政策落实不到位，可能会抑制资本市场的发展，如何实现发展与监管的平衡将是影响资本市场联盟建设的重要议题。

二是新规则与旧规则之间的关系。在决定建设资本市场联盟之前，欧盟已经出台了一系列规定和指导资本市场发展，监管资本市场商业行为的规则。其中包括因金融危机而搁置的欧盟金融服务行动计划以及涉及监管、清算等领域的单一欧盟规则。这些规则同资本市场联盟确立的规则共同组成了欧盟资本市场发展的"规范篮子"。由于调整的法律关系以及约束对象相近，新旧规则之间难免存在重合与矛盾。欧盟希望通过规则评估的方法，即考察已有规则在金融实践中的有效性，以及对金融市场的稳定性、流动性产生的作用来确定规则的适当性①。此外，新规则对于原有规则的突破仍是需要关注的议题，例如有学者指出资本市场联盟中的金融公司提供信用中介服务可以不受审慎监管规则的限制②，如何协调规则之间的冲突以及确保规则在欧盟成员国国内的适用将影响着资本市场联盟的推进进程。

三是脱欧后的英国与欧盟之间的法律关系。拥有悠久历史和良好金融基础设施的伦敦是欧盟推进资本市场联盟建设的重要支点。如何确定同脱欧后英国的法律关系对于欧盟资本市场的发展以及金融的稳定具有重要意义。这一法律关系的确定取决于两个现实需要：第一，将伦敦作为业务所在地的企业具有进入欧盟单一市场开展业务的现实需要；第二，欧盟的资本市场发展需要依托伦敦的国际金融中心地位。英国与欧盟在金融发展领域的相互依赖决定了二者的法律关系不会到"水火不容"的境地，欧盟法与英国法之间的相互协调是这一法律关系发展的基本

---

① Paul Richards, Capital Markets Union: A Discussion Paper, *ICMA quarterly report*, 9 January 2015 First Quarter. Issue 36.

② Kern Alexander, Capital Markets Union from the Perspective of the Banking Industry and Prudential Supervision, 9 *Law and Financial Markets Review* 3 (2016), p. 195.

趋势①。脱欧后的英国可以考虑加入欧洲经济区，同欧盟签署自由贸易协定，继续作为欧盟单一市场的成员。通过这种方式，英国与欧盟均可以为各自的金融业发展创造条件，同时最大程度上保持金融稳定。

四、 结语

目前，欧盟建立资本联盟引发的法律修改主要体现在证券发行、基金发行、监管等层面。这些变化主要还是欧盟层面的法律更新。考虑到资本市场联盟的建设属于欧盟与成员国共享权能的事项，成员国仍然享有立法权。这就为成员国寻求特殊性的立法创造了条件。一旦成员国滥用自身的权力，则极有可能导致共同市场建设的四分五裂。此外，资本市场联盟的建设不仅涉及垂直层面的欧盟—成员国关系，还涉及水平层面成员国之间民商事主体之间的关系，在这一情况下，相互承认原则的适用显得尤为重要，即一旦特定的市场参与者符合母国设定的最低标准（这一最低标准要与欧盟的规定相一致），其就可以在全欧盟范围内参与证券业务。在建设资本市场联盟的过程中，欧盟与其成员国需要加强相互协调与合作，避免采取任何可能损害联盟目标实现的措施。

（责任编辑：方潇逸）

---

① Paul Richards, The Brexit Negotiations and the International Capital Markets, *ICMA quarterly report*, 10 January 2017 First Quarter. Issue 44.

美国衡平居次原则的演变及其启示

■ 李丽萍*

摘要：破产企业内部债权的存在经常使外部债权人利益难以保全，需审慎处理以确保破产公平原则的实现。美国衡平居次原则作为一项处理破产企业关联债权的救济手段已发展得较为完善。从早期 Comstock 案开始，衡平居次原则奠定了"救济"属性，近期 Sentinel 案和 LightSquared 案将"不公平行为"作为该属性的落脚点，表明这些年来衡平居次原则在"严格适用"与"扩张适用"两条路径上交叉着不断演变发展，形成一套相当完备成熟的衡平救济体系。目前衡平居次原则在我国的实践并未真正开始，其在美国演变史上的精要之处无疑值得借鉴。

关键词：衡平居次原则深石原则　救济　不公平行为　破产债权

一、引言

为适应市场经济和社会化大生产的需要，充分发挥规模效应，关联企业早已成为市场上司空见惯的一大经济现象。关联企业往往出于降低成本、提高利润、规避风险、加强竞争力等种种原因形成，却给现行法律带来巨大挑战。尤其当从属公司破产时，关联企业与之形成的关联债权与从属公司外部债权之间应如何权衡，以捍卫公司法人格独立和破产法公平机制根基的问题，我国现有关联债权处理机制也常常对此显得捉襟见肘。2015 年，最高人民法院通过发布典型案例的形式表明其接受了美国判例法上的衡平居次原则，否认了出资不实股东与外部债权人进行同等顺位受偿的主张，旨在维护破产法实质公平原则。但迄今为止，司法实践中尚未出现相关判例，可以说衡平居次原则在我国的实践并未真正开始，美国衡平居次原则演变史上的精要之处无疑值得借鉴。

美国判例法上的衡平居次原则被认为是处理破产企业关联债权问题的利器。衡平居次原则 (The Rule of Equitable Subordination) 又称深石原则 (The Deep Rock Principle)，是美国在 1939 年 Taylor v. Standard Gas & Electric Co. 案确立的处理关联债权的重要原则。事实上，衡平居次原则

---

* 华东政法大学国际金融法律学院 2015 级法学硕士研究生。

本身包括两个原则，一是衡平原则，即"法官以抽象的公平、正义理念对各种利益加以平衡后有选择地适用法律调整社会冲突，实现符合社会公认价值取向和社会进步的利益平衡点，进而对社会整体利益实现有效保护。"[1] 二是居次原则，即当企业破产时，若某些债权人因实施不正当行为或基于其有利地位（如公司的内部债权人），从而获得优于其他债权人（如公司的外部债权人）的不公平优势时，法院有权将其债权劣后处理。因此，合二为一后的衡平居次原则即指在企业破产程序中，法院可以基于衡平法的公平正义理念对不公平的破产债权顺序进行调整，即"先衡平，后居次"。[2] 易言之，衡平居次是指法院修正不同索赔的法律处理[3]，在公司破产分配时，法院将具有不正当行为的债权人置于其他债权人之后而受偿[4]。经过将近70年的不断积累与发展，衡平居次原则在美国已形成一套相当成熟的运行体系，为实现破产公平发挥了重要效用。

其实学界对我国破产法是否应引入衡平居次原则早有讨论。甚至2003年《最高人民法院关于审理公司纠纷案件若干问题的规定（一）（征求意见稿）》（以下简称《征求意见稿》）便在第五十二条指出，"控制公司滥用从属公司人格的，控制公司对从属公司的债权不享有抵消权；从属公司破产清算时，控制公司不享有别除权或者优先权，其债权分配顺序次于从属公司的其他债权人。"该条款被认为是对衡平居次原则在我国适用作出的一般性规定。遗憾的是，在我国此后出台的《公司法》、《企业破产法》及一系列相关司法解释中，衡平居次原则却没有获得认可，该《征求意见稿》中的规定也未能生效[5]，衡平居次原则究竟应否、能否为我国相关法律所接纳，值得慎思。本文意在梳理美国衡平居次原则的演变发展史，通过剖析若干具有深远影响的判例明确其适用原则，继而概述衡平居次原则在我国的实践情况，期待该原则在未来得以发展和完善。

二、 适用原则： 从争议到发展

作为衡平法上的一项重要救济手段，衡平居次原则在美国司法实践中不断适用，并为世界上其他国家与地区广泛借鉴。在衡平居次原则面世之前，母公司对子公司的债权往往因为"揭

---

[1] 曹光曜、陈红：《试论衡平原则在司法实践中的运用》，载《社会科学》，2003（3）。

[2] 胡田野：《公司资本制度变革后的债权人保护路径》，载《法律适用》，2014（7）。

[3] In re Insilco TechnologiesInc. , 480 F. 3d 212, 218, 47 Bankr. Ct. Dec. （CRR）266, Bankr. L. Rep. （CCH）P80893 （3d Cir. 2007）.

[4] In re Clearview Builders Inc. , 405 B. R. 144, 147‐48, 51 Bankr. Ct. Dec. （CRR）137 （Bankr. M. D. Pa. 2009）.

[5] 赵吟：《论破产分配中的衡平居次原则》，载《河北法学》，2013（3）。

开公司面纱"理论和"工具理论"① 被一概否决——法院根本不承认母公司对子公司的债权，即认为母子公司系为"单一主体"。然而根据 Blumberg 教授的观察与分析，由于上述"揭开公司面纱"理论和"工具理论"背后的法人格否认理论并不能从法理上对衡平居次原则进行解释，也无法解决衡平居次原则想要解决的司法实践问题，更有甚者，衡平居次原则本身就是美国法院拒绝使用法人格否认理论的创新结果，因此在 Taylor 案和 Pepper 案后，法院真正意识到母公司对子公司的债权与子公司的外部债权之间更多的应该是先后受偿的顺序问题，而不是根本否认母公司债权的存在②。法院真正应该重视的，是母公司对破产子公司清偿债务次序所为不正当行为的评估和调整，进而通过对由此形成的不公平债权居次处理的司法判决来遏制此类行为——母公司们受到不公平债权将被居次处理的警示之后，自然会有所收敛而不是肆意借用其优势地位获取子公司债权；而若根本否认债权的存在，母公司则几乎完全丧失了对子公司注入债权助其进一步发展壮大或走出财务困境的动力，由此将引起的深远消极影响不容忽视，这样一来，将不公平债权居次处理的折中做法可谓恰如其分。

衡平居次原则肇始于 Taylor v. Standard Gas & Electric Co.③ 一案，涉案的破产企业名为深石公司，原告系其优先股股东，被告系其母公司，被告在与深石公司的往来中获得了大量债权。在法院裁定深石公司重整债权计划后，尽管被告已作出一定让步，但该计划对深石公司的优先股股东即原告极为不利。因此，即使地方法院和高等法院均裁定该计划成立，但最高法院认为若批准该计划，将有违破产法中的公平合理原则，因此撤销了该重整计划，判决母公司即被告对深石公司的债权应次于其优先股股东。最高法院采纳的原因如下：其一，自深石公司创立伊始，被告作为母公司就出资不足；其二，在深石公司成立之后，有证据证明深石公司日常经营运作完全受被告控制，并为被告利益而经营。可以说，衡平居次原则的确立旨在通过劣后处理母公司对子公司的债权，从而保护子公司的其他债权人（特别是外部债权人）。

在紧随其后的 Pepper v. Litton④ 案中，美国法院在上述深石案的基础上，更加深刻地认识到

---

① "工具理论"系由美国学者 Powell 首次提出，其主张当子公司的经营沦为母公司的一项工具时，应认为子公司已丧失其独立法人人格，因而应由母公司直接负责子公司的债务。

② Phillip Blumberg, The Law of Corporate Groups, *Bankruptcy Law*, 133 – 134 (1997)。参见孙向齐：《我国引入衡平居次原则的思考》，载王欣新、尹正友：《破产法论坛》（第二辑），法律出版社，2009。法人格否认理论与衡平居次原则虽然在法理上一脉相承，本质上均是对公司法人独立和股东有限责任界限的突破，但两者仍属不同的法律机制，是对从属公司外部债权人利益的不同保护措施。法人格否认从根本上撼动了公司法人独立的根基，法院对其适用十分谨慎；而衡平居次原则提供了一条更为温和的救济手段来捍卫破产公平原则。二者起码在以下方面存在显著区别：适用目的、适用领域、适用条件等。美国法院在逐渐意识到两者区别的过程中，也不断修正对母公司债权处理的思路，从而奠定并发展了衡平居次原则，未尝不是一种创新和进步。

③ Taylor et al. v. Standard Gas & Electric Co. et al., 306 U. S. 307, 618 (1939).

④ Pepper v. Litton, 308 U. S. 295 (1939).

以往全盘否认母公司对子公司债权的做法并不科学。Litton 是一家破产煤油企业的控制股东及内部债权人，Pepper 则是该煤油公司的外部债权人。为了使包括 Pepper 在内的破产公司其他债权人不能获得清偿，Litton 利用控制地位优势精心策划，将破产企业的财产通过事先设定的优先债权转入自己控制的另一家公司。法院认定 Litton 追求一个有计划的骗局的行为违反信义义务，并使其他债权人由此受有损害，判定将其债权居次处理。不仅如此，该案还确立了控制股东和董事一样，同样对从属公司负有诚信义务的原则，当控制股东行使控制权时，其行为应符合信托法上受托人对委托人的行为标准。

上述 Taylor 案和 Pepper 案被认为是衡平居次原则的开篇之作，但现实发展往往更富有想象力，应被居次的内部债权人的行为边界如何厘定无疑是亟待解决的要点——关于该问题的争议在十年之后的 Comstock 案爆发了。

（一）适用原则初始之争

Comstock v. Group of Institutional Investors① 案引发了关于衡平居次原则的适用应基于"不公平行为"（inequitable conduct）抑或"绝对公平原则"（entire fairness standard）的争议。前者认为"控制"行为本身并不意味着母公司债权应被劣后处理，只有当母公司利用控制地位并从事一些诸如欺诈、违反信义义务等具有一定恶性程度的不公平行为时，衡平居次原则方得适用；后者认为公平应是全方位、绝对的，鉴于母公司对子公司的控制，保护子公司外部债权人利益的难度显著提高，需适用更加严厉的绝对公平原则对母公司行为进行审查，即使母公司只是因为疏忽或管理不善等根本称不上"不公平"的行为，造成从属公司其他债权人受损的，也应接受债权被居次的惩罚。最终美国联邦最高法院以 5:4 的微弱差异奠定了"不公平行为"适用原则。本案中，一家铁路公司处于破产重整程序（"重整公司"），原告 Comstock 系其小股东，被告系其同样处于重整程序的母公司，原告所持有的股份被用于重整公司向被告质押贷款。被告在另案中向重整公司主张优先受偿为之预付的修缮经费等贷款款项并得到地方法院支持；Comstock 认为被告控制了重整公司使之为其自身利益而非重整公司自身或其他证券持有者利益而从事经营，遂向第八巡回上诉法院提起异议但被驳回；Comstock 仍不服并请求最高法院进行复审，其认为被告控制了重整公司并管理不善，若允许上述索赔额将会导致对其他债权人的不公平，支撑理由之一是重整公司在接受使用贷款期间支付的大部分费用均流入被告之口。地方初审法院和上诉巡回法院均认为被告对重整公司的控制不仅是本着真诚实意（in good faith）、尽责履行了义务，合法且公平地对待从属公司及其证券持有人，还将使他们受有利益。最高法院 9 名大法官中，以 Jackson 为首的 5 名大法官采纳了地方法院和上诉巡回法院的发现作为决定性因素，最终再次驳回 Comstock 的异议并肯定了被告对重整公司的索赔请求；包括 Murphy 在内的 4 位大法官阵营则

---

① Comstock v. Group of Institutional Investors, 335 U. S. 211（1948）.

抛出"绝对公平原则",认为前面两个法院的认定有误,被告对从属公司的行为并未达到绝对公平的高度,因此主张其部分债权应被居次处理。

1. "不公平行为"。多数派大法官们认为,为主张被告的控制行为不当,Comstock 需要证明:(1)重整公司受到母公司完全的支配和控制;(2)在引发本场诉讼的交易中,母公司不仅违反了信义义务,还出于自身利益考量损害了重整公司利益,即从事了"不公平行为"(inequitable conduct)。Jackson 大法官认为,一方面,重整公司向母公司借入资金作为修缮经费,并因此需向母公司支付利息,这一行为本身属于一般商业交易往来,并未违反法律规定或合同约定,不应导致母公司相应的债权请求权被驳回或劣后。美国商业企业相关法律中规定了母公司对从属公司进行控制需履行信托义务,主要是为了防止处于控制优势地位的受托者因违反信托义务而享有收益。但这并不意味着享有控制优势地位本身会导致母公司承担信托责任,只有当其不合理地"使用"了该控制地位为自身谋取利益并损害从属企业,法律才会剥夺不当行为人因此获得的不当收益。易言之,Comstock 的主张主要基于重整企业处于被告控制之下,但当该控制地位并未被不合理利用时,控制行为本身并不是可使债权被居次或撤销的基础。即使债权受有损害,若无法证明关联方不正确地使用或转移本该属于破产企业的资产、商业机会,或关联方的所作所为系属欺诈、草率、无远见等,即使由于一些事先不可预见的原因使关联方采取的善意举措最终导致外部债权受有损失,也不存在衡平居次原则的适用空间。因此,多数派法官们采纳了地方法院和上诉巡回法院认定的事实,认为被告并未从事不公平行为,其全部债权仍可优先受偿。

2. 绝对公平原则。少数派大法官们指出,基于案情实质,母公司在引发本场诉讼的交易中的行为仅仅本着真诚实意是不够的,他们的行为还应该从本质上是公平和恰当的,符合绝对公平原则(entire fairness standard)。Murphy 大法官认为,衡平居次原则适用的情形不仅仅与内部债权人主观上是否诚信有关,行为本身还应在客观标准上符合实质公平正义。正如 Pepper 案所彰显的,"疏忽"就可能出现在具有最大主观诚信的地方①。尽管母公司本着诚实善意,但若母公司存在管理不善等称不上不正当的行为,从属公司的债权人和优先股股东受到不应有损害,那么衡平居次原则也会作出将母公司债权居次处理的指示。因为若仅是母公司的一些人员或机构本着主观诚信,也很难有正当理由可以忽略那些受害的债权人和股东。"公平应是全面的"(Equity looks in all directions),只有这样才能使公司相关的各方利益主体受到平等充分的保护。有记录显示,被地方法院发现的那些本该用于重整公司修缮支出的预付款,实际上被作为预付利息并且大部分均流入母公司的口袋,因此至少母公司对这一部分以修缮经费为名的预付款主张应被拒绝或居次。此外,若重整公司的资产由于母公司的管理不善而耗尽,以致其债权人和股东(这里主要指小股东)遭受损失,那么单看母公司给予重整公司好处这一点是远远不够的——母

---

① Pepper v. Litton, 308 U. S. 306 (1939).

公司违反信义义务的行为不应因其同时伴有收益而被宽恕。尽管在决定是否将母公司债权居次处理时，若母公司处于无力偿还债务状态，法院应将居次处理会间接影响母公司的债权人作为考虑因素之一，但这并不是本案的决定性因素。因此，少数派法官们认为在母公司对重整公司的债权中，起码对由于其管理不善造成的部分应被劣后处理，而非全部债权均可优先受偿。

3. 小结：不公平 VS. 绝对公平。"不公平行为"原则意味着内部债权人的行为需达到一定恶性程度，带有"除非行为达到不公平程度①，否则不适用衡平居次原则"的言下之意；而"绝对公平原则"要求内部债权人的所有行为必须符合严苛的公平标准，其隐含之义为"除非行为达到绝对公平，否则一律适用衡平居次原则"。比如，行为人本着诚实善意却有过失的行为②，自然算不上不公平，但却可能因达不到绝对公平的标准落入债权被居次的境地，二者高下立判。对比上述 Comstock 案法官意见来看，少数派坚持绝对公平原则更像是将衡平居次原则视作一项惩罚性措施（punitive）③，而多数派法官们则坚守了衡平居次原则的出发点是作为一种救济手段（remedial），其适用应设有一定门槛，即行为的不公平程度需达到使劣后调整债权具有正当性④。从这场关于救济或惩罚的定性之争，至少可以总结出二者的如下区别：

（1）适用范围不同。当行为人带有主观恶意从事欺诈、背信弃义等行为时，虽然无论将衡平居次原则视为救济手段或是惩罚措施，结果均表现为内部债权被居次处理，但二者的区别将显现在被劣后受偿的内部债权范围。救济手段意味着只能在必要范围内采取居次措施。"必要的范围"对法院判决提出两条限制，一是只能针对"不公平行为"产生的债权采取居次处理；二是居次的结果以足额填补外部债权人所遭受的损害为限。惩罚措施则意味着内部债权将被不分

---

① 根据美国著名公司法学者 Blumberg 教授，在深石公司案件以来所有适用衡平居次原则的案例中，不公平行为大概有四类：一是从属公司资本不实；二是控制公司在行使控制权时违反信义义务；三是控制公司无视从属公司的独立人格违反法律规定；四是资产混同或不当输送。参见 Phillip Blumberg："The Law of Corporate Groups"，*Bankruptcy Law*，*Little*，*Brown and Company*，（1985）pp. 81 – 127。关于此四类行为的具体分析，读者可查阅孙向齐：《我国破产法引入衡平居次原则的思考》，载《政治与法律》，2008（9）。

② 在瞬息万变、状况百出的商业领域，这样的情形不胜枚举，决策者可能由于个人能力或信息有限作出错误判断遭受损失。读者可参照商业判决规则的适用情形加以理解。

③ 尽管从通常意义上讲，只有加害人主观过错较为严重并从事了严重的过错行为才需施以惩罚措施予以制裁，但反过来讲，对于一些主观上缺乏恶性，行为人不存在过错或过错并不明显的行为，仍施之以劣后受偿的类制裁措施，效果上实质等同于将劣后受偿这一手段作为针对行为人的一种惩罚方式。易言之，任何商业交易本质上均带有风险特性，债权人需天然承受债权无法全额收回的风险，若法院要通过将其他债权居次的方法把本该由债权人承担的风险转嫁于他人，无异于对他人产生施加惩罚的效果，实有矫枉过正之嫌。参见孙向齐：《我国引入衡平居次原则的思考》，载王欣新：《破产法论坛》（第二辑），290 页，法律出版社，2009。

④ In re Winstar Communications, Inc. , 554 F. 3d 382, 411, 51 Bankr. Ct. Dec. （CRR）45, Bankr. L. Rep. （CCH）P 81408（3d Cir. 2009）（"This court has described equitable subordination as a ' remedial rather than penal' doctrine designed ' to undo or to offset any inequality in the claim position of a creditor that will produce injustice or unfairness to other creditors in terms of the bankruptcy results. '"）et al.

缘由地全部居后受偿，也不问内部债权人被劣后清偿的代价是否高于其之前从事不公平行为带来的不当收益，以示惩戒。

（2）裁判思路与结果截然相反。当内部债权人主观上本着诚实善意，但可能由于疏忽、管理不善或一些事先不可预见的原因致使内部债权人采取的善意举措最终导致外部债权人遭受损失，则衡平居次原则是作为救济手段还是惩罚措施将带来截然相反的裁判思路和结果。若是本着将其视作一种救济手段，在这种行为人并未有意从事不公平行为的情境下，应尊重"任何交易都天然带有风险"这一客观属性，将债权人此时受有损失视作交易风险的一种，由债权人自行承担，这符合商事交易中的"风险自担"原则，并无不妥。此外，既无损害①，自然无从适用救济手段，内部债权便不存在被居次处理的正当理由。相反，若像 Comstock 案少数派将子公司的一般过失且无恶意行为也作为衡平居次原则的适用情形，则在效果上无异于将其定位为一项惩罚举措，是对内部债权人占有控制优势却"稍有不慎"的惩戒。正如有学者事后指出，即使是在衡平法庭，法官也不能仅因觉得（perceive）会存在不公正结果，而无视债权人始终秉持真诚实意，将无辜债权人的有效债权劣后处理②。

上述 Taylor 案、Pepper 案和 Comstock 案被称为开篇三部曲，尽管有批评声音认为这三案对于指导衡平居次原则的具体适用还是太过模糊，但更多人认可它们奠定了法官何时应将债权居次的基本指导方针③。衡平居次原则的后续发展正是基于救济属性的定位，并衍生出了两条貌离神合的路径齐头并进——既不在无边无界的衡平法域迷失，坚持以不公平行为的存在为底线严格适用；也不拘泥于某一行为的形式表象，对同样引起一定不公平后果的情形扩张适用。

（二）适用原则的巩固发展

1. In re LightSquared Inc.："扩张"的救济手段。衡平居次原则近年来呈现一定"扩张适用"趋势，In re LightSquared Inc. ④ 一案表面上看是对 Comstock 案多数派观点的弱化，实则却是对"不公平行为"、"严厉的救济手段"等衡平居次原则相关概念的实质深化——尽管内部债权人表观上只从事了"违反默示诚信契约"（the implied covenant of good faith）的不正当行为，但细细研读判决书会发现并不尽然如此，合同视角仍要求不公平行为满足可使衡平居次原则这一严厉救济手段正当适用的恶性程度。纽约南部地区破产法院在本案中举例指出衡平

---

① 本文认为，损害不同于损失，后者单纯指某人财产减少的状态，前者还带着这种状态是由他人故意造成的成分。

② Andrew DeNatale & Prudence B. Abram, The Doctrine of Equitable Subordination as Applied to Nonmanagement Creditors, 40 Bus. Law. 417, 421 (1985).

③ Herzog & Zweibel, The characterization of the cases as a trilogy or the "big three," and the use of the term "Taylor – Pepper – Comstock," appeared in Asa S. Herzog & Joel B. Zweibel, The Equitable Subordination of Claims in Bankruptcy, 15 VAND. L. REV. 83, 108, 111 (1961).

④ In re LightSquared Inc. , 511 B. R. 253 (Bankr. S. D. N. Y. 2014).

居次原则在商事合同案件中的适用思路：（1）债权人实质性违反合同规定并由此获有利益；（2）可举证证明不公平行为与合同义务有关①；或（3）在无法举证（2）中情形时，可证明债权人从事了欺诈、虚假陈述（misrepresentation）或其他相似的行为，使衡平法的介入具备正当性②。至于究竟何为不公平行为，Bernstein 法官指出，基于衡平居次原则的用意是纠正债权人不当行为带来的不当影响，使得不公平行为本身不受限于欺诈或违反合同约定这些情况，还包括一些合法却"打击人的良心"（shock one's good conscience）的行为。这样一来，不公平行为还包括秘密或公平的欺诈、未尽责履行信托义务，以及通过自己的无良、不公平、不公正行为不当获利③。此外，衡平居次原则的使命同样决定了它可以应用于包括非内部债权人在内的所有债权人。

LightSquared 是一家从事移动卫星通讯和宽带设备批发的公司，涉诉债权人 Mr. Ergen 系其最大的竞争对手之一及其设立的企业。为了防止竞争对手进入公司资本结构扰乱公司经营，LightSquared 在企业借款合同里明确规定了合格受让人条款（eligible assignee）④，将包括 Mr. Ergen 及其已设立企业列入不合格受让企业名单。Mr. Ergen 对获取 LightSquared 债权却蓄谋已久，为此特意新设立了一家全新的子公司 SPSO 购买其债权，并有意掩饰其为 SPSO 背后实际控制人的事实，设置 SPSO 公司名称时也尽可能地避免被人发现二者的关联。在用"障眼法"成功获得 LightSquared 大量债权之后，Mr. Ergen 果然在一些投票场合做出既无法使自己获有经济利益，又不利于 LightSquared 发展的行为。如在 LightSquared 发生财务危机后，其在债权人是否同意展期表决中投了否决票；在破产程序中的关键时刻故意延迟披露自己所持有的 LightSquared 的大量债权，尽管这么做并不能给其带来任何经济上的好处。

根据纽约州合同法，任何合同都包含在履行过程中的善意和公平交易默示条款。这些默示条款的精神是，合同双方均承诺不从事将导致对方的合同成果被破产或损害的行为。即使行为人确信其行为正当，任何违反这一善意义务的托词或诡计都违反或规避了此契约精神。SPSO 与 LightSquared 签订贷款协议时就明知了该协议中的合格受让人条款意在使包括 Mr. Ergen 在内的竞争者无法进入公司组织结构，可以说，SPSO 获取债权的行为本身就违反了上述默示条款、充满

---

① Developmental Specialists, Inc. v. Hamilton Bank, N. A. (In re Model Imperial, Inc.), 250 B. R. 776, 804 – 05（Bankr. S. D. Fl. 2000）(holding that creditor's creation of a scheme to circumvent contractual obligations, including negative covenants in the loan documents, which provided it with an unfair advantage warranted equitable subordination of its allowed claim).

② In re Enron, 333 B. R. at 220.

③ 原文表述为："Inequitable conduct means, among other things, a secret or open fraud, lack of faith or guardianship by a fiduciary; an unjust enrichment, not enrichment by bon chance, astuteness or business acumen, but enrichment through another's loss brought about by one's own unconscionable, unjust, unfair, close or double dealing or foul conduct."

④ 合格受让人条款常见于贷款合同中，用于限制借贷机构将债权随意转移给其他主体。

欺诈色彩，并因此给债务人及其他债权人带来严重损害。纽约南部地区破产法院指出，一旦外部债权人为获取不正当利益而控制或支配债务人，对于其从事的"违反基于合同法、侵权法或其他领域法律而形成的现有法定义务"的不公正行为可以适用衡平居次原则①。LightSquared 破产案不仅指出衡平居次原则在商事合同中的适用思路，还借此对不公平行为的实质予以深化，意味着衡平居次原则的适用情形由一开始的局限于一般意义上的欺诈，发展到今日适用于一切将导致其他债权人受有损害或使不法行为人获得不正当利益的行为②。

2. Sentinel Management Group Inc.：严厉的救济手段。在 2016 年刚刚一锤定音的 Sentinel Management Group Inc.③ 破产案中，美国第七巡回上诉法庭承袭了上述 Comstock 案多数派关于衡平居次原则的适用必须基于对不法行为的真实认识、欺诈或故意回避真相等行为的逻辑，并进一步指出在针对外部债权人的债权居次主张中，不当债权人的行为不应仅是"纯粹的不公平行为"，还应是极坏的（egregious）、故意的或等同于欺诈，而过失并不构成适用理由——衡平居次原则不仅是一种救济手段，还是一种"非常严厉的救济手段"（draconian remedy），需严格适用。Sentinel 是一家处于破产程序的投资管理公司，原告系其破产管理人，被告是纽约银行及其附属机构（BNYM）。Sentinel 在破产前向 BNYM 借入 5.7 亿美元作为自有资金使用，并违规使用客户账户内用客户资金购买的股权作为质押，现在 BNYM 欲作为有担保的债权人处置这些实质上属于 Sentinel 客户所有的股权并优先受偿，但原告认为 BNYM 在接受质押时存有过失，有证据证明 BNYM 的工作人员在处理该贷款业务时就已经对这些质押物的所有权人可能并非 Sentinel 产生怀疑，但 BNYM 并未遵循"调查提醒"（inquiry notice）④ 以核实情况，致使 Sentinel 的违规操作最终顺利实施，因此原告主张应将 BNYM 的债权劣后处理。

本案的审理过程同样充满各方争议。地方法官在经过 17 天的法官审理后认为，Sentinel 在将资金转入清算账户作为 BNYM 贷款的质押物时，并未被证明有欺诈其客户的明显意图，因此驳回了原告对 BNYM 的主张。但该法庭的陪审团却认为 Sentinel 欺诈性地转移了客户的股权作为自身贷款的质押物，并要求法官审查 BNYM 是否对 Sentinel 的欺诈行为进行了必要调查。案件最终

---

① In re Monahan Ford Corp. of Flushing, 340 B. R. 1, 44 (Bankr. E. D. N. Y. 2006).

② Lauren Casparie, Equitable Subordination – where is applies, what it does, and the Implications that result, 7 ST. JOHN'S BANKR. RESEARCH LIBR. NO. 4 (2015). 笔者认为此处应理解为，一个不公平行为本身是否属于欺诈并不重要，即使只是违反默示契约精神的行为，若其造成的不公平后果堪比欺诈，便不应该成为衡平居次原则的法外之地。

③ Grede v. Bank of New York Mellon Corp. (In re Sentinel Management Group, Inc.), 809 F. 3d 958 (7th Cir. 2016).

④ Inquiry notice 是指现有资料足以促使一般审慎人士进一步调查该问题，未进行调查的行为主体将被认为存有过失。Inquiry notice 本身并不意味着行为主体知道存在欺诈或其他不当行为，只能说明现已存在一些足以令一个理性守法的人产生怀疑并进一步调查的情形。

到了第七巡回上诉法庭。该法庭法官认同地方法院陪审团的观点，地方法官对 inquiry notice 的理解有误导致其判定错误，Sentinel 将替客户理财购买的股权转移给 BNYM 进行质押的行为构成 11 U.S.C. § 548（a）（1）（A）所规定的"债务人为了隐藏财产、欺诈、迟延支付债务而向其他债权人转移财产的行为可被法院撤销"，构成欺诈行为。BNYM 在已有一定合理怀疑的基础上未进行必要的调查核实，存有过失，法庭因此认定其债权不再享有质押权，此为第一层次问题，即 BNYM 是否享有质押等优先受偿权。

就第二层次问题 BNYM 的债权是否应被劣后处理而言，即便 Sentinel 提供质押的行为构成欺诈，原告的举证仍无法证明 BNYM"知道"这一欺诈行为，现有证据只能说明 BNYM 确实存在过失，但法官们一致认为"过失"行为本身的恶劣程度并未达到债权应被居次处理的高度。BNYM 仍然对 Sentinel 享有剩余未被偿还的 3.1 亿美元债权，尽管这部分债权不再享有质押权，但同样没有足够恶劣的行为使得适用衡平居次原则这一非常严厉的救济手段变得正当。因此，法院最终认定 BNYM 对 Sentinel 享有的债权既无质押优先受偿权，也不应被居次处理，可作为普通债权与其他债权平等受偿。

3. 小结：亦严亦宽，并行不悖。自 Comstock 案多数派奠定衡平居次原则的"救济"而非"惩罚"属性开始，后来的 LightSquared 案和 Sentinel 案算得上是将"不公平行为"作为该属性的落脚点①，分不同路径一左一右对其进一步释明。细言之，衡平居次原则追求实质公平，可广泛应用于所有债权人、一切达到劣后恶性程度的不公平行为，此为左；衡平居次原则又是一项"非常严厉的救济手段"，需谨慎应用，此为右。可以想见，这亦严亦宽的两条路径还将在美国衡平居次原则的不断演变发展中并行不悖。

（1）扩张适用是回应商业百态的必然要求。近年来衡平居次原则的扩张适用体现在两方面：一是适用主体从最初局限于母子公司、关联企业之间，发展到包括无关联关系但从事不公平行为的外部债权人②；二是适用情形不再拘泥于行为表征，对于违反合同义务甚至是合法但可导致不当后果的行为，即使不同于以往常见的欺诈、违反信义义务等情形，只要该行为本身属于不公平行为，并给其他债权人带来严重损害或使自己获得不正当利益，则衡平居次原则依然可以发挥矫正不当影响的作用。

扩张适用衡平居次原则是衡平法院回应错综复杂的商业行为的必然要求。随着市场经济的进一步发展，如今债权人不再像以前一样只是纯粹持有债权并消极地等待受偿，而是越来越多地参与公司经营。内部债权人往往还扮有股东角色，自然有更多便利为自己的债权作打算，无须

---

① 当然美国司法实践中的案例绝不只此两案，笔者只是考虑到时间因素，选取了新近两个典型案例进行阐释。

② 具体内容请见下文第（三）部分第 4 点。

赘述；很多外部债权人如机构投资者，通过持有一些复杂的衍生证券品或在二级市场上购买债权成为公司债权人，比起消极待偿，他们有能力也更倾向于通过合同设计等方式积极参与公司经营，尤其当公司濒临破产时，债权人地位甚至将被提升至控制（controlling creditors），此时债权人的机会主义（creditor opportunism）行为将对破产公司及其债权人产生显著影响①。当债权人变得愈加精明，在利益追逐为主题的商场，不公平行为只会以越来越隐晦的方式日益增加，上述 LightSquared 案中的债权人 SPSO 便是如此。有鉴于此，衡平居次原则若想完成"纠正债权人不当行为带来的不当影响"的使命，就必须顺应发展在不违背基本适用原则之上有所扩张，以免故步自封。

（2）严格适用是从属公司得以发展的内在保证。严格适用衡平居次原则首先意味着不当债权人应从事了不公平行为，其次行为的不公平程度还应达到一定标准，如"极坏的、故意的或等同于欺诈"。举例而言，仅仅是过失不会使债权居次具有正当性②。一个享有优先受偿权的债权人可能因为过失失去享有的优先受偿地位，但却不会因此遭受债权被劣后处理。

严格适用衡平居次原则是保证从属公司发展的内在要求。对多数企业的生产经营而言，仅仅依靠股东投入的注册资本是远远不能满足需求的（在我国从实缴制转向认缴制之后，问题尤为突出），债权融资便成为解决企业运营资本不足的重要方式。根据波斯纳教授的观点，从经济角度考虑，股东应是对从属公司最有效率的贷款者。一是因为股东通常是实践中最有动力借钱给公司以帮助其度过危机的主体，他们不仅比外部人更了解公司的发展前景，还向公司投入了人力等资源（尤其是控股股东时）③；二是股东在估计从属公司破产可能性风险时具有低成本优势，可提供条件更为优惠的贷款。若过于宽泛地适用债权居次，不仅会打击股东乃至外部债权人向从属公司投资或交易的积极性，结果反倒将使从属公司的破产风险增加；还可能导致控制股东因可以预见其债权将被居次处理而无法收回，从而变本加厉地从子公司日常运营中攫取大量不当利益④。因此过于宽泛地适用衡平居次原则可能会带来矫枉过正的后果，需审慎对待。

（三）一些普遍适用标准

衡平居次原则本身作为衡平法的产物，并没有一套统一的适用标准，各法院法官拥有充分的自主裁量余地。1979 年《美国破产法》将衡平居次原则首次纳入成文法案中，其第 510 条

---

① Jonathan C. Lipson, Governance in the Breach: Controlling Creditor Opportunism, 84 S. Cal. L. Rev., 1035 (2011).

② Sentinel 案法官指出，过失很可能并不构成一种"不公平行为"，退一步讲，即使构成，过失也只能称得上是一种"纯粹的不公平行为"——而这仍然达不到衡平居次原则的适用标准。

③ 许德风：《破产法论——解释与功能比较的视角》，189 页，北京大学出版社，2015。

④ 朱慈蕴：《公司法人格法理在母子公司中的运用》，载《法律科学》，1998（5）。

(c) 款规定："尽管存在本条（a）和（b）的规定，经过通知和听证之后，法院可以：（1）根据衡平降格原则，将参与分配的一项被认可的债权的全部或者部分降格到另一项被认可的债权的全部或部分之后，或者将一项被认可的利益的全部或部分降格到另一项被认可的利益的全部或部分之后；（2）命令被降格债权的担保归入破产财团。"① 显然，法案并未详细规定衡平居次原则的具体适用，而是遵循"起源于判例法，并通过判例发展而发展"的立法思路将更多裁量权交由法官处理，法官们也在不断的实践操练中形成一些普遍适用条件和原则。

1. 三个适用条件：Mobile Steel Test。美国第五巡回上诉法院在 Benjamin v. Diamond（In re Mobile Steel Co.）一案中提出的三个衡平居次原则适用条件在实践中得到众多法官的认可并被援引至今，被称为"Mobile Steel Test"。具体内容为：（1）债权人必须实施了不公平行为；（2）该种不公平行为必须给破产企业的其他债权人造成不利情势或伤害；（3）衡平居次原则的适用必须不违反破产法有关条款的规定②。当某一案件实质已符合前两个条件时，第三个条件将自动满足。

衡平居次原则适用的前提条件是破产企业的某债权人实施了不公平行为，Benjamin 案法官还列举了几种可适用衡平居次原则的不公平行为，如欺诈、不当管理、违背信义义务等。简而言之，不公平行为是一个非常有弹性的概念，不仅包括非法行为，还包括一些虽然合法但是有害的行为。实际上，某一行为是否构成不公平行为进而触发衡平居次原则的适用并不是一个简单的是非问题，而是需要法官结合典型案例与个案情况综合判断③，这也正是衡平法的基本思路。值得一提的是，在1984年的 In re Colin④ 案中，法官指出，若允许针对破产企业的惩罚性赔偿与无担保债权同等条件受偿，其效果无异于强迫无辜的债权人为破产企业的错误行为买单，这一行为本身就是不公平的。因此即使不存在债权人的不公平行为，衡平居次原则也可能因为某些债权本身的性质（nature）得以适用⑤。

在具体案件中，破产企业其他债权人的利益必须受到损害或其债权面临不利局面，且与不公平行为具有因果关系，方可依据《美国破产法》§510（c）主张劣后处理那些不公正债权，这恰恰重申了衡平居次原则的出发点是作为"救济"而不是"惩罚"手段⑥。"无损害则无救济"系一般法理，自不待言。不仅如此，法院往往还会考虑损害的程度来确定需要居次处理的

---

① ［美］大卫·G. 爱泼斯坦等，韩长印等译：《美国破产法》，440-443 页，中国政法大学出版社，2003。

② Benjamin v. Diamond（In re Mobile Steel Co.），563 F. 2d 692, 699-700（1977）.

③ 王泽禹：《衡平居次原则对关联企业不当行为的规制》，载《社会科学家》，2012（8）。

④ In re Colin, 44 Bankr. 806, 810（Bankr. S. D. N. Y. 1984）.

⑤ 这再次说明衡平居次原则的衡平属性——修正一切不公平行为产生的不当后果，至于行为是什么形式似乎并不重要，法官自然可以在万千表象中作出是否需要修正的判断。

⑥ Lenonard J. Long, "Automatic Subordination as Incentive for Insider Creditors' Prudential Investing", 13 Journal of Law and Commerce, 1993.

债权范围，使两者相互匹配达到合理补偿的效果。

衡平居次原则的适用还有一些容易被忽视的前提条件①，主要表现在 Mobile Steel Test 中的第三点。兹举几例：其一，用于居次的债权同样应该是获得法院认可的有效债权，否则对其进行排序只能是无本之木。其二，美国《破产法》§510（c）只允许破产法庭对债权的清偿顺序进行调整，而并非授权其可以全部取消这些劣后债权的清偿②；同时，法案也未给予其权力打破"债权优于股利受偿"的原则③。其三，破产企业必须有财产进行分配④。如此种种，不一而足。

2. 三个适用原则。除了三个适用条件，Mobile Steel Test 还指引着后来的法官们得出三条适用原则：（1）不公平行为本身应能使债权居次处理具有充分正当性，无论是针对债务人或债权人的行为，也无论是取得债权的行为还是主张债权受偿的行为；（2）被劣后处理的债权范围必须仅限于其他债权人因不公平行为所遭受的损害之内，一旦造成的损害已得到足额补偿，不得继续劣后处理不当债权人的其他债权；（3）欲成功主张某债权人行为的不正当性，必须有大量可靠的事实为依撑⑤。衡平居次原则的适用应该是补偿性而非惩罚性的，其出发点是补救外部债权人遭遇不公平待遇时的损失，超出其他破产债权人损失之外的债权应平等受偿而不应该被一概劣后⑥。此外，对于不当关联债权的居次与否和居次程度应该非常谨慎并以事实为依据，否则可能会导致母公司在设立子公司时吝于投入资本，或者当子公司存在经营困难时母公司怯于伸出援助之手⑦，不利于新兴企业的做大做强。

3. 部分居次。早在 Taylor 案，法官便指出衡平居次原则并不代表实行了不公平行为的母公司债权都当然地全部劣后受偿；相反，当母公司的不正当行为可以分离，即可区分"好交易"与"坏交易"（good or bad transactions）时，法院只能针对该不正当部分适用衡平居次原则。当

①　Bankruptcy Law Manual §6：75. , Subordination of Claims—Equitable Subordination and Recharacterization of Debt.

②　In re USA Commercial Mortg. Co. , 377 B. R. 608, 617（B. A. P. 9th Cir. 2007）［"Even though equitable subordination, 'if established, may be functionally equivalent to disallowance（i. e. , no distribution on the claims）,' it is a legally distinct proceeding which seeks to reprioritize the order of allowed claims based on the equities of the case, rather than to disallow the claim in the first instance."］.

③　In re Rich Capitol, LLC, 436 B. R. 224, 53 Bankr. Ct. Dec.（CRR）198（Bankr. S. D. Fla. 2010）（"a claim cannot be equitably subordinated to equity interests, but only to other claims of creditors"）.

④　In re Sendecky, 315 F. 3d 904（8th Cir. 2003）（claim for equitable subordination must fail when there are no assets available to distribute）.

⑤　Citicorp Venture Capital Ltd. V. Comm. Of Creditors Holding Unsecured Claims, 323 F. 3d 228, 234（3d Cir. 2003）.

⑥　Arthur J. Steinberg, "Limits for an Equitable Subordination Claim", http：//www. kslaw. com/Library/publication/12–08%20Law%20360%20Steinberg. pdf.

⑦　黄淑惠：《"深石原则"适用的法律问题及其借鉴意义》，载《新金融》，2006（2）。

然，如若母公司所施行的不正当行为很复杂，以至于根本无法区分哪些交易系受到该不正当行为影响时，则母公司的所有债权均应居次处理。这一"部分居次"而非"全部居次"的普遍适用思路在 Comstock 案少数派的论证中也得到了体现。

4. 内外区别适用。从 In re Chase & Sanborn Corp.（1990）一案起，法官们开始将衡平居次原则适用于处理关联企业间债权，不再将其局限于以往母子公司之间的债权处理，如姊妹公司之间的债权也可劣后破产企业的其他债权人受偿①。进一步地，在 Official Committee of Unsecured Creditors v. Credit Suisse（2003）案中，尽管被告瑞士信贷并不是破产企业黄石俱乐部的内部债权人，但法院认定被告对破产企业的贷款拥有优先担保权具有"掠夺性"，导致被告对这些贷款"漠不关心"，于是判定同为外部债权人的被告对破产企业的债权次于其他债权人受偿②。可见，美国法院在此之后已不再局限于在母子公司、关联企业之内适用衡平居次原则，而是将主体扩大到没有关联关系、从事了不正当行为的债权人③。

值得注意的是，尽管衡平居次原则对内外部债权人均可适用，但针对二者的具体适用却有区别，法官们普遍认为外部债权人的不公平行为应该更为恶劣才能使衡平居次原则的适用具有足够的正当性。比如，当主张对外部债权人适用该原则时，法院会要求原告证明外部债权人具有故意或重大过失的主观要件，而针对内部债权人的主张则没有该要求④。综上，美国衡平居次原则至此已成为一套相当完备成熟的衡平救济体系。

三、 中国关于衡平居次原则的实践

2015 年最高人民法院发布的 1 号典型案例为"沙港公司诉开天公司执行分配方案异议案"，其典型意义在于最高院接受了美国判例法中的衡平居次原则，否认了出资不实股东与外部债权人进行同等顺位受偿的主张⑤。该案原告沙港公司系一破产并被注销公司——茸城公司的外部债权人，主张获偿货款及相应利息损失并已进入执行程序。被告开天公司为茸城公司股东之一，同时系茸城公司内部债权人，在向茸城公司及其股东主张欠付的借款和相应利息等费用后同样进入执行程序；此外，被告因出资不实在前述原告的执行程序中被追加为被执行人，需在出资不实范围内向原告承担责任。此后，执行法庭将上述均以茸城公司为被执行人的执行案件合并处理，

---

① In re Chase & Sanborn Corp. , 904 F. 2d 588（1990）.

② Official Committee of Unsecured Creditors v. Credit Suisse, 299 B. R. 732（2003）.

③ Marina Montes，"In Re Yellowstone Mountain Club：Equitable Subordination to police inequitable conduct by non – insider creditors"，14 N. C. Banking Inst. 495（2010）.

④ John C. Murray，"Equitable Subordination in Bankruptcy：An Analysis of In re Yellowstone"，http：//www. abanet. org/rpte/publications/ereport/2010/1/RP_ Murray. pdf.

⑤ 《最高法院 3 月 31 日召开新闻通气会公布 4 个典型案例》，资料来源：http：//www. court. gov. cn/zixun – xiangqing – 14000. html，2017 年 2 月 2 日访问。

其在制订分配方案时将原告与被告的债权同等对待，二者同比例受偿执行款。由此，原告向法院提出异议，认为被告不能就其因出资不到位而被扣划的款项参与分配。法院最终判定开天公司因出资不实而被扣划的款项应首先被用于补足茸城公司责任资产，向外部债权人即原告进行清偿。

法院审理认为，我国《公司法》第三条明确规定有限责任公司股东以其认缴的出资额为限对公司承担责任，《公司法解释（三）》第十三条也规定未全面履行出资义务的股东需在未出资本息范围内对公司债务不能清偿的部分承担补充赔偿责任。作为上述规定的引申，公司法假定，在面对外部债权人时，公司应是处于资本独立且完整的状态，外部债权人也是基于这样的信赖与公司往来经营活动。但被告开天公司出资不实的行为，不仅损害茸城公司利益，还间接侵害外部债权人利益——这样的行为不可谓公平。若允许出资不实股东就其对公司的债权参与自身出资额的分配，则不仅对外部债权人不公，还与公司股东以其出资额对公司承担责任的原则相悖，法院因此支持原告主张。事实上，出资不实在美国衡平居次原则的适用史上占有大半江山，纽约南部地区破产法院法官在 LightSquared 案中就曾指出，之所以衡平居次原则更多地适用于内部债权人而非外部债权人，不是因为别的，只是因为出资不实（under-capitalization）和违反信义义务的情形无法适用于外部债权人①，如此可见一斑。当然，就笔者梳理该原则在美国的演变史后看来，很少有仅凭出资不实这一行为便适用衡平居次原则的情形。从严格意义上讲，我国最高院将该典型案例作为引入深石原则的第一案实际上有待商榷，出资不实固然是一种不公平行为，但本案法官并未在判决书释明开天公司是否仅因出资不实抑或兼有其他不公平行为才导致债权被居次处理。此外，笔者检索了 2015 年上述典型案例发布之后与企业破产相关的审结案件，发现尚且无一例适用衡平居次原则，如此看来，衡平居次原则在我国的实践可能并未真正开始。

总之，当破产企业存在内部债权时，外部债权人利益往往难以保全，严重损害破产公平原则。美国衡平居次原则作为一项救济手段对破产企业关联债权的处理颇有心得。没有永远静止的规则或制度，带着衡平特性的居次原则尤甚，世人只知其以"不公平行为"为适用前提，却鲜有人说得清究竟何为不公平行为。若衡平居次原则"仅靠立法去穷尽各种情况或者挂一漏万，或者有失公平合理"② 注定了该原则只能寄生于无数案例。自确立"救济"属性起，衡平居次原则尔后便在"严格适用"与"扩张适用"的两条路径上交叉着不断演变发展，形成一套相当完备成熟的衡平救济体系。目前，衡平居次原则在我国还处于尚未萌芽态势，但其精要所在无疑值

---

① In re LightSquared Inc. , 511 B. R. 253（Bankr. S. D. N. Y. 2014），也可参见 80 Nassau Assocs. , 169 B. R. at 839。

② 江平：《公司法与次级债权理论》，载赵旭东：《公司法评论》（第一辑），人民法院出版社，2005。

得借鉴，借鉴外国法的首要前提便是"知己知彼"，梳理衡平居次原则在美国的演变史和典型案例有助于增进认识。当然，任何一项法律移植均不是简单的原封照搬即可，还有待在未来的深入研究和实践演练中不断丰富完善。

（责任编辑：蒋曾鸿妮）

英国 P2P 网贷 《运营准则 （2015）》 及其借鉴*

■ 曹兴华**

摘要： P2P 网贷的健康发展有赖于适宜的 P2P 网贷自律运营规范的促进。英国 P2P 金融协会制定的《运营准则（2015）》是目前全球最为先进的自律性网贷运营准则。《运营准则（2015）》通过六项高级准则和明确性与透明性、平台风险管理、公司治理与控制、运营数据报告、保留与免责声明五方面具体准则，构建了结构合理、内容全面的 P2P 网贷运营准则体系。为应对中国 P2P 网贷行业发展乱象，促进网贷规范化运营，可以从结构模式、规范方法、具体内容及其与法律的衔接等视角借鉴英国 P2P 金融协会《运营准则（2015）》，制定和完善中国自身的 P2P 网贷运营准则体系。

关键词： 英国 P2P 金融协会 P2P 网贷 运营准则 借鉴

一、引言

P2P 网贷因其具有使出借人和借款人更加受益的优势而受到青睐，但其优势的发挥依赖于行业的规范化发展。缺乏规范的 P2P 网贷不仅无法发挥其应有的优势，反而可能带来洗钱、金融欺诈、身份盗窃、资金侵占等违法犯罪的风险。在 P2P 网贷的发源地英国，截至 2015 年底 P2P 网贷规模已经达到 27 亿英镑，占英国替代性金融市场份额的 86%，且 P2P 网贷涉及违法犯罪情况极少[①]。这些成就的取得得益于英国 P2P 金融协会（Peer－to－Peer Finance Association）《运营

---

* 本文为基金项目：中央高校基本科研业务费专项资金资助《失序与回应：P2P 网络借贷的刑法规制》（项目编号：JBK1507073）；国家社会科学基金年度项目《非法集资刑法应对的理论与实践研究》（项目编号：13BFX063）的阶段性成果。

** 西南财经大学法学院博士研究生。

① 详细内容参见 Bryan Zhang, Peter Baeck, Tania Ziegler, Jonathan Bone, Kieran Garvey, Pushing Boundaries, http：//www. nesta. org. uk/sites/default/files/pushing_ boundaries_ 0. pdf。

准则》（*Operating Principles*）的实施①。英国 P2P 金融协会于 2012 年 6 月推出的《运营准则》是世界上第一个 P2P 网贷自律性运营准则②，于 2015 年 6 月修订推出的《运营准则（2015）》代表着当下世界上 P2P 网贷行业自律性运营准则的最高水平③。

中国目前已经成为世界最大的 P2P 网贷市场。根据网贷之家和盈灿咨询统计，截至 2016 年 12 月底，中国 P2P 网贷行业平台数量累计达到 5 879 家，正常运营平台数量达到了 2 448 家，成交量历史累计达到 31 847.67 亿元，总体贷款余额达到 8 162.24 亿元。但与此同时，中国 P2P 网贷行业乱象丛生，运营风险大量存在，累计跑路、违法等网贷平台已达到 3 433 家，其中东方创投、优易网、泛亚、e 租宝、中晋等 P2P 网贷平台已经构成非法吸收公众存款罪、集资诈骗罪等犯罪行为④。这些问题的存在，与中国 P2P 网贷行业缺少完善的行业自律性运营准则息息相关。中国目前虽然已有北京、上海、深圳等地成立了数家各自独立的网贷行业协会，中国互联网金融协会、广东互联网金融协会、上海互联网金融协会等互联网金融协会也下设了 P2P 网贷专门委员会。但这些网贷协会或网贷专门委员会多数并没有制定系统性的 P2P 网贷运营准则，仅有的两份相对系统的运营准则⑤也是极其粗疏。因而，对世界上目前最为先进的英国 P2P 金融协会《运营准则（2015）》进行研究，适当借鉴其体系结构和具体内容，构建和完善中国 P2P 网贷运营准则体系，对于应对中国目前 P2P 行业发展乱象，甚或完善中国 P2P 网贷监管的法律法规，无疑都具有不可或缺的意义。

二、 英国 P2P 金融协会 《运营准则 （2015）》 内容解析

英国 P2P 金融协会《运营准则（2015）》共 29 条，由前言（第 1~2 条）和正文（第 3~29 条）构成。前言从整体上明确运营准则的功能定位，指出准则与英国金融行为监管局（FCA）

---

① 为促进 P2P 网贷行业规范化发展，英国 P2P 金融协会于 2012 年 6 月制定了规范 P2P 网贷运营的第 1 版《运营准则》，共 9 条内容。其后有多次小幅修订，2015 年 6 月作了大幅修订，推出了《运营准则（2015）》（目前最新版）。其条文已经扩展到 29 条，结构、内容和方法更臻成熟和完善。

② 黄震、邓建鹏、熊明、任一奇、乔宇涵：《英美 P2P 监管体系比较与我国 P2P 监管思路研究》，载《金融监管研究》，2014（10）。

③ W. Scott Frame. Marketplace Lending's Role in the Consumer Credit Market，https：//www. frbatlanta. org/cenfis/publications/notesfromthevault/1509.

④ 详细内容参见网贷之家、盈灿咨询：《2016 年中国网络借贷行业年报》，资料来源：http：//www. wdzj. com/news/yanjiu/52614. html。

⑤ 即中国小额信贷联盟的《小额信贷信息中介机构（P2P）行业自律公约（修订版）》和上海市网络信贷服务业企业联盟的《网络借贷行业准入标准》。实际上，中国 P2P 网贷自律组织还存在一些信息披露标准方面的零星自律规范，但这些碎片化的运营规范不具有全面比较意义，因此本文不加讨论。

对 P2P 网贷监管要求相一致，并在某些监管空白领域对金融行为监管局的监管形成补充①。正文部分则区分高级准则和具体准则，这是《运营准则（2015）》体系结构上最明显的特点。

（一）英国 P2P 金融协会《运营准则（2015）》高级准则

《运营准则（2015）》第 3 条第 1 至 6 款分别规定了 P2P 金融协会成员在所有业务活动中必须遵守的六条高级准则，是整个 P2P 网贷运营准则体系建构的基石，决定着整个 P2P 网贷运营准则体系的目的、框架和方向，统领整个 P2P 网贷运营准则体系。

从具体内容方面看，高级准则实际上确立了 P2P 网贷运营所要遵守的基本原则。第一项为"有运营网贷业务的技术能力和专业能力"。这是 P2P 网贷业务能够正常运转的基础性要求，P2P 网贷业务运营不仅需要具备金融专业知识，还要具备网络技术能力。第二项为"业务运营要诚实守信"。这是 P2P 网贷业务运营的根本性要求，只有诚实守信的运营才能树立 P2P 网贷的行业自信与外在形象。第三项为"与客户沟通要诚实、公正"。这是 P2P 网贷业务运营的保障性要求，只有诚实公正地与客户沟通才能保障客户权益。第四项为"平台运作要透明化"。这是 P2P 网贷业务运营的操作性要求，只有透明化操作才能减少暗箱操作和违法犯罪的风险。第五项为"完善和坚持业务实践的高标准要求"。这是 P2P 网贷业务运营的品质性要求，只有高标准的业务实践才能促进 P2P 借贷行业稳定有序增长。第六项为"承诺向零售客户提供物有所值的金融服务产品"。这是 P2P 网贷业务运营的可持续性要求，只有向客户提供物有所值的金融服务产品，才能增强客户黏性，使得 P2P 网贷行业实现可持续发展。

（二）英国 P2P 金融协会《运营准则（2015）》具体准则

《运营准则（2015）》具体准则是高级准则的具体化，在结构上可细分为初级具体准则和次级具体准则两级：初级具体准则包括"明确性与透明性"等五个；次级具体准则包括"营销和广告资料"等二十六个，是每个初级具体准则的细化（见表1）。

表 1　英国 P2P 金融协会《运营准则（2015）》具体准则

	初级具体准则	次级具体准则
1	明确性与透明性	营销和广告资料；（第 4 条） 信息公开方式；（第 5 条） 针对所有人的借贷信息公开内容；（第 6 条） 向出借人和潜在出借人的信息披露；（第 7 条） 向借款人的信息披露；（第 8 条） 其他平台信息公开；（第 9 条）

① P2PFA. Peer – to – Peer Finance Association Operating Principles，http：//p2pfa. info/wp – content/uploads/2014/05/P2PFA – Operating – PrinciplesV020713. pdf.

续表

	初级具体准则	次级具体准则
2	平台风险管理	一般性遵守监管要求；（第 10 条） 信贷风险管理；（第 11 条） 反洗钱和欺诈防范；（第 12 条） 客户资金管理；（第 13 条） 信息技术系统与管理；（第 14 条） 记录与文档管理；（第 15 条） 坏账收回；（第 16 条） 有序退出；（第 17 条）
3	公司治理与控制	一般性遵守公司治理行为准则；（第 18 条） 专人管理关键风险领域；（第 19 条） 会员核准人；（第 20 条） 不得过度区分出借人；（第 21 条） 自有资金出借；（第 22 条） 利用自身平台借贷的相关限制；（第 23 条） 资本准备金要求；（第 24 条） 投诉处理政策；（第 25 条）
4	运营数据报告	季度性数据报告；（第 26 条） 投诉数据保密；（第 27 条）
5	保留与免责声明	条款保留；（第 28 条） 免责声明；（第 29 条）

在初级具体准则中，前四类均为规范 P2P 网贷运营的实质性规范准则，而第五类则是说明运营准则内部和外部效力问题，与 P2P 网贷运营流程无关。因此，本文主要分析前四类具体准则内容。

1. 准确性与透明性方面的具体准则。《运营准则（2015）》第 4~9 条规定了从营销资料到各个层次信息公开的"准确性和透明性"要求（见表 1），共七项，可以概括为如下三类：

第一类："准确性和透明性"的一般性要求。一方面，会员营销和广告资料需规范，所有营销和广告资料必须清晰、稳定、公平和不具有误导性，必须列明 P2P 借贷的风险与收益，平台也不得声明对投资者收益进行担保。另一方面，是信息公开方式的规范，平台应当以清晰和稳定的方式公开信息，使出借人与借款人在充分了解的基础上作出决定。

第二类：面向所有人的信息公开内容。即对平台总体投资相关信息与其他相关信息进行公开。平台总体投资相关信息包含：坏账定义及其五年来坏账率，包括实际逾期率、实际违约率、逾期违约率等；收益定义及其五年来的历史收益数据，包括贷款总额、实际年度收益率、逾期年度收益率、除去短期贷款的销售百分比等；对于提供了风险准备金或坏账基金的平台，还应当额外披露实际年度投资者收益率、风险准备金或坏账基金使用率；全面公开其贷款账册记录之全部借贷数据并每月更新，但此项数据也可仅对注册成员或客户开放。其他平台信息公开要求则包括整个投诉程序、高级管理团队的详细信息，企业法律形式，公司总部地址和开业时间，平台倒闭时的后续安排信息，以及影响客户的任何重要运营变更信息。

第三类：针对特殊人群即（潜在）出借人与借款人的信息公开内容要求。应向前者披露的信息有：预期净收益率和达到相应收益率的条件；需要支付的服务费和其他费用的详细情况；明确告知投资风险以及说明投资不在金融服务补偿机制（FSCS）覆盖范围；用通俗语言披露资金借出去向，例如消费贷款、中小企业贷款、房贷、英国或非英国贷款、混合情况下贷款账目的结构等；资金转入平台之后的管理问题；所有"自动性"功能的操作方式，例如自动借出、自动投标、自动再投资等；资金借出的固定时间和收回资金的程序与措施；"风险准备金"的运行及其相关风险；个人投资额在贷款账册中所占比例，例如非来自机构或平台自有资金的比例等；平台针对借款人的信用管理措施概况以及清晰的风险率计算说明；贷款项目中的利益冲突以及利益冲突的处理方式；投资最低限额以及是否接受非英国出借人投资；所适用的税收待遇。如果根据平台运营情况，以上条款无法适用，则平台则应当对此进行解释并向出借人披露对其合理决策借款具有影响性和决定性的重要信息。向借款人的信息披露内容则应与 FCA 的要求一致，其中须特别注意披露的两项内容是：具体服务费和其他费用以及需要支付的利率；贷款是否允许提前偿付以及可以提前偿付情况下的提前偿付期限规定。此外，若因平台运营情况导致以上条款无法适用，平台应对此进行解释并向借款人披露对其合理决策借款具有影响性和决定性的重要信息。

2. 平台风险管理方面的具体准则。《运营准则（2015）》第 10~17 条基于不同层级风险，从八个方面提出了平台风险管理要求（见表1）。

其一，一般性监管遵守要求。平台必须遵守监管机构的监管要求，对于票据网贷等尚未明确受到监管的领域，则应当采取类似同等安排来保护消费者。

其二，信贷风险管理要求。会员要秉持一套审慎和稳健的政策去管理信贷风险和实施充分评估，以确保借款人可以按时还款。该项政策目标旨在确保逾期率总体上保持在其公布的预期范围之内。所有会员都应当能够条理清晰地向其客户解释其信贷风险管理方式。对潜在借款人应当实施"软"信贷风险搜索（soft credit risk search）。[①]

其三，反洗钱和欺诈防范要求。会员必须遵守相关反洗钱法规和其他合理且符合实践的反欺诈措施，例如参加欺诈预防协会等。非 FCA 监管平台应当确保他们的反洗钱或欺诈防范体系每年接受独立审核。

---

① 向信用评级部门申请"软"信贷风险搜索是为了避免影响借款人的信用积分。

其四，客户资金管理要求。会员需要通过银行隔离账户的方式将客户资金与公司自有资金和资产隔离。按照相关 FCA 对客户资产和资金的要求，银行隔离账户专为保护客户资金目的而指定设立，且只能用以存放客户资金。银行隔离账户应当每年接受公司外部第三方审计人员审核。

其五，信息技术系统与管理要求。会员应当采用能够使其信息技术故障和数据盗窃风险最小化的系统，必须确保其整体信息技术（IT）策略和系统具有安全性、可靠性，及与其业务性质、规模和复杂程度的相称性，并具有充分的稳健性和合目的性。

其六，记录与文档管理要求。基于监管报告用途、业务经营负责性和公平对待客户的目的，平台应当保留相关记录，并且必须按照相关数据保护要求来保障客户信息的隐私性。

其七，坏账收回制度。平台的坏账收回应当符合负责任业务实践所具有的普遍性行业标准。

其八，平台有序退出制度。会员必须做出安排以使得在会员或其平台终止运营时，仍能够保证后续业务和客户合约的有序管理。可由公司建立一个合适的机构来处理后续事宜，或者委托有良好声誉的第三方来处理，但都应当具备如下这些内容：有足够人手管理存续合约；一个适宜的还款追讨和支付程序；一个用以支付出借人的到期净收入的适宜支付程序；有能力使客户和运营者进行沟通；持有必要的许可执照；遵守相关法律法规；备拨办公和杂项开支。

3. 公司治理与控制方面的具体准则。《运营准则（2015）》第18~25条从公司内部管理方面规定了公司治理与控制方面的八大要求（见表1）。

其一，一般性遵守公司治理行为准则。会员业务治理应当以合宜方式使其符合公司治理已构建之行为准则。

其二，专人管理关键风险领域。会员应当指派高级经理负责关键风险领域的管理，确保客户受到公平对待。

其三，会员核准人要求。每个会员都至少要准备好一名董事提名给金融行为监管局（FCA）作会员"核准人"。

其四，不得过度区分出借人。会员不应当过度区别不同种类的出借人，特别是不应当以任何不利于个人投资者的方式操作。如果特定借款项目由于特殊原因而不适用于个人投资者，例如高风险借款等，则操作过程应当清晰和透明。

其五，平台利用自身平台出借和融资的要求与禁止。在所有利益冲突都得到有效管控前提下，会员可在其自己平台上出借自有资金，但会员不应利用其自身 P2P 借贷网站或平台进行借款或融资。

其六，会员股东和员工利用自身平台借贷的限制。在公平的商业基础上，会员的股东和员工可以利用其平台进行出借和借款。

其七，规定了资本准备金要求。会员必须保持符合法规具体要求的资本准备金水平，并且每年接受来自声誉良好的会计师事务所的审计。

其八，投诉处理政策。会员应当有明确的投诉处理政策，以便公平、及时地解决客户对会员业务行为的投诉或不满。会员必须告知客户其投诉政策，以及将其投诉提交金融申诉服务专员（Financial Ombudsman Service）的法律权利。

4. 运营数据报告方面的具体准则。《运营准则（2015）》第 26～27 条还对运营数据报告的时间与提交方式进行了规定（见表1）。

其一，会员平台要进行季度性数据报告。每季度下一个月的 10 日，会员应当向 P2P 金融协会秘书处报告上一季度借贷数据，包括累计放款、未偿付贷款账目、新放款、偿付本金、净放款、出借人数量、借款人数量等方面的数据，具体内容参见表2。

其二，以保密方式报告投诉数据。会员应当按季度以保密方式向英国 P2P 金融协会提供客户投诉的数量、类型和结果。英国 P2P 金融协会通过对会员平台的运营数据进行监测，可以充分把握 P2P 网贷行业发展动态并进行风险预判。

表 2　季度性数据报告信息项目及其含义

	项目	含义
1	累计放款	自平台成立至本季末所有出借给个人或企业的放款总额
2	未偿付贷款账目	至本季末本金总数额
3	新放款	本季度内新放出的金额
4	偿付本金	本季度内本金偿付金额
5	净放款	新放款减去偿付本金之余额
6	出借人数量	至本季末借出数额超过 1 英镑的出借人数量
7	借款人数量	至本季末仍有一项贷款的借款人数量

三、 英国 P2P 金融协会 《运营准则 （2015 ）》 的国内外影响

英国 P2P 金融协会《运营准则》因其内在的科学性、先进性和完善性而在英国内外均产生了积极影响。在英国内部，其因广泛影响力而为政府重视，事实上已经成为 P2P 网贷国家监管立法的重要参考，很多内容已被立法所吸收，并且也将影响未来 P2P 网贷监管立法的修正。从世界范围看，它也成为美国网贷协会制定 P2P 网贷运营准则的重要借鉴对象。

（一）《运营准则（2015）》前身的国内影响及其未来影响的预判

2012 年第一版《运营准则》在 P2P 网贷平台最低运营资金、平台高级管理人员、客户资金分离、平台信息技术系统、平台有序退出等方面作出的规范，对当时尚处于法律监管"模糊期"

的 P2P 网贷行业规范化发展起到了推动作用。① 该《运营准则》所确立的 P2P 网贷运营规范化理念，成为了后来英国制定 P2P 网贷监管立法的立论基础。2014 年 3 月英国金融行为监管局（FCA）出台《关于网络众筹和通过其他方式发行不易变现证券的监管规则》（*The FCA's regulatory approach to crowdfunding over the internet and the promotion of non – readily realisable securities by other media*，下称《众筹监管规则》），在世界上首次针对 P2P 网络借贷进行专门立法，其中第 3 章通过直接吸收或改造吸收的方式纳入了《运营准则（2013）》的大部分内容（见表 3）。

直接吸收主要表现为有序退出机制、投诉管理等方面。例如《运营准则（2013）》第 9 条关于"要告知客户其投诉政策和向金融申诉服务专员提出投诉的法律权利"的规定，就直接被《众筹监管规则》"Q15"部分直接吸收为"要给予客户向公司投诉的权利和向金融申诉服务专员申诉的便利。"改造吸收主要表现为最低运营资本、信息披露机制等方面。例如《运营准则（2013）》第 2 条规定"每个会员都需要保持自有资金超过 2 万英镑且能覆盖未来 3 个月的运营成本，"而《众筹监管规则》"Q6"部分则规定了平台"静态最低资本在 2017 年 4 月 1 日前为 2 万英镑，在 2017 年 4 月 1 日后为 5 万英镑，"动态最低资本则要根据平台规模，分为 4 个档次采取差额累计制②。

表 3 《运营准则（2013）》对《众筹监管规则》中 P2P 网贷部分的影响

	影响方式	主要影响内容
1	直接吸收	有序退出机制、投诉管理
2	改造吸收	最低运营资本、信息披露机制、客户资金隔离、信贷风险管理

由于《运营准则（2015）》出台时间太短，其对于促进 P2P 网贷国家监管法律法规完善的直接影响暂时无法直观考证，但是从之前《运营准则》对英国 P2P 网贷监管立法的影响中仍然可以间接说明。从上文对《运营准则（2013）》内容分析可见，《运营准则（2013）》对英国 P2P 网贷监管立法有很具体的影响。而相较于《运营准则（2013）》，《运营准则（2015）》覆盖更为全面、内容更为合理、规定更为具体，并且在信息系统建设、明确性和透明性等方面都比国家监管法律法规更为详尽和符合实际。由此也可以合理预见，《运营准则（2015）》将成为未来英国 P2P 网贷监管法律法规修订的重要参考。

（二）《运营准则（2015）》促进美国 P2P 网贷运营规范的制定

从世界范围看，《运营准则（2015）》的影响已经超越英国国内，对目前 P2P 网贷实践最为

---

① 邓建鹏，黄震：《互联网金融的软法治理：问题和路径》，载《金融监管研究》，2016（1）。

② 具体而言，平台规模中低于 5 000 万英镑的部分，资本金比例为 0.20%；5 000 万英镑 ~ 2.5 亿英镑的部分，资本金比例为 0.15%；2.5 亿英镑至 5 亿英镑的部分，资本金比例为 0.10%；大于 5 亿英镑的部分，资本金比例为 0.05%。

发达的美国也产生了深刻影响。美国网贷协会 2016 年成立之初制定的《市场化借贷运营标准》（*The Marketplace Lending Operating Standards*）就是在参考《运营准则（2015）》的基础上制定的[①]。在具体准则中实质性规范准则的结构划分、具体条款等方面都借鉴了《运营准则（2015）》。在结构划分方面，《运营准则（2015）》具体准则中的实质性规范准则分为"明确性与透明性"、"平台风险管理"、"公司治理与控制"、"运营数据报告"四个方面，美国《市场化借贷运营标准》则把《运营准则（2015）》具体准则的"明确性与透明性"、"公司治理与控制"和"运营数据报告"进行了部分细分和重新划分，形成了"投资者透明性和公平性"、"负责任的借贷"、"安全和稳健"、"公司治理和控制"、"平台风险管理"五个方面[②]。在具体条款内容方面，《运营准则（2015）》具体准则中的实质性规范准则为 25 个条文，美国《市场化借贷运营标准》实质性规范准则为 22 个条文，其中很多条款都与《运营准则（2015）》相似或一致，直接吸收或改造吸收了《运营准则（2015）》的规定（见表4）。

直接吸收主要包括客户资金管理、贷款历史数据、平台信息公开、反洗钱与欺诈防范等方面。例如《运营准则（2015）》第九条第（b）和（c）关于公开"高级管理团队的详细信息"和"企业的法律形式，公司总部地址和开业时间"的规定，就直接被美国的《市场化借贷运营标准》第 4 条第 4 项吸收为"在平台网站上公开公布平台决策领导层以及公司总部地址的详细信息。"改造吸收主要包括投资者信息披露、公平投资选择、资本准备金要求、投诉处理政策、禁止歧视、信息系统安全等方面。例如《运营准则（2015）》第 21 条规定"不应当过度区别不同种类的出借人"，而《市场化借贷运营标准》第 2 条第 3 项则进一步细化为"不得基于种族、肤色、宗教、国籍、性别、婚姻状况、年龄、性取向或性征以及其他受到保障的因素而歧视出借人或借款人。"

表4　《运营准则（2015）》对《市场化借贷运营标准》的影响

	影响方式	主要影响内容
1	直接吸收	客户资金管理、贷款历史数据、平台信息公开、反洗钱与欺诈防范
2	改造吸收	投资者信息披露、公平投资选择、资本准备金要求、投诉处理政策、禁止歧视、信息系统安全

四、 中国对英国 P2P 金融协会 《运营准则 （2015）》 的借鉴

中国目前虽然已经成为世界最大的 P2P 网贷市场，但 P2P 网贷行业的发展乱象说明其规范

①　胡启忠、曹兴华：《美国网络借贷规范化运营标准研究及其借鉴》，载《理论探讨》，2017（2）。

②　MLA. The Marketplace Lending Operating Standards，http：//www. marketplacelendingassociation. org/industry － standards.

化任重道远。中国小额信贷联盟现行的《小额信贷信息中介机构（P2P）行业自律公约（修订版）》（2013 年制定，2014 年最新修订，以下简称《自律公约》）和上海市网络信贷服务业企业联盟现行的《网络借贷行业准入标准》（2013 年制定，以下简称《准入标准》）是中国 P2P 网贷行业目前仅有的两个相对系统的运营准则。但与《运营准则（2015）》相比，这两个运营准则还极其粗疏。借鉴英国《运营准则（2015）》，在结构、内容与方法上完善中国 P2P 网贷运营准则，颇有必要。

（一）中国语境下网络借贷运营准则的现存问题分析

1. 中国网贷运营准则的构建缺乏模式架构。宏观结构对于 P2P 网贷运营准则体系的构建起着框架架构的作用。中国的《自律公约》和《准入标准》这两个网贷运营标准体系在形式上采取的是"总则—分则"结构模式，但《自律公约》和《准入标准》中总则的意义在于通过总则说明概念和目的（见表5）。虽然《自律公约》在第三条和第四条中简要提及 P2P 网贷运营准则构建的基本原则，并没有展开阐述基本原则的内容。这种形式上的"总则—分则"结构模式无法通过总则规定的基本原则来统领 P2P 网贷运营准则体系，可以说是一种形式性双层结构模式。这种形式性的运营标准模式，无法给 P2P 网贷行业的具体规范提供原则和理念的指导，内含于总则的基本规范理念与具体操作的分则规范之间脱节，这也是中国 P2P 网贷行业经常因为指导理念缺乏而超脱法律规范的根本原因。不解决模式架构的问题，则无法从宏观上解决 P2P 网贷运营规范化的理念认同。

2. 中国网贷运营准则的构建缺乏方法适用。任何规则和标准都需要通过一定的叙述方法展现给适用者。中国的《自律公约》和《准入标准》在规则叙述方法上也尽量采用直观明了的叙述方法，主要表现为采用列举法叙述规则。例如在《自律公约》第九条第三款"第三方资金托管及具体资金流向细节"等八项信息披露内容的列举、第十一条"不利用媒体或者其他方式做夸大、虚假宣传，误导当事人"等六项从业人员自律义务的列举就是典型的列举方法表现。但列举法对于传统行业规范的规则叙述具有比较好的效果，而对于涉及复杂科技和金融术语交叉的 P2P 网贷行业来说，还难以直观和准确表达专业术语的含义。此外，中国的《自律公约》和《准入标准》并未对规则效力作出分级，只是统一说明适用于会员单位（见表5）。但是中国 P2P 网贷行业模式发展迅速，随时都有和不同领域相结合而出现新的模式，既有业务领域创新，又有运作模式创新。这种同一效力的运营标准无法完全适用于不同类型 P2P 借贷平台，也从而使得这些运营标准行业认同度不高。

3. 中国网贷运营准则的构建缺少与法律衔接。虽然中国目前并没有 P2P 网贷行业的专门法律规范，但 P2P 网贷行业并没有超越现行的法律框架之外，例如《刑法》中关于非法集资犯罪的规定、《中华人民共和国合同法》中关于合同条款的规定、《中华人民共和国银行法》中关于吸收存款的规定等，都需要 P2P 网贷运营遵守。此外，在缺乏专门性法律规范的情况下，针对

P2P 网贷的规范性文件和部门规章则起到了主要的规范作用，主要是中国人民银行、银监会等十部委联合发布的《关于促进互联网金融健康发展的指导意见》以及 2016 年 8 月 24 日中国银监会联合工信部、公安部等四部委正式发布的《网络借贷信息中介机构业务活动管理暂行办法》等。但目前《自律公约》和《准入标准》等构建起来的网贷运营标准体系中几乎都没有涉及与法律的衔接问题，但网贷运营标准的意义不仅在于自我规制，更重要的还在于对 P2P 网贷国家监管法律法规进行细化和对 P2P 网贷国家监管空白或监管薄弱的领域进行规范补充，因此，网贷运营标准应当与法律衔接起来。

表 5　中国和英国 P2P 网贷运营准则比较

			《运营准则（2015）》	《自律公约》	《准入标准》
1	结构模式	模式	实质性"总则—分则"双层模式	形式性"总则—分则"双层模式	形式性"总则—分则"双层模式
		特点	总则规定原则，分则规定具体规则；总则统领分则	总则规定目的、概念、提及原则，分则规定具体规则；总则无法统领分则	总则规定目的、概念，分则规定具体规则；总则无法统领分则
2	规范方法	叙述方法	列举法、图表法、法条参引法	列举法	列举法
		效力方法	二元效力：高级准则的不可保留性适用和具体准则的可保留性适用	一元效力：不区分准则效力等级，均要求全适用	一元效力：不区分准则效力等级，均要求全适用

（二）基于《运营准则（2015）》完善中国网络借贷运营标准的进路

1. 采取实质性"总则－分则"双层模式。英国《运营准则（2015）》采取实质性的"总则－分则"结构模式，作为总则的高级准则规定抽象性基本原则，并阐明内容和要求，指引 P2P 网贷准则体系的方向；分则的具体准则规定具体操作性规范，通过阐释高级准则构建起具体的 P2P 网贷运营操作准则。相对于中国 P2P 网贷运营准则体系的形式性"总则－分则"模式，这种实质性的"总则－分则"模式比较好地解决了逻辑架构问题，使总则的理念在分则的具体操作规范之中得到贯彻。因此，为避免中国 P2P 网贷运营准则体系形式性"总则－分则"模式所带来的问题，可以采取实质性"总则－分则"结构模式，构建基本原则与具体准则相结合的双层宏观结构：一方面，要规定内容指向明确的体系化基本原则，阐明基本原则的内容和要求，而不是简单罗列或提及；另一方面，要弥合基本原则与具体准则的衔接，使基本原则能够整体上统领 P2P 网贷运营准则体系，具体准则也能够对基本原则进行具体规范演绎。

2. 运用多重规范方法阐述和限定运营准则。首先，可以采取多种规则叙述方法来阐明 P2P

网贷运营准则。如上所述，P2P 网贷运营准则涉及科技与金融术语的多重交叉，同样的词语在 P2P 网贷运营标准可能带有不同的含义，叙述不明则可导致较大理解偏差，因此，可以借鉴《运营准则（2015）》采取图表法、列举法、法条参引法等多种方法详尽阐释运营准则之内涵、概念或要求，详尽阐释运营准则，使运营准则得以相对直观方式展现，避免对相关 P2P 网贷行业专业术语的误解。其次，可以借鉴《运营准则（2015）》的二元规则效力方法。所谓二元规则效力方法，即高级准则不可保留性适用与具体准则可保留性适用二元共存，这种做法在兼顾 P2P 网贷运营模式创新灵活性的同时，又保证运营准则体系对相关 P2P 网贷运营风险的预测和控制①。通过二元规则效力的方法明确基本原则效力的不可保留性和具体准则效力的可保留性，可以增强运营准则针对不同 P2P 网贷模式适用的灵活性，从而也增强运营准则的行业认同。

3. 扩大网贷运营准则的内容覆盖。覆盖广泛的行业运营准则是构建 P2P 网贷运营准则体系的核心，而 P2P 网贷运营不仅要关注核心业务流程，还不能忽略非核心业务和关联业务的标准构建。首先，必须覆盖 P2P 网贷运营全部业务核心流程。P2P 网贷从业务起始端到平台终止核心业务流程是一项 P2P 网贷业务达成所必需的步骤经过，对其规范主要包括网贷业务的明确性与透明性、网贷平台风险管理、网贷公司治理与控制等方面。从宏观上看，中国现有网贷运营准则能够涉及这些核心流程范围，但从微观上看，还需要参照《运营准则（2015）》的次级具体准则来具体化网贷运营核心业务标准的规范指引，特别是在网贷平台风险管理、网贷公司治理与控制等方面的具体化。其次，应当覆盖 P2P 网贷运营的非核心业务内容。P2P 网贷的规范运营还包括文档记录与管理、数据报告、资本准备金、坏账收回、投诉与反馈机制等非核心业务的良好运作，这些非核心业务虽不构成 P2P 网贷存在的必须步骤，但对核心业务起着促进和保障作用，所以也应当包括在网贷运营准则体系之内。最后，还应当覆盖 P2P 网贷运营的关联业务内容。所谓关联业务是指那些因 P2P 网贷而衍生的周边业务，因其与网贷业务存在关联而应当纳入网贷运营准则体系之中，例如 P2P 网贷的第三方债务合作催收等经常游走在法律灰色地带，甚至因手段过激而构成违法犯罪②，如果在网贷运营准则体系中也对其进行规范，则可以对其进行适度自律。

4. 网贷运营准则要注重与法律衔接。要改变中国 P2P 网贷运营准则疏离于法律之外的状况，要从两点入手：一方面要通过网贷运营准则细化国家监管法律，梳理散见于诸多法律法规中的涉及 P2P 网贷规范，对已有明确监管和立法的地方，在 P2P 网贷运营标准条文正文或条文注释

---

① Ioannis Akkizidis, Manuel Stagars. Marketplace Lending, Financial Analysis, and the Future of Credit: Integration, Profitability and Risk Management. *New Jersey*: *Wiley*, (2015) p. 77.

② 网贷催收乱象可参见李豪然：《网贷催收现状：暴力之下必有暴利》，资料来源：https://www.rong360.com/gl/2016/10/26/118536.html，2017 年 2 月 8 日访问；饶丽冬、卫佳铭、吴铭、胥嫚烨：《揭秘网贷追债人：催款手段五花八门》，载《南方都市报》，2016－06－15（AA01）。

中指明相关联之国家监管法律法规。另一方面还要在国家监管空白或监管薄弱领域对国家监管形成补充关系。所谓国家监管空白或监管薄弱领域主要包括受监管 P2P 网贷业务的监管空白环节（例如债务催收等环节），以及尚未受到国家监管的 P2P 网贷业务类型。对这些领域，则在法律不禁止的范围内对相应 P2P 网贷运营行为制定运营准则，补充 P2P 网贷领域的国家监管不足。

（责任编辑：梁晨）

众筹平台的选择： 集资门户还是经纪自营商？ [*]

■ **Shekhar Darke** [**]

毛玮瑶 [***] 何 颖 [****] 译

摘要： 当前，国内的股权众筹正如火如荼地发展着，但是对众筹的法律规制却严重滞后。尤其是对于股权众筹平台应当如何定位和规制，修订中的《证券法》仍未给出清晰明确的思路，这对众筹市场的发展造成了巨大阻碍。美国 JOBS 法案创设了众筹登记豁免制度，允许初创企业和小企业从普通投资者处筹集资金，这将有利于解决初创企业和小企业的融资问题。同时，法案要求进行股权众筹的众筹平台必须注册为经纪自营商或集资门户。但实践中众筹平台更倾向于以经纪自营商注册，原因在于注册为经纪自营商在灵活性、功能性、监管清晰度以及投资者保护等方面明显优于注册为集资门户的选择。

关键词： JOBS 法案 众筹平台 经纪自营商 集资门户

JOBS 法案豁免了众筹的证券注册，允许企业从普通投资者处筹集资金用于生产经营。众筹豁免有许多规定，比如规定特定时期内的最大投资额和发行数量。并且，投资者只能通过注册为经纪自营商或集资门户的中介进行众筹投资。JOBS 法案创设了较之注册为经纪自营商更为简单的替代性选择——集资门户注册。因此，许多人以为众筹平台会选择注册为集资门户。本文指出众筹平台更愿意注册为经纪自营商，因为这会为平台提供更多收入，且经纪自营商有着灵活性、多功能性和清晰的监管框架。

一、 简介

2012 年 4 月 5 日，奥巴马总统签署了 "初创企业扶助法" （*Jumpstart Our Businesses Startup*

---

[*] Shekhar Darke, To Be or Not to Be a Funding Portal: Why Crowdfunding Platforms will Become Broker – Dealers, Hastings Business Law Journal, Vol. 10, Issue 1（Winter 2014）, pp. 183 – 206. 本文英文原文发表于《黑斯廷斯商法杂志》第 10 卷（2014 年），本文翻译已取得作者和出版社授权。限于篇幅，译文对原文和注释有所删减。

[**] 美国加州大学哈斯汀法学院（University of California, Hastings College of the Law）J. D. 候选人。

[***] 华东政法大学互联网金融法律研究中心 2015 级法律硕士。

[****] 华东政法大学经济法学院副教授，互联网金融法律研究中心主任。

Act，以下简称 JOBS 法案）。JOBS 法案创设了一个适用于营利性企业的众筹豁免规则。众筹是为特定项目向公众筹集少量资金的融资方式。早期，众筹是以小额捐款的形式发起艺术和社会项目。现在通过 JOBS 法案，初创企业或小企业可通过向普通投资者融资来拓展经营，并以初创企业或小企业的股权作为给予投资者的回报。

JOBS 法案中的众筹豁免需要在便利融资和保护投资者之间寻求平衡。众筹可以帮助初创企业和小企业获得资金来实践他们的设想。然而，投资于初创企业和小企业风险很大。因此，那些投资于初创企业和小企业的投资者需要强有力的保障机制。群体智慧理论能给予投资者一些保护，而 JOBS 法案的众筹豁免规则也提供了许多保护，如设置投资限额、众筹发行数额限制以及投资者教育。

根据众筹豁免规则，证券必须通过第三方中介机构出售。这些第三方中介机构必须向美国证券交易委员会（Securities Exchange Commission，SEC）申请注册为经纪自营商或集资门户。经纪自营商的注册登记与合规要求比较复杂。而集资门户注册则豁免了众筹平台等第三方中介机构注册为经纪自营商的要求，因此集资门户的注册规则被认为是 JOBS 法案众筹豁免规则的关键。人们原本担心集资门户注册规则可能过于复杂和烦琐，从而危及 JOBS 法案众筹豁免规则的成功实施。然而，与期待相反的是众筹平台都在注册为经纪自营商且会继续如此。其原因在于注册为经纪自营商更符合众筹平台的目标和需求。并且，经纪自营商注册监管能够提供更强有力的投资者保护，从而使众筹平台更好地服务于证券市场

文章第二部分讨论 JOBS 法案的立法并对众筹加以评价；第三部分界定了经纪自营商概念并介绍其注册要求；第四部分界定了集资门户概念并综述了关于如何规制集资门户问题的观点；第五部分对经纪自营商和集资门户的注册及合规性要求进行比较，并探讨了当下众筹平台注册的趋势；第六部分对全文进行总结。

二、 JOBS 法案

在对众筹平台究竟会注册为经纪自营商还是集资门户进行具体分析之前，本节先探讨 JOBS 法案下众筹豁免的法律框架并对众筹的利弊加以分析。

（一）JOBS 法案中的众筹

JOBS 法案允许企业在一定条件下向任何人募集资金，而不限于合格投资者。根据 1933 年证券法的规定向公众发行证券必须向 SEC 申请注册，除非其豁免了该种证券的注册要求。根据 JOBS 法案第三章众筹规则可以豁免适用 1933 年证券法第 4 节（a）（6）的注册要求，具体而言创业企业在 12 个月内出售给投资者的证券总额不超过 100 万美元的，所有证券交易可以免于注册。并且，JOBS 法案要求企业向年收入或净资产低于 10 万美元的单个投资者发售证券时，12 个月内的发售总额不超过 2 000 美元或者该投资者年收入或净资产的 5%；向年收入或者净资产大

于或等于 10 万美元的单个投资者发售证券时，12 个月内的发售总额不能超过其年收入或净资产的 10%；同时，12 个月内投资者对股权众筹的投资总额上限为 10 万美元。

同时，众筹证券发行人按证券发行规模不同承担相应的报告要求。过去 12 个月发行目标低于 10 万美元的，发行人必须提供经首席执行官确认所得税申报表和财务报表真实完整的确认函；发行目标介于 10 万美元和 50 万美元之间的，发行人必须提供经独立会计师审查的财务报表；超过 50 万美元的发行人必须提供经审计的财务报表。

众筹须通过第三方中介机构进行。JOBS 法案众筹豁免规则规定了各类主体成为发行中介的条件：第一，该个人或经济组织必须在 SEC 注册为经纪人或集资门户；第二，该个人或经济组织必须注册为一家自律管理机构的成员（Self – Regulatory Organization，SRO）。自律管理机构通过制定证券行业伦理与行为规范，辅助 SEC 对证券交易活动进行监管。目前，登记注册的自律组织仅有美国金融业监管局（Financial Industry Regulatory Authority，FINRA）一家。

众筹门户可以注册为集资门户，从而豁免适用证券经纪自营商的注册要求。相应的疑问也随之而来：什么是证券经纪自营商？什么是集资门户？这两种注册形式带来的影响有何不同？哪种注册更有利于众筹平台根据 JOBS 法案为初创企业提供融资？以下我们将从探讨众筹的优劣开始入手分析。

（二）众筹的优缺点

对于初创企业和小企业而言，众筹是获得天使投资和风险投资的唯一途径。风险资本是"消极投资者向初创公司投入的，受到专业管理的一笔资金"。天使投资人则是那些不担任初创企业或小企业的创始人而向企业提供资助的投资者。通常，天使投资人先于风险资本对公司进行投资。企业从亲朋等个人资源处获得的融资数额（通常不超过 50 万美元）与从风险资本处获得的最低融资额（目前通常是 500 万美元）之间的差距正在日益扩大。传统上，企业家主要通过银行、资本市场和向个人资源来获取天使投资和风险资本，但是企业仅依靠这些往往无法获得足够的资金。很多初创企业和小企业由于缺乏抵押品、经营历史或可验证的经营记录，从而无法从银行取得贷款。并且，很多创业者并不符合银行或是资本市场的融资标准。

JOBS 法案众筹豁免规则会帮助初创企业和小企业获得早期的私人融资及最终成为公众公司。众筹豁免使得企业可以从普通投资者手中获得融资，从而缩小初创企业和小企业在获得天使投资和风险资本前的资金缺口。

众筹有五种模式：（1）捐赠型众筹；（2）回报型众筹；（3）预售型众筹；（4）借贷型众筹；（5）股权众筹。股权众筹以为投资者提供股权作为回报，也是 JOBS 法案众筹豁免规则规制的主要对象。非股权类众筹，因为没有明示或暗示的获取投资回报可能性，故而不涉及证券发行问题，因此不在 JOBS 法案众筹豁免适用范围。尽管非股权类众筹也有和股权众筹类似的投资风险。

众筹本身就瑕瑜互见。

众筹的第一个缺点是小企业和初创企业的不稳定。由于缺乏投资者可以专卖初创企业或小企业股票的公开市场，因此这种投资缺乏流通性。而且，由于初创企业和小企业研发的未经市场检验过的新产品和服务，具有固有的风险性，因此较之公众公司而言更易失败。"接近80%的新兴企业会在设立后5~7年时间内经营失败或难以为继。"这是小企业和初创企业不可避免的固有的风险。

投资初创企业和小企业也使投资者面临更大的欺诈风险和企业自我交易风险，这种对投资者的不利影响主要是因为互联网产生的发起人和投资者之间信息不对称。

互联网令虚拟会谈取代了真实会面，使得投资者很难判断营业活动的合法性。发行人有可能利用其与投资人之间的信息不对称从事对投资者不利的行为。20世纪90年代"拉高与出仓"现象的泛滥即是互联网欺诈的例证。原因即在于SEC在1992年废除了一般劝诱禁止规则加之互联网的广泛运用。在"拉高与出仓"中，经纪商投资于低价股（penny stock）并通过电话和互联网营销手段人为拉高股价。待股价上去后，经纪商再将股票抛售。随后经纪商再将股价回调，致使投资人所持股票贬值。信息不对称也会给创业者自我交易的机会，对企业进行过度补贴，滥用公司机会或稀释投资者收益。

众筹豁免规则可以保护投资者免于欺诈和自我交易。第一，众筹豁免规则对股票发行规模以及投资人年度投资额均设定了上限。据此，众筹资金总额不能超过100万美元，对个人投资者则以年收入或净资产为基础规定其年投资上限。并且，个人的主要住房不能计算到净资产中，以避免过多的投资损失。而给定实践内投资者累积投资额的限制可以大大降低投资者可能遭受的损害，因为失去一小部分投资不会极大影响投资者的财务状况。例如，损失1 000美元资金并不会令投资人陷入财务困境。第二，众筹即便可以免于注册，但仍必须遵守证券法和证券交易法的反欺诈规则。因此，SEC和遭受欺诈的投资者对欺诈行为可提起诉讼，以惩戒欺诈行为，增强公众对市场的信心。并且因为JOBS法案并不优先于州法监管，因此各州仍可对欺诈行为加以监管和制裁。

众筹和互联网本质上可以减少信息不对称，防止欺诈和自我交易。众包——多个个体协作贡献以实现某一目标，这是众筹的先驱。维基百科是一个很好的例子。史蒂文·布拉德福德等评论家们指出，众筹能够从集体智慧中获益，即使群体中的大多数人都不是见多识广的或者理性的，但该群体仍能达成一个明智的决定。众包的经验也表明，一个多样的、非专业的群体常常能比个人专家作出更好的决定。并且互联网使得信息获取变得更容易，从而缩小了普通人和专业人士之间的知识鸿沟。互联网的高度使用也增进了信息共享，人们在互联网上进行交流和信息确认，可以大大减少信息的不对称。

虽然众筹豁免在很多方面都利于初创企业和小企业，但确实存在一个缺点：报告义务。根据

JOBS 法案众筹豁免规则，发起人在 12 个月内募集规模超过 50 万美元（包括 50 万美元）的，必须提供经审计的财务报表。而审计需要花费 7 000 美元到 50 000 美元不等，这将阻碍初创企业和小企业选择众筹豁免。不过，企业可以把年度融资规模限定在 50 万美元以规避审计要求。

众筹通过帮助投资小企业来促进经济创新并创造就业机会。据统计，1993 年至 2009 年间，60% 至 70% 的新工作岗位是由小企业提供的。小企业也给消费者带来了更多的产品和服务。

三、 经纪自营商 （Broker – Dealers）

经纪商（broker）是指那些为他人账户从事证券交易业务的企业或个人。这个定义很宽泛，而 SEC 列举了主体可能被认定为经纪商的情形。比如：经纪人可以是为投资公司或其他证券中介机构寻找或引荐投资者的企业或个人。经纪商也可以是那些经营或控制证券交易电子平台的企业或个人。经纪商概念可以直接用在股权众筹平台上，因为这些平台是根据 JOBS 法案下从事证券众筹的电子平台。但是，如上文所述众筹平台不一定会选择注册为经纪商，而可能注册为集资平台。

但众筹平台也并不应被认定为自营商（dealer）。自营商是指通过经纪人或者其他人为自己账户而从事证券交易的企业或个人，而众筹平台并不用自有账户买卖证券。众筹平台仅仅为投资者撮合投资机会。但是本文使用"经纪自营商"（broker – dealers）来指代经纪商。

经纪自营商只有在 SEC 注册登记后才能从事证券交易。而且，经纪自营商必须成为诸如金融业监管局等自律管理机构的成员。"经注册的经纪自营商必须是美国证券投资者保护公司的会员，当会员面临清算时，该公司保障顾客的现金和证券得到返还。"此外，各州对经纪自营商进行证券交易也有相应规范。

根据 SEC 监管指引，经纪自营商应遵循反欺诈条款："禁止虚假陈述、实质性信息误导性遗漏以及欺诈或操纵行为。"SEC 的监管规范和判例法阐释了经纪自营商的公平交易义务。经纪自营商只能向客户推荐合适的投资产品或者投资策略，最佳执行义务（The duty of best execution）要求经纪自营商努力获取对于客户指令最有利的合同条款。经纪自营商不得参与内幕交易。所有这些监管措施都是为了保护投资者。

经纪自营商的注册和合规标准时间和金钱成本都很高。经纪自营商的注册登记需要相当长时间。金融监管局则需要 180 天来完成会员申请。除了联邦注册外，经纪自营商还需要在不同州登记注册。此后经纪自营商也必须不时地保证其符合 SEC 的合规标准。

四、 集资门户

综上可知，经纪自营商复杂的注册程序和合规监管要求证明了国会创设众筹集资门户豁免规则的合理性。大多数众筹平台的收入水平都不足以满足经纪自营商的注册及合规监管要求。

例如，众筹中的佼佼者 Kickstarter 两年中收入仅为 200 万美元。允许其注册为集资门户而不是经纪自营商以减少注册上的障碍，这也许可以推进众筹发展。

根据 JOBS 法案，集资门户是指"在证券发行或交易中担任中介的人。"集资门户不能提供投资建议或者推荐，也不能劝诱投资者买卖平台上的证券。不过，该法对于什么是劝诱没有严格定义。通常认为集资门户不得通过轰炸式发送电子邮件、传真、群发推销邮件及其他方式推销特定投资项目。集资门户应当在服务质量上展开竞争并提升对投资者及潜在众筹发起人的服务，而非强调具体的投资机会。

截至发稿日，集资门户的监管规范还尚未出台，美国金融监管局也还在征求关于集资门户监管规则的意见。一种观点认为，鉴于经纪自营商受到更严格的监管，其应可自动取得作为众筹平台的资质。另一种观点则建议明确规定集资门户负责人和经理的资格和监管要求。

五、 经纪自营商 VS. 集资门户

上述讨论引出一个问题，即为什么即便注册为集资门户比注册为经纪自营商更为简单，众筹平台还是愿意注册为经纪自营商？

（一）基于交易的补偿

JOBS 法案的第二章豁免了证券私募发行不得公开劝诱的限制，允许其对合格投资者进行普遍劝诱。但劝诱者唯有注册为经纪自营商才可从该证券买卖活动中获得报酬，这种收入是基于交易获得的。因此 JOBS 法案为那些注册为经纪自营商的众筹平台创造了一个额外的收入机会。如果众筹平台注册为经纪自营商，其就可以劝诱合格投资者并基于交易获得收入。这类收入对众筹平台很有诱惑力。众筹平台向投资者进行推广、劝诱，一方面帮助项目成功，另一方面使投资人赚取理想收益。如果平台注册为经纪自营商，则当其成功撮合交易之后则可收取一定的费用。相比之下，注册为集资门户的平台是被禁止赚取此类报酬的。这里且举例说明，当一个优质项目到众筹平台融资时，众筹平台可能更愿意选择向富裕的投资者进行私募，因为私募融资能够满足资金需求的概率更大。如果项目成功，融资者将获得足够的融资，投资者也会获取丰厚的回报。众筹平台提供这样的服务获取一定费用是合理的。但是如果众筹平台是集资门户，则平台不能基于证券交易收费，只能向发起人收取一定费用。

SEC 禁止注册为集资平台的众筹平台基于交易收取费用，因为它创造了金融股权的交易，从而刺激了销售行为，并且引发密集营销等缺乏监管的证券经纪行为，侵害投资者利益。目前，非股权类众筹平台根据融资成功与否进行收费。例如，Kickstarter 的收费标准为成功项目融资金额的 5%，不成功不收费。IndieGoGo 则为 4% 或 9%，同样以是否实现筹资目标为前提。非股权类众筹平台的收费是基于交易的，因为平台能否收取报酬取决于一轮融资是否成功，正如经纪自营商以撮合证券交易来收取费用一样。而集资门户则只能采用固定收费方式，而不能根据融资

是否成功，证券买卖交易是否完成来收取费用，以此避免违反不得基于交易收费的禁止性规则。但是收取固定费用也不理想，这会使其无论众筹交易量完成了多少或者一轮融资有多成功都只能获得相同收入。

但与此相反，注册为经纪自营商的众筹平台则不受该限制，其可以根据完成的众筹交易量或者一轮融资的完成度来确定收入，因此收入比集资门户多。假设有个众筹项目计划融资 10 万美元，作为集资门户的众筹平台只能收取 500 美元的展示费，无论结果如何，该平台都只能获取 500 美元收入。但是经纪自营商众筹平台则不同，假设它收取成功融资的 5% 的费用，则融资成功，平台可获利 5 000 美元。事实上，只要融资规模达到 1 万美元，该平台的收费就能达到 500 美元，其收益就和集资门户持平了。而且经纪自营商也可以确定一个固定费用以避免融资失败时没有收入。

（二）投资顾问

投资顾问业务是众筹平台的另一个收入来源。一种模式是，众筹平台在网站上为投资者设置一个"专家咨询"的菜单，点击进入该菜单以后，投资者需要提供包括年收入、净资产、投资规模等个人信息，之后会收到平台对于如何选择购买平台上所销售的股权众筹产品的投资建议，投资者为此要支付一笔固定金额的咨询费。另一种模式是，众筹平台也可以为投资者配置一位财务顾问来提供咨询服务，后者按小时或按所管理的投资组合的比例收取费用。但是，由于根据美国证券法集资门户不得"提供投资建议或者进行证券推荐"，因此平台必须注册为经纪自营商时才能从事投资顾问业务。

投资建议对投资者保护有利。投资者保护是 JOBS 法案制定众筹豁免规则的立法目标之一。但是提供投资建议并不能确保投资者免于欺诈和投资受损，这种保护是指通过专家的建议能提高成功投资的可能性，降低受欺诈的风险，从而帮助不成熟的投资者。JOBS 法案的众筹豁免旨在保护普通投资者，这些投资者一般是新手或者缺乏经验的投资者，他们更需要保护。众筹平台通过注册为经纪自营商能够提供此类保护，但是注册为集资门户则无法实现此种保护。

根据 JOBS 法案，众筹中介对投资者负有一定义务。他们要确保投资者阅读过投资者教育材料，并确保投资者了解了可能产生的投资风险，且必须自负风险。注册为经纪自营商的众筹平台可以与投资者进行深入对话以确保后者了解众筹证券的风险并阅读了相关资料。并且，专家咨询的介入也会使投资者更为留心投资风险的存在，因为专业咨询是按时计费的，因此投资专家对投资者负有责任。而相比之下，在注册为集资门户的众筹平台上，大多数投资者在线购买投资产品时并不会仔细阅读合同条款，投资者点击"确认"按钮形成了其已阅读和了解相关条款和风险的假象。注册为经纪自营商可以使众筹平台较好履行对投资者的义务，因此在投资者保护上优势明显。

SEC 是否禁止集资门户提供投资建议并不明确，并且法案对于什么是投资建议也缺乏明确规定，这使得平台遵守集资门户规则较为困难，这也促使平台选择注册为经纪自营商。

禁止集资门户提供投资建议并不利于投资者利益最大化。如果投资者不能从平台获得投资建议，投资者就不能对投资项目有足够了解，从而使得投资更具风险。在这种风险下进行投资更像是捐款，而不是期求有回报的投资。所以投资者更乐意前往那些注册为经济自营商因而能够提供投资建议的众筹平台。

因为经纪自营商受到监管需要满足一定的合规要求，因此有的众筹网站可能会选择不提供投资建议，从而不需要注册为经纪自营商。经纪自营商必须满足投资者适当性要求，根据该规则，经纪自营商应当根据投资者个人信息提供适合后者的证券交易或投资策略建议。投资者个人信息包括但不限于年龄、其他投资项目、财务状况与需求、税收状况、投资目标、投资经验和风险承受度。然而，由于了解客户的前述信息，并将交易和投资策略同客户投资信息进行匹配需要投入大量的时间成本和费用，众筹平台可能因为成本高昂而选择不去注册为经纪自营商。因此投资者适当性要求对于众筹平台而言或许负担过重进而不愿意满足这样的监管要求。同时，众筹平台也可能因为其经营策略是追求投资者数量的增长而不是花费成本去提供个性化的投资策略因而更愿意选择注册为集资门户而非经纪自营商。综上，因为从事投资顾问业务不一定能使众筹平台获益，因此平台也可能并不会选择注册为经纪自营商。

但是，由于旨在保护投资者的投资者适当性要求没有区分投资金额大小以对其进行限制，但是由于众筹投资者的投资额较小，众筹平台并没有将其客户全部积蓄中的大部分暴露在投资奉献中，因而注册为经纪自营商的众筹平台可能不必严格遵守投资者适当性要求。

众筹平台可能也不想提供投资建议以免增加被诉机率。如前所述，80%的企业在成立后的5～7年内会面临经营失败甚或倒闭，小企业和初创企业众筹投资失败的可能性则更大。如果平台提供投资咨询，那么当投资者遭遇投资失败时，可能会对建议其进行该项投资的平台提起诉讼。投资者还可能起诉平台违反适当性要求或者存在重大过失。因此，众筹平台也可能因为这些潜在的诉讼风险而不去选择注册为经纪自营商。

但是 JOBS 法案的众筹规则对个人投资者设定了投资上限，从而降低了诉讼可能性。年收入不超过 10 万美元的众筹投资者 1 年内的投资损失少于 5 000 美元。因此，高企的诉讼成本加之诉讼结果的不确定，使得此类投资者会选择不起诉。而年收入 10 万美元以上的众筹投资者在 1 年内的投资损失是其收入或净资产的 10%，最多不超过 10 万美元，对其而言提起诉讼的成本相对损失而言比例较小，因此他们有提起诉讼的动力。但这种投资者不太可能发生诉讼的风险，因为他们不会把鸡蛋全部放在一个篮子里，通常会分散投资，因此这些投资者在众筹项目中的投资金额都比较小，因此使其没有动力对众筹平台进行起诉。

（三）劝诱购买

集资门户不能劝诱投资者"购买、发行或认购证券"。集资门户可以不限制公众到自己平台上来进行证券投资的机会，但是不得重点突出某一特定的众筹投资项目或者向投资者传达具体投资信息。这种限制使得集资门户难以吸引投资者来购买平台上的投资产品，从而只能依赖于主动寻找股权众筹投资机会的积极投资者。此外，这种限制会使 JOBS 法案众筹豁免的目的落空。因为注册为集资门户的平台不能向投资者宣传，从而难以找到投资者为众筹企业提供融资。

劝诱的禁止性规则并不适用于注册为经纪自营商的众筹平台。经纪自营商可以通过电子邮件、传真、群发推销邮件及其他类似方式推广产品。注册为经纪自营商的众筹平台通过劝诱投资者可为企业筹集更多资金，进而会吸引更多的公司在这些平台上进行众筹。

（四）获取报酬

对注册为集资门户的众筹平台的另一项限制性规定是不得对任何平台上的证券劝诱或为销售行为的员工提供报酬。但是员工如果不能从劝诱或销售中得到相应的报酬，他们也就没有动力去促成项目融资的完成，因此缺乏激励的员工降低了集资门户上企业的融资效率。同时擅长劝诱和促成交易的员工因为无法取得和其努力成正比的报酬而不愿意去集资平台工作，而是更倾向于去那些注册为经纪自营商的平台。最终，注册为经纪自营商的平台通过吸引更多经验丰富、技术娴熟的员工，将使项目更有效地得到融资，越来越多的项目也将选择在这些平台发布。

（五）集资门户试行条例的其他问题

金融监管局就集资门户注册设定了基本要求，但这些要求反而使注册为经纪自营商更具吸引力。自动赋予经纪自营商销售众筹证券的资格的规则将使经纪自营商可以在销售传统证券和进行众筹之间进行自由选择，而集资门户只能是根据 JOBS 法案众筹豁免规则来销售众筹证券。

金融监管局对集资门户的其他一些要求与注册为经纪自营商的平台相同，这意味着注册为集资门户会有和经纪自营商一样的负担。对于集资门户注册要求主要是为了解决投资者保护问题，经纪自营商则是通过证券法反欺诈规则的约束来保护投资者。许多对集资门户的要求，对经纪自营商都有，这意味着集资门户的合规成本将不会比经纪自营商少。

（六）当前趋势

众筹行业的参与者已经意识到集资门户注册不能满足他们的经营目标，因此他们正打算注册为经纪自营商。下列众筹平台则已经决定转化成为经纪自营商，包括 Microventures、Fundable、Seedinvest 和 Wefunder。可以预见这种趋势也将得以持续。

六、 结论

JOBS 法案规定两种众筹平台的原因：众筹豁免弥补市场空白，助力小微企业、创业企业获得融资的功能。

虽然众筹平台可以选择注册为经纪自营商或者集资门户，但平台往往会选择前者。第一，注册为经纪自营商注册可以使平台得到更多创收机会。第二，注册为经纪自营商有着界定更为清晰的监管规则。第三，注册为经纪自营商将提供更好的客户服务和投资者保护，更吸引客户。第四，注册为经纪自营商使得平台在股权众筹活动中更有效地履行中介职责。通过对投资者进行劝诱以及对员工提供薪资激励，经纪自营商能够比集资门户更有效地帮助公司获得融资，因此更能够吸引企业来进行融资；经纪自营商众筹平台也更灵活，可以出售传统证券和众筹产品；在时间方面，只要 SEC 颁布了众筹豁免的规定，众筹平台就可以立即注册为经纪自营商，而集资门户需要花更多时间和成本。第五，监管鼓励经纪自营商。因此，在不久的将来会看到注册为经纪自营商的众筹平台的崛起。

（责任编辑：蒋曾鸿妮）

《金融法苑》 征稿启事

　　《金融法苑》由北京大学金融法研究中心主编，以金融法研究为对象，采用以书代刊的形式出版。自 1998 年创刊至今，《金融法苑》已公开出版百辑，目前一年出版两辑，每辑 15～18 篇论文，约 20 万字，由中国金融出版社出版。《金融法苑》已被北京大学法学院列为学院核心刊物，并自 2014 年起入选 CSSCI 集刊。《金融法苑》目前授予"北京大学期刊网""中国知网""元照数据库""北大法宝""超星数字期刊"等数据库电子版权。凡向《金融法苑》投稿的作者，视为同意上述授权，本刊所支付的作者稿酬已包含上述著作权使用费；如不同意，请在投稿时注明，编辑部将作适当处理。

　　《金融法苑》设有"热点观察""专论""金融实务与法律""金融法前沿"、"公司与证券""银行与法律""财会与法律""保险与法律""WTO 与金融"、"金融刑法""金融创新""金融监管""金融法庭""海外传真"等栏目，及时反映金融法理论、热点事件、立法与实务等最新研究成果和动态，文风活泼，文字清新，深入浅出，侧重阐明事理，解决问题。作为专业特色明显的刊物，《金融法苑》在学界和实务界有着良好的影响，适合立法者、金融法务工作者、相关专业的师生阅读和参考。

　　为规范《金融法苑》用稿，提高编辑质量和效率，编辑部拟订《〈金融法苑〉写作要求和体例》，请投稿者务必自觉遵守。自 2014 年 1 月起，本刊只接受电子版投稿，投稿邮箱为：jinrongfayuan@ 126. com。投稿文档请按如下格式标明，并同时标注于邮件主题上："投稿日期_ 作者_ 文章名"，例如："20031022_ 吴志攀_ 银监会的职责与挑战"。

　　凡投寄本刊的稿件，请勿一稿多投。投寄本刊的稿件三个月内未收到编辑部用稿反馈的，可自行处理。在编辑部编辑稿件过程中，如遇到他刊拟采用的，请作者及时告知相应的决定，以便造成重复刊发。

　　有意投稿者还可关注北京大学金融法研究中心网站（www. finlaw. pku. edu. cn）和微信公众号（"Pkufinlaw"和"北京大学金融法研究中心"），获取金融法研究中心和《金融法苑》的出版资讯、学术活动、征稿主题等相关信息。网站地址和微信公众号二维码请见本辑封底。

《金融法苑》 写作要求和注释体例

一、 字数要求

一般不超过 8 000 字（包含注释，以 WORD 的字数统计为准），特别优秀的论文可适当增加 1 000 ~ 2 000 字。

二、 编排体例

1. 文章标题：居中，三号加粗宋体字，标题一般不超过 25 个字，尽量不使用无实质意义的副标题；

2. 作者：居中，小四号宋体字，用 * 标记脚注，注明学习/工作单位、电子信箱、联系电话、通讯地址（邮编）等；

3. 中文摘要：小四号宋体字，不超过 300 字，写明文章的主要观点、研究方法等；

4. 关键词：小四号宋体字，2 ~ 5 个关键词，需体现文章核心内容；

5. 正文：目次采用"一、（一）1.（1）1）"顺序，尽量避免过多层次，标题加粗，全文小四号宋体字，1.5 倍行距，段前段后不空行；

6. 注释：采用当页脚注，每页重新编号，①②③格式，五号宋体字，单倍行距，注释间不空行。

三、 内容规范

文章需符合基本学术规范和著作权规则。对违反法律法规、学术规范的文章，由作者本人承担一切后果。

四、 格式规范

（一）数字

1. 文章中涉及的确切数据一般用阿拉伯数字表示。例如：20 世纪 80 年代，不采用"1950 年代"的写法。

2. 约数用汉字表示。例如：大约十年，近二十年来。

3. 法律条文，应该以中文大写数字表示，包括所引用的法条中涉及的条款。例如：《中华人民共和国刑法》第十一条。引用法律或案例应准确无误，作者应核对与文章内容时点对应的有效法律条文内容，注意条文序号是否已被调整。

4. 农历的年、月、日一般用中文汉字；古代皇帝的年号也用汉字。例如："光绪二十九年"等。

（二）图表

1. 图表应简洁大方，同一图表尽量避免跨页排版。

2. 图表标题应标明序号，置于图表上方，图表下方注明资料来源。

（三）法律规范或其他规范性文件

1. 无论中西文法律或规范性文件，首次出现，写明全称（注明中华人民共和国），以后可以用简称，但需在首次出现的全称之后用括号界定。

2. 必要时，在法规之后注明其生效或实施时间。

（四）注释

1. 总体要求

（1）注释以必要为限，对相关文献、资料等来源进行说明，以便读者查找。直接引征不使用引导词，间接引征应使用引导词。支持性或背景性的引用可使用"参见"、"例如"、"例见"、"又见"、"参照"、"一般参见"、"一般参照"等；对立性引征的引导词为"相反"、"不同的见解，参见"、"但见"等。

（2）注释的标识位置。一般紧跟着要说明的词语或句子。一般地，注释标识放在逗号和句号后面，也可在句号前，根据所需注释的内容而定。涉及引号时，如果引号里有句号，注释标在引号后。如果引号里无句号，注释标在引号和句号之后。

（3）超过100字引文的处理。正文中出现100字以上的引文，不必加注引号，直接将引文部分左右缩排两格，并使用楷体字予以区分。100字以下引文，加注引号，不予缩排。

（4）重复引用文献、资料的处理。重复引用的，需标注全部注释信息，不采用同前注、同上注等简略方式。

（5）作者（包括编者、译者、机构作者等）为三人以上，第一次出现时，最好都列明，如果有主编，撰写者可以省略。第二次出现可仅列出第一人，使用"等"予以省略。

（6）引征二手文献、资料，需注明该原始文献资料的作者、标题，在其后注明"转引自"该援用的文献、资料等。

（7）引征信札、访谈、演讲、电影、电视、广播、录音等文献、资料等，在其后注明资料形成时间、地点或出品时间、出品机构等能显示其独立存在的特征。

2. 具体注释范例

中文作品

（1）专著

作者：《书名》（卷或册或版次），页码，出版社，出版年。

例如：

李琛：《论知识产权法的体系化》，110 页，北京大学出版社，2005。

储怀植：《美国刑法》（第 3 版），90~97 页，北京大学出版社，2005。

葛克昌、陈清秀：《税务代理与纳税人权利保护》，30、35 页，北京大学出版社，2005。

（2）编辑作品或编辑作品中的文章

作者及署名方式：《书名》（卷或册或版次），页码，出版社，出版年。

作者：《文章名》，载编辑作品主编人：《编辑作品名称》，页码，出版年，出版社。

例如：

刘剑文主编：《出口退税法律问题研究》，21 页，北京大学出版社，2004。

张建伟：《法与经济学：寻求金融法变革的理论基础》，载吴志攀、白建军主编：《金融法路径》，31 页，北京大学出版社，2004。

（3）译著

【国别】作者著，译者译：《书名或文章名》，页码，出版社，出版年。

例如：

【美】兰德斯、波斯纳著，金海军译：《知识产权法的经济结构》，460 页，北京大学出版社，2005。

（4）学位论文

作者：《论文名称》，页数，学校系所年份。

例如：

李英：《一般反避税条款之法律分析》，19 页，北京大学法学院 2004 年硕士论文。

（5）期刊、报纸类作品

作者：《文章名》，载《书名或杂志名》年代和期数。

例如：

刘剑文：《论避税的概念》，载《涉外税务》，1999（2）。

刘军宁：《克林顿政府经济政策》，载《人民日报》，1993-03-23（6）。

（6）研讨会论文

作者：《篇名》，主办单位，"研讨会名称"，时间。

例如：

王文宇：《台湾公司法之现况与前瞻》，韩忠谟教授法学基金会，"两岸公司法制学术研讨会"，2003 年 7 月。

（7）法院判决、公告等

《名称》，（年份）编号名称（说明：具体名称是否添加根据文中情况判断）。

例如：

〔2001〕海知初字第 104 号民事判决书。

《国家税务总局关于出口货物退（免）税若干问题的通知》，国税发〔2003〕139 号。

（8）网络资讯

原则上，如果同样内容有纸质文献，请选用纸质参考，以方便保存查阅。

文献内容（格式同上），资料来源：网址，访问时间。例如：

王波：《台湾中正大学黄俊杰教授访谈》，资料来源：http：//www. cftl. cn/show. asp？c_ id = 478&a_ id = 1381，2005 年 4 月 17 日访问。

外文作品

（1）基本说明

1）重复引用文献的，在再次引用时需标注出全部注释信息，不采用 Id. 等简略形式。

2）文章标题大小写。除冠词与介系词之外，书名和文章名称的第一个字母都要大写。例如：A Theory of Justice.

3）缩写加上句点

例如：

e. g. ；等等：et al. ；主编：ed. ；第×页：p. * ；第× - ×页：pp. * - *。

4）顺序和中文著作基本相同。多个作者之间不用顿号，而用 "&" 或者逗号。作者与书名之间用逗号；书名和杂志名用斜体，作者名、文章名用正体；文章名、书名无须书名号。

5）字体用 Times News Roman

6）组织机构、法案名称等，第一次使用全称，后用括号注明英文全称和简称，之后可使用简称。

例如：国际货币基金组织（International Monetary Fund，IMF）

（2）著作

例如：

William E Scheurman（ed. ），The Rule of Law under Siege，Berkeley：University of California Press，1996，p. 144. Bellow & Kettleson，The Politics of Society in Legal Society Work，36 NLADA Briefcase 5（1979），pp. 11 - 16.

（3）期刊文章

例如：

Robert J. Steinfeld，Property and Suffrage in theEarly American Republic，41 Stanford Law Review 335（1989），p. 339.

关于 《金融法苑》 的订阅

感谢广大读者对《金融法苑》的喜爱和支持。北京大学金融法研究中心限于人手，无法一一为读者们办理纸质版杂志的订阅服务。为此，中心特委托《金融法苑》的出版商中国金融出版社代为办理，由其读者服务部具体承办《金融法苑》的订阅服务。

中国金融出版社读者服务部电话：（010）66070833　62568380

（在每本《金融法苑》的封二都可以查看到读者服务部的信息）

如您不想采用订阅的方式，也可通过当当网、亚马逊、京东或新华书店等网站购买到纸质版的《金融法苑》。

北京大学金融法研究中心